Martino Martini (1614–1661) und die Chinamission im 17. Jahrhundert

Herausgegeben von
ROMAN MALEK und ARNOLD ZINGERLE

Martino Martini S.J. (1614–1661) und die Chinamission im 17. Jahrhundert

Herausgegeben von
ROMAN MALEK
und
ARNOLD ZINGERLE

Institut Monumenta Serica

Sankt Augustin

Sumptibus Societatis Verbi Divini et Societatis Jesu

Die Deutsche Bibliothek - CIP-Einheitsaufnahme
Martino Martini S.J. (1614–1661) und die Chinamission im 17. Jahrhundert / Institut Monumenta Serica, Sankt Augustin. Hrsg. von Roman Malek und Arnold Zingerle. - Nettetal : Steyler Verl., 2000.
ISBN 3-8050-0444-3

Redaktion: ROMAN MALEK unter Mitwirkung von ELISABETH KORDECKI
und KATHARINA WENZEL-TEUBER

Umschlag und Layout: ROMAN MALEK

Institut Monumenta Serica
Arnold-Janssen-Str. 20,
D-53757 Sankt Augustin, Germany
Fax: 02241 20 67 70
E-Mail: monumenta.serica@t-online.de

Druck: Druckerij Steijl B.V., Netherlands

Kommission und Vertrieb:
Steyler Verlag, Postfach 24 60,
D-41311 Nettetal, Germany
Fax: 02157 12 02 22

ISBN 3-8050-0444-3

INHALTSVERZEICHNIS

Über Martino Martini: Drei Nachdrucke

Verzeichnis der Abbildungen

Abkürzungen

AAS *Acta Apostolicae Sedis* (Roma).

AHSI *Archivum Historicum Societatis Jesu* (Roma).

Demarchi - Scartezzini (eds.)

Franco Demarchi - Riccardo Scartezzini (eds.), *Martino Martini. A Humanist and Scientist in Seventeenth Century China* (Trento 1996) (Ausgaben in Ital., Chin., Engl.).

Martino Martini

Martino Martini, geografo - cartografo - storico - teologo. Atti del Convegno internazionale, Trento 1981 (Trento 1983).

NZM *Neue Zeitschrift für Missionswissenschaft/Nouvelle Revue de Science missionaire* (Immensee, Schweiz).

RSO *Revista degli Studi Orientali* (Roma).

Vorwort der Herausgeber

Die Beiträge der vorliegenden Publikation gehen teilweise zurück auf ein Würzburger Symposion über „Martino Martini S.J. und die Chinamission der Jesuiten im 17. Jahrhundert. Neue Ergebnisse und Perspektiven der Forschung", das vom Lehrstuhl für Allgemeine Soziologie der Universität Bayreuth mit Professor Arnold Zingerle in Zusammenarbeit mit Professor Franco Demarchi, Dr. Claudia von Collani und Klaus Wittstadt organisiert wurde. Auf ausdrücklichen Wunsch von Prof. Demarchi hat sich das Institut Monumenta Serica in Sankt Augustin bereit erklärt, die Beiträge dieses Symposions in dieser Form zu veröffentlichen.

Angesichts der Fülle der Publikationen über Martino Martini, die dank der unermüdlichen Initiative des Nestors sozial- und kulturwissenschaftlicher Studien an der Universität Trient, Franco Demarchi, und der sorgfältigen Forschungen des Sinologen Giuliano Bertuccioli in den letzten Jahren entstanden sind (siehe dazu die „Bibliographie" in diesem Band), bringt die vorliegende Sammlung sicherlich keine neuen Entdeckungen. Sie richtet sich jedoch vorwiegend an das deutschsprachige Publikum, das bisher über keine ausführliche und zusammenhängende Darstellung des Lebens und Wirkens von Martino Martini, „italicus lingua germanicus fidelitate", in deutscher Sprache verfügte.

Der vorliegende Sammelband möchte also vor allem die gestiegene Aufmerksamkeit dokumentieren, die in den letzten Jahren dem Leben und Werk des Trentiner Jesuiten im besonderen und, allgemeiner, der einmaligen Geschichte interkultureller Begegnung mit China im 17. Jahrhundert gewidmet wird (auf die entsprechenden Initiativen weist vor allem Franco Demarchi in seinem Beitrag hin). Hier sei erwähnt, daß bereits im Jahre 1981 in Trento eine Internationale Konferenz über Martino Martini statt fand, deren Ergebnisse in dem Sammelband *Martino Martini: Geografo, cartografo, storico, teologo* zugänglich gemacht wurden (siehe „Bibliographie"). Hingewiesen sei in diesem Zusammenhang des weiteren auf die auf fünf Bände angelegte Edition von Martinis *Opera omnia*, die das Werk des bedeutenden Humanisten und Missionars einer breiteren Öffentlichkeit erschließt und die Auseinandersetzung mit ihm auf eine zuverlässige Grundlage stellt (siehe „Bibliographie"). Als Indiz für das wachsende Interesse chinesischer Wissenschaftler an der Geschichte der Jesuitenmission kann ein 1994 in Peking abgehaltenes Symposion gewertet werden (die Ergebnisse sind dokumentiert in dem von Franco Demarchi und Riccardo Scartezzini herausgegebenen Sammelband, der in Italienisch, Englisch und Chinesisch vorliegt - siehe „Bibliographie“). Schließlich sei auf die Ergebnisse einer Martino Martini gewidmeten Tagung an der Universität Trient hingewiesen, die in *Studi Trentini di Scienze Storiche* veröffentlicht wurden.

Auf dem Würzburger Symposion, das vom 18.–20. Juni 1995 stattfand, wurden neben den in diesem Band abgedruckten Beiträgen noch folgende Referate gehalten: Michael Lackner, „Akkommodation im *Tianxue chuangai* (Abriß über die Tradition) des Li Zubai“; Matthias Klaue, „Luigi Buglios S.J. *Budeyi bian* (1665)“,[1] sowie Yang Xiaohong, „Die Haltung der chinesischen Intellektuellen zur *Xixue* (Westliche Lehre) am Ende der Ming- und Anfang der Qing-Dynastie. Ein Vergleich von Matteo Ricci und Johann Adam Schall im Hinblick auf ihre Methode der ‘Evangelisierung durch Wissenschaft’“.[2]

Neben den auf dem Würzburger Symposion gehaltenen Vorträgen wurde in den vorliegenden Band ergänzend der englische Beitrag von P. Lanfranco M. Fedrigotti S.D.B. (Hongkong) über Martino Martinis *De Bello Tartarico* aufgenommen. Dem Verfasser danken die Herausgeber für sein Einverständnis, den Beitrag in diesen Sammelband zu veröffentlichen. Ein kurzes, einführendes Biogramm Martino Martinis und eine Bibliographie seiner Werke und der Publikationen über ihn wurden, genauso wie die Abbildungen, den Materialien hinzugefügt, um ein vollständigeres Bild des Trentiner Jesuitenmissionars vorzulegen.

Darüber hinaus schien es angebracht, die Gelegenheit dieser Publikation zu nutzen, um die wichtigen älteren Beiträge von Benno M. Biermann O.P., „War Martin Martini chinesischer Mandarin?“, aus: *NZM* 11(1955), S. 221-226; Henri Bernard, S.J., „Les sources Mongoles et Chinoises de l’Atlas Martini (1655)“, aus: *Monumenta Serica* 12 (1947), S. 127-144, und H. Verhaeren, C.M., „A German Edition of Fr. Martini’s *Novus Atlas Sinensis*“, aus: *Monumenta Serica* 12 (1947), S. 260-265, hier nachzudrucken, da sie nicht jedem Leser leicht zugänglich sind. Für die Nach-

---

1 Veröffentlicht als „Wider das *Budeyi*. Gelingen oder Scheitern einer christlich-konfuzianischen Synthese in der apologetischen Schrift *Budeyi bian* (1665) des Jesuiten Ludovico Buglio“, in: *Monumenta Serica* 45 (1997), S. 101-259.

2 Erschienen in Chinesisch mit einer deutschen Zusammenfassung unter demselben Titel in: Roman Malek, S.V.D. (ed.), *Western Learning and Christianity in China. The Contribution and Impact of Johann Adam Schall von Bell, S.J. (1592–1666)*. Monumenta Serica Monograph Series xxxv/2 (Sankt Augustin - Nettetal 1998), S. 717-762.

druckgenehmigung danken die Herausgeber den jeweiligen Redaktionen und Verlagen.

Um die Orientierung in den Materialien dieses Bandes zu erleichtern, wurde ein Generalindex mit chinesischen Zeichen zusammengestellt, in dem sich auch die Lebensdaten der in den Artikeln erwähnten Personen finden.

Die Herausgeber hoffen, daß durch die vorliegende Veröffentlichung nicht nur das breitere akademische Interessse auf den Jesuiten und Chinamissionar Martino Martini gelenkt wird, sondern daß sie auch im deutschsprachigen Raum zur weiteren intensiven Erforschung der chinesischen Missionsgeschichte anregt.

Im übrigen reiht sich dieser Band ein in die vom Institut Monumenta Serica in der *Monumenta Serica Monograph Series* veröffentlichten Studien über die Chinamissionare, wie Giulio Aleni SJ,[3] Philippe Couplet SJ,[4] Johann Adam Schall von Bell SJ,[5] Ferdinand Verbiest SJ,[6] Joachim

---

[3] Tiziana Lippiello - Roman Malek (eds.), *"Scholar from the West." Giulio Aleni S.J. (1582-1649) and the Dialogue between China and Christianity* (Sankt Augustin - Nettetal 1997).

[4] Jerome Heyndrickx (ed.), *Philippe Couplet, S.J. (1623-1693). The Man Who Brought China to Europe.* Jointly published by Institut Monumenta Serica, Sankt Augustin and Ferdinand Verbiest Foundation, Leuven (Sankt Augustin - Nettetal 1990); Secondino Gatta, *Il natural lume de Cinesi. Teoria e prassi dell' evangelizzazione in Cina nella* Breve relatione *di Philippe Couplet S.I. (1623-1693)* (Sankt Augustin - Nettetal 1998).

[5] Alfons Väth S.J., *Johann Adam Schall von Bell S.J. Missionar in China, kaiserlicher Astronom und Ratgeber am Hofe von Peking 1592-1666. Ein Lebens- und Zeitbild.* Neue Auflage mit einem Nachtrag und Index. Eine gemeinsame Veröffentlichung des China-Zentrums und des Instituts Monumenta Serica (Sankt Augustin - Nettetal 1991); Roman Malek, S.V.D. (ed.), *Western Learning and Christianity in China. The Contribution and Impact of Johann Adam Schall von Bell, S.J. (1592-1666).* Jointly published by China-Zentrum and the Institute Monumenta Serica (Sankt Augustin - Nettetal 1998).

[6] Noel Golvers, *The* Astronomia Europaea *of Ferdinand Verbiest, S.J. (Dillingen, 1687). Text, Translation, Notes, and Commentaries.* Jointly published by Institut Monumenta Serica, Sankt Augustin and Ferdinand Verbiest Foundation, Leuven (Sankt Augustin - Nettetal 1993); John W. Witek, S.J. (ed.), *Ferdinand Verbiest (1623-1688). Jesuit Missionary, Scientist, Engineer and Diplomat.* Jointly published by Institut Monumenta Serica, Sankt Augustin and Ferdinand Verbiest Foundation, Leuven (Sankt Augustin - Nettetal 1994).

Bouvet SJ,[7] Bischof Gottfried von Laimbeckhoven SJ[8] und P. Georg M. Stenz SVD[9] sowie andere Werke zur chinesischen Missionsgeschichte.[10]

Roman Malek (Sankt Augustin)
Arnold Zingerle (Bayreuth)

---

7 Claudia von Collani, *P. Joachim Bouvet S.J. Sein Leben und sein Werk* (Sankt Augustin - Nettetal 1985).

8 *Gottfried von Laimbeckhoven SJ (1707-1787). Der Bischof von Nanjing und seine Briefe aus China mit Faksimile seiner Reisebeschreibung.* Transkribiert und bearbeitet von Stephan Puhl (1941-1997) und Sigismund Freiherr von Elverfeldt-Ulm unter Mitwirkung von Gerhard Zeilinger. Zum Druck vorbereitet und herausgegeben von Roman Malek SVD (Sankt Augustin - Nettetal 2000).

9 Stephan Puhl, *Georg M. Stenz SVD (1869-1928). Chinamissionar im Kaiserreich und in der Republik.* Mit einem Nachwort von R.G. Tiedemann: „Der missionspolitische Kontext in Süd-Shantung am Vorabend des Boxeraufstands in China". Hrsg. von Roman Malek (Nettetal 1994).

10 Im Rahmen von *Monumenta Serica Monograph Series* wurden z.B. veröffentlicht: Walter Fuchs, *Der Jesuitenatlas der Kanghsi-Zeit. Seine Entstehungsgeschichte nebst Namenindices für die Karten der Mandjurei, Mongolei, Ostturkestan und Tibet mit Wiedergabe der Jesuiten-Karten in Originalgröße* (Peking 1943); D.E. Mungello (ed.), *The Chinese Rites Controversy: Its History and Meaning.* Jointly published by Institut Monumenta Serica, Sankt Augustin and The Ricci Institute for Chinese-Western Cultural History, San Francisco (St. Augustin - Nettetal 1994). Materialien zur Missionsgeschichte Chinas in der sinologischen Zeitschrift *Monumenta Serica* sind mit Hilfe des Indexes auffindbar, siehe *Monumenta Serica. Journal of Oriental Studies. Index to Volumes I-XXXV (1935-1983).* Comp. and ed. by ROMAN MALEK, S.V.D. (Sankt Augustin 1993). Eine vorzügliche Übersicht über die theologischen Werke der Jesuitenmissionare in China bringt J. Dehergne in seinem Beitrag „Catéchismes et catéchèse de Jésuites de Chine de 1584 à 1800", in: *Monumenta Serica* 47 (1999), S. 397-478.

MARTINO MARTINI (1614–1661)

Der Jesuit Martino Martini mit dem chinesischen Namen Wei Kuangguo (Jitai), wurde im Jahre 1614 in Trento in der Grafschaft Tirol an der Grenze des Heiligen Römischen Reiches Deutscher Nation geboren. Martino Martini gehörte zu den Chinamissionaren, die in Europa für die Verbreitung von Informationen über China sorgten. Er gehört nicht zu den bekannten Jesuiten am Kaiserhof, wie Matteo Ricci, Johann Adam Schall von Bell oder Ferdinand Verbiest, sondern zu denen, die in den Provinzen unter dem Volk missionierten, doch erlangte er Bedeutung wegen seiner Bücher über China und wegen seines erfolgreichen Einsatzes im sogenannten chinesischen Ritenstreit.

Martini schloß sich am 8. Oktober 1632 in Rom der *Societas Jesu* an. Seine Studien absolvierte er an dem von Jesuiten geleiteten *Collegio Romano*, u.a. von 1631–1639 bei dem bekannten barocken Polyhistor und verhinderten Chinamissionar Athanasius Kircher, mit dem er auch nach seiner Ankunft in China in brieflichem Kontakt blieb, wovon sich Spuren in Kirchers Chinabestseller *China... illustrata* (Amsterdam 1667) finden. Ein besonderer Schwerpunkt lag dabei auf den Naturwissenschaften, denn, wie der Pionier der Chinamission, Matteo Ricci, schon bemerkt hatte, spielte die Astronomie eine wichtige Rolle im chinesischen Staat, weshalb immer wieder Jesuiten mit Kenntnissen in diesem Fach nach China berufen wurden.

Martini brach am 26. März 1640 auf dem portugiesischen Schiff „Na. Sra. d'Atalaia“ nach China auf, kam 1643 nach Hangzhou, der Hauptstadt von Zhejiang, war dann in Shanghai und Ningbo und schließlich wieder in Hangzhou als Missionar tätig, seit 1648 als Superior der dortigen Residenz. Das Kommen der Mandschu nach Hangzhou überstand Martini gut, dank der astronomischen Kenntnisse seines Mitbruders Johann Adam Schall von Bell, da auch die Qing-Dynastie einen korrekten Kalender benötigte. Sein astronomisches Wissen konnte Martini allerdings nicht einsetzen; als er nach Beijing kam, um Schall, seit 1644 Direktor des Astronomischen Ministeriums, als Assistent zu helfen, beeilte sich dieser, ihn wieder loszuwerden: Martini hatte Beziehungen zum Hofe der Ming-Prätendenten gehabt, was unter der Mandschu-Regierung in Nordchina für die Mission schädlich sein konnte. So besichtigte Martini nur noch die Große Mauer, bevor er in den Süden zurückkehrte. Im Jahre 1650 wurde er zum Missionsprokurator der Jesuiten ernannt und erreichte auf Irrwegen über die Philippinen, Norwegen, Hamburg, Amsterdam und Antwerpen

Rom, nachdem er in Batavia (Indonesien) Gefangener der Holländer gewesen war. In Europa veranlaßte er die Veröffentlichung seiner vier Hauptwerke in europäischer Sprache, des *Novus Atlas Sinensis* (1655), der nach einer ausführlichen Einführung die fünfzehn chinesischen Provinzen mit Erläuterungen zur chinesischen Botanik, Medizin, Städtebau u.a. vorstellt, dann der ersten Darstellung der alten chinesischen Geschichte in Europa von der Urzeit bis zu Christi Geburt, *Sinicae Historiae Decas Prima* (1658), der Eroberung Chinas durch die Mandschu *De bello tartarico in Sinis historia, in qua, quo pacto Tartari hac nostra aetate Sinicum Imperium invaserint ac fere totum occuparint...* (1654) und eine Beschreibung der Lage der chinesischen Kirche *Brevis Relatio de numero et qualitate Christianorum apud Sinas* (1654). Diese Bücher Martinis hatten großen Anteil am positiven Chinabild in Europa und am Entstehen der späteren Sinologie; seine Bücher beeinflußten z.B. Gottfried Wilhelm Leibniz, aber auch die frühen Sinologen Theophil Spizel, Andreas Müller und Christian Mentzel sowie Theophil Siegfried Bayer. Gestalten aus Martinis *Sinicae Historiae Decas Prima* wurden wichtig für das Jesuitentheater des Heiligen Römischen Reiches Deutscher Nation, wobei auch die „heidnischen" Herrscher und Staatsmänner als moralische Vorbilder für die Gymnasiasten an den Jesuitenschulen und ihre Angehörigen dienten.

Im Jahre 1643 hatte der Dominikaner und Chinamissionar Juan Bautista Gonzalez der *Propaganda Fide* in Rom einen Antrag vorgelegt, wonach die chinesischen Riten zu Ehren der Ahnen und des Konfuzius Aberglauben seien und daher für die chinesischen Christen nicht erlaubt sein dürften; diesem Antrag wurde 1645 stattgegeben. Martini reichte 1654 seinerseits einen Gegenantrag beim Hl. Offizium ein, der 1656 befürwortet wurde, womit die Riten wieder für kompatibel mit dem Christentum erklärt wurden. Dieses Dekret blieb bis 1704 gültig. Am 8. Januar 1656 reiste Martini von Lissabon auf der „Bom Jesus da Vidigueira" zurück nach China und erreichte am 11. Juni 1659 abermals Hangzhou. Dort begann er im Jahre 1660 mit dem Bau der neuen Kirche, die später zur schönsten von ganz China erklärt wurde. Martini erlebte ihre Fertigstellung jedoch nicht mehr, er starb am 6. Juni 1661 in Hangzhou. Achtzehn Jahre später wurde sein Leichnam zur Freude seiner Mitbrüder unverwest und mit nachgewachsenem Bart in seiner Gruft gefunden, was als Gottesurteil zugunsten von Martinis Antrag für die Riten erklärt wurde.

CLAUDIA VON COLLANI

BIBLIOGRAPHIE

Werke Martino Martinis

Atlas extremae Asiae, sive Sinarum imperii geographica descriptio. Ad lectorem praefatio, in qua totius extremae Asiae descriptio generatim praemittitur, 2 Bde. (Trento 1981).

Brevis Relatio de numero et qualitate Christianorum apud Sinas (Roma 1654). Siehe auch Martino Martini, *Opera Omnia* II, S. 31-143.

De bello tartarico in Sinis historiae, in quâ, quo pacto Tartari hoc nostra aetate Sinicum Imperium invaserint ac fere totum occuparint ... 1654 (zahlreiche Übersetzungen, u.a. *Histori von dem Tartarischen Kriege, in welcher erzehlt wird, Wie die Tartaren zu Unserer Zeit in das grosse Reich Sina eingefallen*, Amsterdam 1654); *Bellum Tartaricum, or the Conquest of the Great and Most Renowned Empire of China by the Invasions of the Tartars, Who in These Last Seven Years, have Wholly Subdued That Vast Empire* (London: John Crook 1655); Appendix to the *Histoire Universelle de la Chine* von Alvarez Semedo (Lyon: Hierosme Prost 1667): *Histoire de la Guerre des tartares, contre la Chine. Contenant les revolutions etranges, qui sont arrivees dans ce grand Royaume, depuis quarante ans*. Traduite du latin du P. Martin Martini.

Grammatica Sinica, siehe Martino Martini, *Opera Omnia* II, S. 349-481.

Linghun lizheng 靈魂理證 (Zur Unsterblichkeit der Seele nach Francisco Suarez [1548–1617]).

Litterae ad P. Athanasium Kircher, in quibus plures observationes magneticae adnotantur, 1638 und 8. November 1640, in: Athanasius Kircher, *Magnes sive de arte magnetica* III (1654), S. 316-318, 348-350. Diese und andere Brief von Martino Martini siehe *Opera Omnia* I, *passim*.

Novus Atlas Sinensis ... (Amsterdam 1655). Nachdruck: Stuttgart 1974, Trento 1981.

Qiuyou pian 逑友篇 (Über die Freundschaft), 1661. Siehe Martino Martini, *Opera Omnia* II, S. 173-348.

Sinicae Historiae Decas Prima (Monachii 1658). Franz. Übers. 1692.

Tianzhu lizheng 天主理證 (Über die Existenz Gottes und seine Eigenschaften, nach Lessius, 2 Teile). Ca. 1651. Nachgedruckt 1660 und 1918.

Zeitung Auß der newen Welt oder Chinesischen Königreichen. So P. Martinus Martini der Scietet Jesu Priester / ohnlängst auß selbigen Landen in Hollandt anlangendt / mit sich gebracht hat (Augspurg 1654). Siehe auch Martino Martini, *Opera Omnia* II, S. 145-171.

BREVIS
RELATIO
DE
Numero, & Qualitate Chri-
ſtianorum apud SINAS.
AVCTORE
P. Martino Martinio Tridentino Viceprouinciæ
Sinenſis Procuratore è Societate Ieſu.

IHS

ROMAE,
EX OFFICINA IGNATII DE LAZZERIS.
M. DC. LIV.
SVPERIORVM PERMISSV.

Die Titelseite der *Brevis Relatio* ... von Martino Martini.

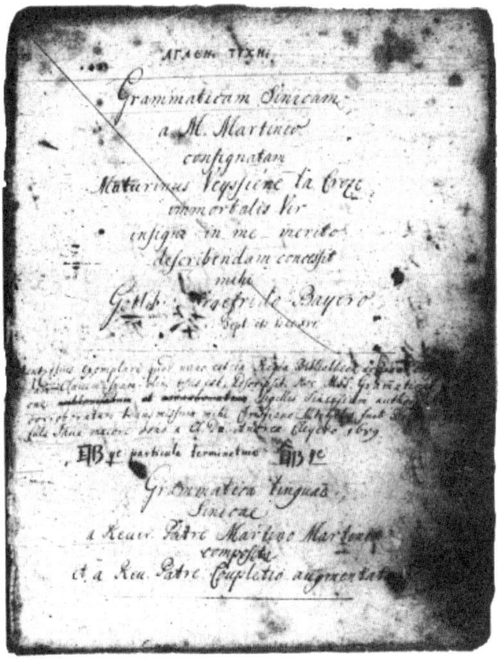

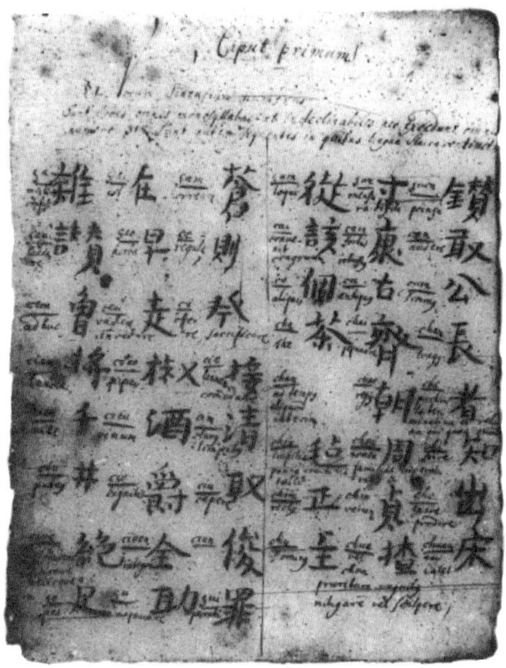

Die Titelseite und die erste Seite der *Grammatica Sinica* von Martino Martini.

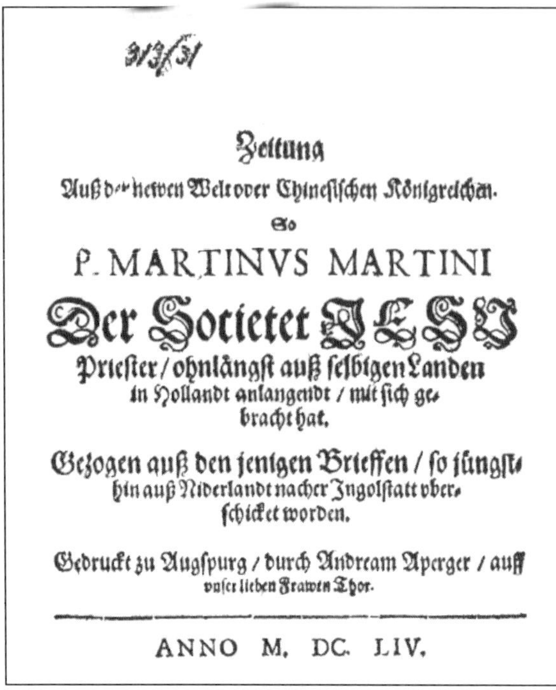

Zeitung
Auß der newen Welt oder Chinesischen Königreichen.
So
P. MARTINVS MARTINI
Der Societet JESU
Priester / ohnlängst auß selbigen Landen in Hollandt anlangendt / mit sich gebracht hat.
Gezogen auß den jenigen Brieffen / so jüngsthin auß Niderlandt nacher Jngolstatt vberschicket worden.
Gedruckt zu Augspurg / durch Andream Aperger / auff vnser lieben Frawen Thor.

ANNO M. DC. LIV.

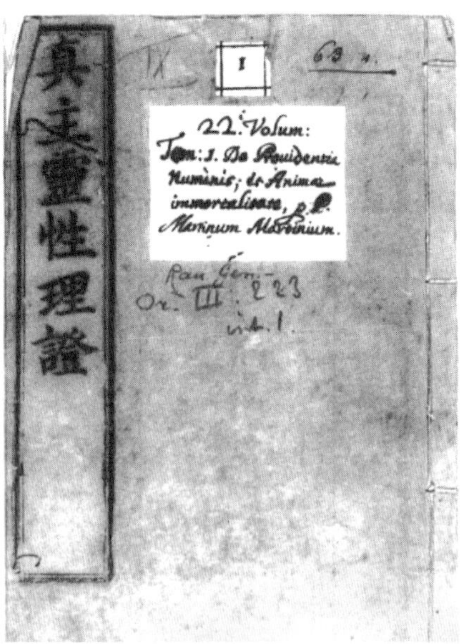

Oben: Die Titelseite der Zeitung *Auß der newen Welt* … von Martino Martini.
Unten: Der Umschlag von M. Martinis *Zhenzhu lingxing lizheng*.

Zhenzhu lingxing lizheng 眞主靈性理證 (*Tianzhu lizheng* und *Linghun lizheng* zusammen). Siehe *Opera omnia* II, S. 483-516.

Opera Omnia I: *Lettere e documenti*. Ed. by Franco Demarchi – Giuliano Bertuccioli (Trento 1998) [mit Einführungen, Kommentaren und Literaturangaben]:

Franco Demarchi, „Presentazione dell'Opera Omnia di Martino Martini" (9-16); „Elenco cronologico di un primo gruppo di lettere e documenti scritti da o attribuiti a Martini o a lui riferentisi e che vengono pubblicati nel primo volume" (23-31); Lettere e documenti (51-508); Appendice 1: Giuliano Bertuccioli, „Cronologia della vita e delle opere di Martino Martini S.J." (509-536).

Opera Omnia II: *Opere minori*. Ed. by Franco Demarchi – Giuliano Bertuccioli (Trento 1998) [mit Einführungen, Kommentaren und Literaturangaben]:

Brevis Relatio de numero et qualitate Christianorum apud Sinas (31-143); *Zeitung Auß der newen Welt oder Chinesischen Königreichen* (145-171); *Qiuyou pian* [Trattato sull'Amicizia] (173-348); *Grammatica Sinica* (349-481); *Zhenzhu lingxing lizheng* [Prove razionali (del'esistenza) del vero Signore e (dell'immortalità) dell'anima intelettiva] (483-516).

Literatur über Martino Martini

Henri Bernard, S.J. „Les sources Mongoles et Chinoises de l'Atlas Martini (1655)", in: *Monumenta Serica* 12 (1947), S. 127-144. Siehe auch den Nachdruck in diesem Band.

Henri Bernard, „Les adaptations chinoises d'ouvrages européens: Bibliographie chronologique depuis la venue des Portugais à Canton jusqu'à la Mission Française de Pékin", in: *Monumenta Serica* 10 (1945), bes. S. 31-35, 44f., 55, 362, 365, 366.

Giuliano Bertuccioli, „Il Trattato sull'Amicizia (*Qiu youpian*) di Martino Martini (1614–1661)", in: *Revista degli Studi Orientali* 66 (1992), S. 79-120, 331-380. Siehe auch: Martino Martini, *Opera Omnia* II, S. 173-348.

Giuliano Bertuccioli, „Il opere minori di Martino Martini (1614–1661), in: *Revista degli Studi Orientali* 57 (1993), S. 143-170. Siehe auch Martino Martini, *Opera Omnia* II, *passim*.

Benno Biermann O.P., „War Martin Martini chinesischer Mandarin?", in: *NZM* 11(1955), S. 221-226. Siehe auch den Nachdruck in diesem Band.

Bonifacio Bolognani, *L'Europa scopre il volto della Cina: prima biografia di padre Martino Martini, missionario – sinologo – geografo (1614–1661)* (Trento 1978).

Bonifacio Bolognani, „Incontro dell'Europa con la Cina nel secolo XVII: Martino Martini", in: *Mondo Cinese* 6 (1978), S. 121-139.

Bonifacio Bolognani, „Il mandarino d'Occidente. Il P. Martino Martini", in: *Popoli e Missione* 1978, Marzo, S. 39-41.

Giuseppe Brancaccio, „Martino Martini e gli scambi culturali fra Cina e Occidente", in: *Mondo Cinese* 1994, No. 85, S. 47-51. Siehe auch: *Societas* 46 (1997), S. 27-30.

Ernest J. Burrus, „Kino's Relative, Father Martino Martini, S.J. A Comparison of Two Outstanding Missionaries", in: *NZM* 31 (1975), S. 100-109.

Michael Chu Li-teh S.I., „Il ruolo di P. Martino Martini nello controversia dei riti cinesi", in: *Incontri* 18 (1982), No. 1, S. 19-21.

Claudia von Collani, „Der Tridentiner Chinamissionar Martino Martini S.J. (Wei Kuanghuo [sic!])", in: *Mitteilungen der Deutschen China-Gesellschaft e.V.* 1994, Nr. 4, S. 19-21.

Joseph Dehergne, *Répertoire des Jésuites de Chine de 1552 à 1800* (Roma - Paris 1973). S. 166f. (mit Literaturangaben bis 1973).

Joseph Dehergne, „Catéchismes et catéchèse des Jésuites de Chine de 1584 à 1800", in: *Monumenta Serica* 47 (1999), bes. S. 437f.

Franco Demarchi, „Il gesuita Martino Martini in Cina", in: *Civiltà Bresciana* 1994, No. 3, S. 21-26.

Franco Demarchi, „Martino Martini S.J. protagonista della missione dei gesuiti in Cina nel XVII secolo", in: *Studi Trentini di Scienze Storiche* LXXIV (1995) 4, S. 413-446.

Franco Demarchi, *Allegati al rapporto Martino Martini e la missione in Cina dei gesuiti nel 17° secolo. Nuovi risultati e prospettive della ricerca.* Manuskript 1995 (Institut Monumenta Serica).

Franco Demarchi - Riccardo Scartezzini (eds.), *Martino Martini. A Humanist and Scientist in Seventeenth Century China* (Trento 1996) (Ausgaben in Ital., Chin., Engl.) mit folgenden Beiträgen (und weiteren Literaturangaben) [Die Titel der Beiträge sind wörtlich übernommen]:

Franco Demarchi, „The personality and work of Martino Martini" (17-20); Xu Mingde, „The outstanding contribution of the Italian sinologist Martino Martini to cultural exchanges between China and the West" (23-38); Gao Yongyuan, „The Life of Martino Martini" (39-42); Guido Lorenzi, „The Trento prince-bishopric in the seventeenth century" (43-56); Victor Campero, „Lisbon, the port of the East Indies" (57-64); Aldo Caterino, „Transoceanic navigation in the seventeenth century. The Portuguese route to the Indies" (65-89); Zhang Lanqing, „Martino Martini and cultural exchanges between China and Italy" (91-108); Piero Corradini, „Chinese culture in the seventeenth century" (109-118); Arnold Zingerle, „Chinese bureaucracy and the changes of dynastic in the seventeenth century" (119-126); Riccardo Scartezzini, „Central authority and local powers in imperial China" (127-137); Mark K. Chang, „The acceptance of Christianity in China during the seventeenth century" (139-150); Du Wenping, „An assessment of the role of the Jesuits in Chinese history" (151-162); Raffaella Mantovanelli, „The female condition in China“ (163-184); Bruno Sanguanini, „Friendship as a social bond: interactions between Chinese and European culture“ (185-195); Giuliano Bertuccioli, „*De Amicitia* and other Chinese works“ (199-209); Hao Guiyuan, „How friendship is made in the West and in China“ (211-220); Giuseppe Brancaccio, „*Sinicae Historiae Decas Prima* some suggested interpretations“ (221-230); Claudia von Collani, „Theology and chronology in *Sinicae Historiae Decas Prima*“ (231-244); Shih Shengsan, „*De Bello Tartarico Historia* by Martino Martini“ (245-251); Xu Minglong, „A reexamination of Martino Martini's journeys and contacts in China“ (254-267); Orlando Lentini, „Sociography in Martino Martini's works“ (269-273); Maria Rosa Arnoldi, „Chinese urban structure according to the *Atlas*“ (275-293); Vittorio Tonazzo, „The levying of tribute in the Chinese empire according to the *Novus Atlas Sinensis*“ (295-306); Ma Chujian, „The introduction of western artillery by the Jesuit missionaries and the consequent changes in the wars between the Ming and the Qing“ (307-321); Shen Dingping, „Martino Martini's mediation between China and Europe“ (323-329); Liu Jiantang, „Martino Martini in Confucian China“ (331-342); Gabriele Pollini, „Martini's approach to the religions of China: notes on the geography of religions“ (343-351); Severino Vareschi, „The Holy office's decree of 1656: the question of the Chinese rites and the role of Martini“ (354-366); Gu Weimin, „Research on Martino Martini in twentieth-century China“ (367-373).

Fang Hao 方豪, „Wei Kuangguo“ 衛匡國, in: *Zhongguo Tianzhujiao shi renwu zhuan* 中國天主教史人物專, vol. II (Hongkong 1970), S. 114-119.

Noel Golvers, „Viaggio di reclutamento di M. Martini S.J. attraverso i Paesi Bassi nel 1654. A proposito di bussole geomantiche, collezione di oggetti cinesi, proiezioni di lanterna magica e del R.P. Wilhelm van Aelst S.J.“, in: *Studi Trentini di Scienze Storiche* LXXIV (1995) 4, S. 447-474.

Noel Golvers, „De recruteringstocht van M. Martini S.I. door de Lage Landen in 1654. Over geomantische kompassen, Chinese verzamelingen, lichtbeelden en R.P. Wilhelm van Aelst S.I.“, in: *Zeventiende Eeuw* 10 (1994), S. 331-350.

Günther Hamann, „Das Leben der Chinesen in der Sicht eines Tiroler Missionars des 17. Jahrhunderts“, in: *Archiv für österreichische Geschichte* 125 (1966), S. 96-120.

Ludwig Koch S.J., „Martini, Martin SJ“, in: *Jesuiten-Lexikon. Die Gesellschaft Jesu einst und jetzt* (Löwen-Heverlee 1962), Sp. 1177f.

C. Koeman, *Joan Blaeu and His Grand Atlas* (Amsterdam 1970), bes. S. 83-88.

Angelo Lazzarotto, „Martino Martini: a sinologist to be remembered“, in: *Tripod* 1981, No. 5, S. 47-51.

Stefania Majorana, „Sull'autenticità della cartografia del *Novus Atlas Sinensis* di Martino Martini: il problema dell'Ezo e del Giappone“, in: *Universo. Rivista di divulgazione geografica* 70 (1990), S. 518-531.

Martino Martini. Geografo – cartografo – storico – teologo, Trento 1614 – Hangzhou 1661. Atti del Convegno Internazionale (Trento 1983). Der Band beinhaltet folgende Beiträge in Italienisch und Englisch:

Osvaldo Baldacci, „Validità cartografica e fortuna dell'*Atlas Sinensis* di Martino Martini", 53-73 (The cartographic validity and success of Martino Martini's *Atlas Sinensis*, 73-88); Alessandro Cucagna, „I contenuti geografici delle opere storiche di Martino Martini, 89-102 (The geographical contents in the historical works of Martino Martini, 103-113); Günther Hamann, „Natura e paesaggio nelle descrizioni di Martino Martini", 115-126 (Nature and landscape in the descriptions of Martino Martini, 127-136); Giuseppe Staluppi, „Problematiche di geografia suscitate dall'esame del *Novus Atlas Sinensis*", 137-145 (Problematic questions on geography revealed by an examination of the *Novus Atlas Sinensis*, 146-153); Adolfo Tamburello, „Il Giappone nell'opera di Martino Martini", 155-159 (Japan in the Martino Martini's work, 160-163); Wu Chuanjun, „Il notevole contributo di Martini alla conoscenza geografica della Cina nel XVII secolo", 165-167 (Martini's outstanding contribution to the geographical knowledge of China in the seventeenth century, 168-170); Piero Corradini, „Martino Martini storico della Cina: il *De bello Tartarico*", 173-184 (Martino Martini as China's historian: the *De bello Tartarico*, 185-194); Carlo Ghisalberti, „Il metodo storiografico di Martino Martini", 195-213 (Martino Martini's historiographic method, 214-228); Ma Yong, „Attività di Martino Martini in Cina e sue opere di storia e geografia della Cina, 229-247 (Martino Martini's activity in China and his works on Chinese history and geography, 248-263); Luciano Petech, „La Cina ai tempi del Martini", 265-275 (China in Martini's times, 276-284); Bonifacio Bolognani, „La personalità di Martino Martini", 287-293 (Martino Martini's personality, 294-299); Maria Rosa di Simone, „Il Collegio Romano nella prima metà del Seicento e la formazione culturale di Martino Martini", 301-317 (The Roman College in the first half of the seventeenth century and the culural formation of Martino Martini, 318-331); P. Frumenzio Ghetta, „Martino Martini nella sua città", 333-356 (Martino Martini in his town, 357-376); Angelo S. Lazzarotto, „La cristianità in Cina secondo la *Brevis relatio*", 377-384 (Christianity in China according to the *Brevis relatio*, 385-391); Giorgio Melis, „I viaggi di Martino Martini in Cina", 393-420 (Martino Martini's travels in China, 421-444); Joseph Sebes S.J., „Il ruolo di Martino Martini nella controversia dei Riti Cinesi", 445-471 (Martino Martini's role in the controversy of Chinese Rites, 472-492); Pietro Tchao, „Ragioni storico-culturali della controversia dei Riti Cinesi", 493-498 (Historical and cultural reasons of the controversy over Chinese Rites, 499-504); Claudia von Collani, „L'influsso di Martino Martini sul figurismo di Joachim Bouvet", 505-517 (Martino Martini's influence on the figurism of Joachim Bouvet, 518-527).

Giorgio Melis, „Chinese Philosophy and Classics in the Works of Martino Martini S.J. (1614–1661), in: *International Symposium on Chinese-Western Cultural Interchange in Commemoration of the 400th Arrival of Matteo Ricci in China* (Taipei 1983), S. 474-513.

Giorgio Melis, „Ferdinand Verbiest and Martino Martini“, in: J.W. Witek, S.J. (ed.), *Ferdinand Verbiest (1623–1688). Jesuit Missionary, Scientist, Engineer and Diplomat.* Monumenta Serica Monograph Series XXX (Sankt Augustin - Nettetal 1994), S. 471-484.

David E. Mungello, *Curious Land: Jesuit Accommodation and the Origins of Sinology* (Studia Leibnitiana Supplementa XXV) (Stuttgart 1985).

David E. Mungello, *The Forgotten Christians of Hangzhou* (Honolulu 1994).

„Padre Martino Martini S.I., missionario, sinologo, geografo“, in: *Incontri* 18 (1982), No. 1, S. 15-18.

Louis Pfister, *Notices biographiques et bibliographiques sur les Jésuites de l'ancienne mission de Chine 1552–1773* (Chang-hai 1932), S. 256-262.

Karl Josef Rivinius, „Martini, Martino, SJ“, in: *Lexikon für Theologie und Kirche*, Bd. 6 (3. Aufl., Freiburg i.Br. 1997), Sp. 1433.

Johannes Schütte, „Martini, Martin, SJ“, in: *Lexikon für Theologie und Kirche*, Bd. 7 (2. Aufl., Freiburg i.Br. 1962), Sp. 122f.

Shen Dingping, „On the Position and Role of Martino Martini in the History of Cultural Exchanges between China and the West“, in: *Social Sciences in China* 1998, No. 2, S. 128-136.

Carlos Sommervogel, *Bibliothèque de la Compagnie de Jésus.* T. V (Bruxelles - Paris 1894), Kol. 646-650.

Studi Trentini di Scienze Storiche LXXVII (1998), No. 4, mit folgenden Beiträgen (und zahlreichen Literaturangaben):

Franco Demarchi, „Le relazioni Europa-Cina“ (531-533); Paolo Santangelo, „Martino Martini e le grandi transformazioni nella Cina del suo tempo“ (535-557); Diego Quaglioni, „Gli scritti 'minori' di Martino Martini“ (559-564); Lia de Finis, „La formazione scolastica dei Gesuiti nel Seicento: Il *Collegium et Gymnasiium tridentinum*“ (567-579); Bruno Sanguanini, „L'Epistolario. Martino Martini communicatore. Lettere di viaggio e documenti dalla Cina a Roma 'con fervore'“ (581-610); Fernando Orlandi, „Di Martino Martini e dei riti cinesi“ (613-626); Eugenio Menegon, „I movimenti di Martino Martini nel Fujian (1646) in alcuni documenti inediti“ (629-640); Maria Rosa Arnoldi, „L'*Atlas* di Martino Martini tramite verso la conoscenza dell''Asia estrema'. Attualità di fine millennio per un Geografo del Seicento“ (643-662); Miriam Lenzi, „La prima traduzione italiana della 'Storia dell'antica Cina' di M. Martini“ (665-670); Renzo Gubert, „L'Attualità di Martino Martini: per relazioni con la Cina che non siano solo rapporti d'affari“ (673-677).

Bolesław Szcześniak, „A Note on the studies of longitudes made by M. Martini, A. Kircher, and J.N. Delisle from the observations of travellers to the Far East“, in: *Imago Mundi* XV (1960), S. 89-93.

„Trento e la Cina onorano Martino Martini“, in: *Popoli e missioni* 1989, dicembre, S. 38-39.

Severino Vareschi, „Martino Martini S.J. e il Decreto del Sant'Ufficio nella questione die Riti Cinesi (1655–1656), in: *Archivum Historicum Societatis Jesu* LXIII (1994), S. 209-238. Deutsche Fassung siehe in diesem Band.

Severino Vareschi, „L'opera di evangelizzazione e di mediazione culturale di Martino Martini S.I. (1614–1661) tra Europa e Cina", in: *Studi Trentini di Scienze Storiche* LXXIII (1994), S. 365-409.

Edwin J. Van Kley, „Europe's 'Discovery' of China and the Writing of World History", in: *The American Historical Review* LXXVI (1971), S. 358-385.

Edwin J. Van Kley, „News from China. Seventeenth-century European notices of the Manchu conquest", in: *Journal of Modern History* 45 (1973), S. 561-582.

H. Verhaeren, C.M., „A German Edition of Fr. Martini's *Novus Atlas Sinensis*", in: *Monumenta Serica* 12 (1947), S. 260-265. Siehe auch den Nachdruck in diesem Band.

Wang Zhicheng 王志成 – Zhao Songping 趙頌平, „Jiaoyou de xuewen. *Qiuyou lun* jianjie" 交友的學問。「逑友論」簡介 (Einführung in Martino Martinis *Traktat über die Freundschaft*), in: *Shenxue lunji. Collectanea Theologica Universitatis Fujen* 1994, No. 102, S. 581-592.

Wei Kuang Guo [sic!] *mandarino celeste. Figura e opere di Martino Martini* (Trento 1981), 48 pp.

Xu Mingde 徐明德, „An investigation of the gravesite of the 17th-century Italian sinologist M. Martini (Wei Guangguo)", in: *Sino-Western Cultural Relations Journal*, No. 11, 1989, S. 1-10 (Chin.).

Xu Mingde 徐明德, "Lun Yidali hanxuejia Wei Kuangguo [Martino Martini] zai Zhong Yi wenhua jiaoliushi shang de zhuoyue gongji" 论意大利汉学家卫匡国在中意文化交流史上的卓越功绩, in: Chen Cunfu (ed.), *Zongjiao yu wenhua luncong 1994* 宗教与文化论丛 1994 (Beijing 1995).

Xu Minglong 许明龙, „Wei Kuangguo zai Hua xingji zai tan" 卫匡国在华行迹再探 (Auf den Spuren von Martino Martini in China), in: *Shijie zongjiao yanjiu* 世界宗教研究 1995, No. 1 (59), S. 46-55.

Zhu Yanbing 朱雁冰, „Jesuhuishi Wei Kuangguo yu ruxue Xi chuan" (Father Martino Martini, S.J. and the transmission of Confucianism to the West) 耶穌會士衛匡國與儒學西傳, in: *Shenxue lunji. Collectanea Theologica Universitatis Fujen* 1992, No. 94, S. 513-546.

Zusammengestellt von ROMAN MALEK

MARTINO MARTINI UND DIE CHINAMISSION DER JESUITEN IM 17. JAHRHUNDERT

FRANCO DEMARCHI

Von den bedeutenden Jahreszahlen der Evangelisierung Chinas werden im allgemeinen zwei erwähnt. Das Jahr 1582, als Matteo Ricci in Macau an Land ging, von wo aus er die südliche Provinz des Reiches der Mitte, Guangdong, betrat, sowie das Jahr 1656, als Papst Alexander VII. das Dekret erließ, durch das die chinesischen Riten als zivile, nicht religiöse Bräuche erlaubt wurden. Mit diesem Dekret, das erst wieder im Jahre 1939 bestätigt worden ist, wurde die theologische Gültigkeit der Methode anerkannt, mit der die Jesuiten die christliche Religion in China eingeführt hatten; dabei wurden die ungenauen Gegenargumente widerlegt.

Im gleichen Jahr 1656 schrieb Blaise Pascal aus Port Royal die Provinzialbriefe,[1] die die „Probabilitätsdoktrin" der Jesuiten als eine Öffnung zum Laxismus brandmarkten, und Kardinal Pietro Sforza Pallavicino[2] veröffentlichte die Geschichte des Konzils von Trient, um das vorhergehende tendenziöse Werk gleichen Inhalts von Paolo Sarpi richtigzustellen.

Das Dekret über Ostasien mußte sicherlich als zweitrangig erscheinen gegenüber den politischen und religiösen Problemen der Welt, die in jenem Jahr diskutiert wurden. Man beachte dazu die Tatsache, daß man daran ging, ein unerwartetes Bündnis zwischen der französischen Regierung unter Mazarin und der englischen unter Cromwell gegen Spanien vorzubereiten. In der Zwischenzeit war Gianlorenzo Bernini in Rom dabei, den Plan für die großartige Kolonnade auf dem Petersplatz[3] zu entwerfen, und in Florenz gründeten die Schüler Galileis die *Accademia del Cimento*. Kolonnade und Akademie können auch heute noch als feierliche symbolische Zeugen einer christlich-europäischen Zivilisation angesehen werden, die sich über den ganzen Erdkreis hin ausbreitete. Wenn wir in diesem Zusammenhang der Größe und Verantwortung den Ritenstreit ansehen, mitsamt

---

1 Blaise Pascal, *Les provinciales*, Provinzialbriefe von Louis de Montalde an einen Freund und an die Jesuiten über die Moral und über die Politik dieser Patres, geschrieben zwischen Januar 1956 und März 1657.

2 Jesuit, Kardinal ab 1659.

3 Der Säulengang wurde zwischen 1657 und 1667 errichtet.

Kleinlichkeit und Fremdheit, die ihm oft angedichtet worden sind, verliert er an Gewicht.

1.
Die Rolle von Martino Martini im Ritenstreit

Die Geisteshaltung, die die Jesuiten des 17. Jahrhunderts dazu anregte, sich unvorhergesehenen und schwer verständlichen kulturellen Erfahrungen zu öffnen, prallte unweigerlich mit der Geisteshaltung jener, etwa der Anhänger Jansens, zusammen, die befürchteten, daß eine Erweiterung des Horizonts den Verlust des Schatzes der Wahrheit bedeutete, die bis dahin den Unterbau der Zivilisation gegenüber dem Barbarentum dargestellt hatte.

Das päpstliche Dekret des Jahres 1656 kann somit als Akt großen Mutes verstanden werden, ein intellektuelles und juridisches Meisterwerk, das unsere Jahrhunderte vorwegnahm, aber in jenem Jahrhundert in Europa kaum verstanden wurde. Zudem muß bemerkt werden, daß es den Standpunkt auf den Kopf stellte, den der Heilige Stuhl kaum elf Jahre vorher eingenommen hatte.

Das Dekret des Jahres 1656 hatte eine günstigere und modernere Ansicht eingenommen: der Dialog könne das Reich der Wahrheit mit größerer Sicherheit errichten als die hartnäckigen Formen des Gegensatzes, des Mißtrauens und der Herausforderung. Der Papst, der dieses Vertrauen in die friedliche Begegnung zweier Zivilisationen feierlich erklärte, wurde von der Kongregation des Heiligen Offiziums und der Kongregation *Propaganda Fide* fast einstimmig bestätigt.[4]

Wie konnte diese Umkehrung der Bewertung auf höchster Ebene der Urteilsfindung im Zeitraum von zehn Jahren geschehen? Die Diskussion war wohl vorbereitet durch das klare Bewußtsein der Unterscheidung der Rechtsfrage (*quaestio iuris*) von der Faktenfrage (*quaestio facti*). Wer hatte die Darlegung der Fakten so wirksam vorbereitet, daß er in wenigen Tagen die Zustimmung für so schwierige Themen erhielt wie die Bedeutung der Ahnenverehrung und den Wert einer Persönlichkeit wie Konfuzius und seiner Lehre?

Die Person, die es verstand, die chinesische Welt den höchsten kirchlichen Stellen jener Zeit bekannt zu machen, ist lange Zeit ignoriert oder fast nur beiläufig erwähnt worden. Erst neuerdings ist sie in jenes Licht ge-

---

[4] Severino Vareschi, „L'opera di evangelizzazione e di mediazione culturale di Martino Martini S.J. (1614–1661) tra Europa e Cina", in: *Società di Studi Trentini di Scienze Storiche* LXXIII (1994), No. 4, S. 394.

rückt, das ihr zusteht; es ist der Missionar Martino Martini, „italicus lingua germanicus fidelitate“ (Italiener der Sprache, Deutsch der Volkszugehörigkeit nach), Jesuit, geboren in Trient, ausgebildet im Römischen Kolleg, zum Priester geweiht in Lissabon, Missionar in Hangzhou.

Er gelangte keineswegs mit geringer Vorbereitung bis zum Heiligen Offizium, wie aus seinem umfangreichen Werk hervorgeht, aber sicherlich gelangte er dorthin in einem äußerst günstigen Augenblick, als er von maßgebenden Männern mit geistiger Weite voll Neugier und Hoffnung erwartet wurde.

Wenn Ludwig von Pastor[5] Martino Martini besser gekannt hätte, wäre er sicherer gewesen, Bihlmeyer und Tuechle[6] wären genauer gewesen. Sowohl das Werk von René Laurentin[7] wie auch die Arbeit von Jean Charbonnier,[8] beide lobenswerte Arbeiten, beschränken sich darauf, Martini am Rande zu erwähnen und ihm eine Nebenrolle, die eines zufälligen Informanten, zuzuweisen. Dies mag überraschen angesichts der spärlichen Kenntnisse über die Geschichte und Geographie Chinas, die vor der Veröffentlichung der Werke Martinis datieren, und des wesentlichen Beitrags durch diese. Um so schwerer im negativen Sinn wiegt das Schweigen über Martini in der Bewertung, die Hans Küng und Julia Ching in ihrem Buch in dieser Angelegenheit abgeben.[9] Ähnliches Schweigen finden wir leider auch im Werk von Giacomo Martina.[10]

Es überrascht deswegen nicht, daß Martini auch in dem von David E. Mungello herausgegebenen interessanten Werk[11] über die chinesischen Riten nicht die Beachtung erfährt, die ihm meiner Meinung nach aufgrund der Forschungsarbeiten von Sergio Zoli, Bonifacio Bolognani, Giorgio Melis, Claudia von Collani und den anderen, gebührt.

---

5 Ludwig von Pastor, *Storia dei Papi dalla fine del Medioevo*, XIV vols. (Roma 1910–1934).

6 K. Bihlmeyer – H. Tuechle, *Storia della Chiesa*, vol. 4, hrsg. von Iginio Rogger (Brescia 1958).

7 René Laurentin, *Chine et Christianisme. Aprés les occasions manquées* (Paris 1977; ital. Ausgabe *Cina e Cristianesimo, al di là delle occasioni mancate* [Roma 1981]).

8 Jean Charbonnier, *Historie des Chrétiens de Chine* (Paris 1992).

9 Hans Küng – Julia Ching, *Christentum und Chinesische Religion* (München 1988; ital. Übers. *Cristianesimo e religiosità cinese* [Milano 1989]).

10 Giacomo Martina, *Storia della Chiesa. Da Lutero ai giorni nostri*, 2 vols. (Brescia 1993).

11 D.E. Mungello, *The Chinese Rites Controversy. Its History and Meaning.* Monumenta Serica Monograph Series XXXIII (Sankt Augustin – Nettetal 1994).

Das Leben Martino Martinis hat nicht lange gedauert, er starb mit 47 Jahren, wovon er zehn in China verbrachte und acht auf den Meeren zwischen Schiffbrüchen, Seuchen und Herausforderungen durch Piraten. Dennoch hat er uns sechs Dokumente von außerordentlicher Wichtigkeit hinterlassen: den ersten Atlas über China mit 17 Tafeln; die erste alte Geschichte Chinas mit fast 400 Seiten; die erste Chronik über die zeitgenössischen politischen Ereignisse im Reich der Mitte; die erste chinesische Grammatik; den ersten statistischen, detaillierten Bericht über die Verbreitung des Christentums in jenem Land; die erste Katechumeneneinführung[12] in chinesischer Sprache.

Niemand hatte bis zu jenem Jahr dazu beigetragen, die konkrete Wirklichkeit der chinesischen Zivilisation ähnlich umfassend und exakt darzustellen. Seine Werke werden noch heute selbst von den Chinesen bewundert und studiert. Die *quaestio facti* konnte kein reicheres und sichereres Material erwarten, dazu in lateinischer Sprache.

Die römischen Kommissionen ließen es keineswegs an Strenge gegenüber dem von Martini vorgestellten Material fehlen, aber sie wurden überzeugt – wie aus der Forschungsarbeit hervorgeht, die Severino Vareschi angestellt hat.[13]

Die Werke Martinis stellen eine beachtliche Dokumentation über die chinesische Zivilisation dar, die bis dahin mehr oder weniger vom Hörensagen bekannt war. Sie gelangten in die Kulturwelt Europas zu einem besonders wichtigen Zeitpunkt, d.h. mitten in die von P. Hazard so bezeichnete „Krise des europäischen Bewußtseins", die an die Stelle einer auf der Idee der Pflicht und der Idee des Rechtes basierenden Zivilisation trat.[14]

Ein biographisches Studium der Persönlichkeit Martinis muß notwendigerweise drei Problemkreise betreffen:

1) Welches war seine Ausbildung, die es ihm erlaubte, eine derart gut belegte und überzeugende Tätigkeit auszuführen?

2) Welche Wechselfälle begleiteten ihn in China, durch seine Provinzen und bei seiner Rückkehr?

3) Welche Auswirkung hatten seine Kontakte und seine Schriften im chinesischen wie europäischen Milieu, in dem er lebte und wirkte?

---

[12] Siehe hierzu Joseph Dehergne, S.J. (1903–1990) *et al.*, „Catéchismes et catéchèse des Jésuites de Chine de 1584 à 1800", in: *Monumenta Serica* 47 (1999), S. 397-478. [R.M.]

[13] S. Vareschi, *op. cit.*, und sein Beitrag in diesem Band.

[14] P. Hazard, *La crisi della coscienza europea* (Milano 1968), vol. I, S. 12.

2.
Ausbildung in Trient, Rom und Lissabon

Martino Martini wurde 1614 in Trient als Sohn einer Kaufmannsfamilie, die im deutschen Teil der Stadt wohnte, geboren. Er war elf Jahre alt, als die Jesuiten 1625 in Trient eine Grundschule und ein Gymnasium gründeten.[15] Dort begann er, sich nicht nur die von der Gesellschaft Jesu gepflegte scholastische Methode und deren Disziplin anzueignen, sondern wurde auch mit der globalen Dimension des von Franz Xaver inspirierten missionarischen Auftrages vertraut. 1614, d.h. gerade im Geburtsjahr von Martini, hatte der Jesuitenpater Nicolas Trigault das italienische Original der „Tagebücher" von Matteo Ricci, die Trigault aus China mitgebracht hatte, veröffentlicht.[16] Der Text löste eine Welle der Begeisterung und Neugierde für dieses kulturell und politisch hochentwickelte Riesenreich aus.

Mit achtzehn Jahren verließ Martini Trient, um seiner missionarischen Berufung zu folgen, und begab sich nach Rom. Das Römische Kolleg, das in den Jahren 1553–1554 mit der Einrichtung eines philosophischen und theologischen Studienganges zum ersten Male die *instauratio solemnis studiorum* feierlich begangen hatte, war als „lehrgeldfreie Schule der Grammatik, der Humanität und der christlichen Lehre" entstanden. Sein römischer Sitz trat an die Seite der bereits bestehenden Kollegs in Paris und Löwen. Angesichts der Tatsache, daß der Unterricht kostenlos erteilt wurde, hatten Kinder *omnis conditionis* Zugang zum Kolleg. Zur Zeit, in der Martini in Rom eintraf, befand sich das Kolleg auf der Höhe seines Ruhmes, was didaktische Effizienz, intellektuelle Strenge und seine Funktionalität in organisatorischer Hinsicht betraf.[17] Die Anzahl der Schüler betrug damals 2.000, und die Bezeichnung des Römischen Kollegs als *Collegium universale* und *Omnium Nationum Seminarium* gab der verschiedenartigen nationalen Herkunft seiner Schüler Ausdruck. Der grundlegende Zweck, den das Kolleg verfolgte, bestand in einer Bildung „non minus ... ad virtutem et pietatem, quam ad eruditionem animos informari".[18]

---

15 Guido Lorenzi, „The Trento prince-bishopric in the seventeenth century", in: Demarchi - Scartezzini (eds.), S. 43-56.

16 Nicolas Trigault S.J., *De Christiana Expeditione apud Sinas suscepta ab Societate Jesu. Ex P. Matthei Ricij eiusdem Societatis Commentariis* (Augustae Vind. 1615).

17 Maria Rosa De Simone, „Il Collegio Romano nella prima metà del seicento e formazione culturale di Martino Martini", in: *Martino Martini,* S. 301.

18 Centro Studi Ricciani, *Atti del Convegno Internazionale di Studi Ricciani* (Macerata 1984), S. 218.

Bei den römischen Jesuiten erweiterte Martini seine Ausbildung in wesentlichen Bereichen. Er studierte Rhetorik, die auf der Basis der Kenntnis der klassischen Sprachen, des Studiums der Werke von Cicero und der Philosophie auf die Vervollkomnung und die formale Schönheit des Ausdrucks abzielte. Am Kolleg hielt man sich hierbei peinlichst an die Werke des Aristoteles, und die für den Unterricht ausgewählten Professoren mußten dafür geradestehen, daß nicht im mindesten von der Lehre dieses als einzig maßgeblich angesehenen Lehrmeisters abgewichen wurde. Die philosophischen Studien der jesuitischen Schüler und derjenigen Schüler, die sich im Anschluß an das Studium der Philosophie dem der Theologie zuwenden wollten (auf diesem Feld galt einzig der hl. Thomas von Aquin als Vorbild), und damit auch die philosophische Ausbildung Martino Martinis besaßen eine spezifische Prägung: „artes vel scientiae naturales ingenia disponunt ad theologiam et ad perfectam cognitionem et usum illius inserviunt, et per se ipsas ad eundem finem iuvat".[19] Die Professoren, denen dieser Studienabschnitt anvertraut war, mußten in der Lage sein, den Stoff sachverständig und „in der aufrichtigen Suche nach der Herrlichkeit und Liebe Gottes" zu präsentieren.

Neben der Kenntnis des *universus Aristotelis contextus* wurde den exakten Wissenschaften große Aufmerksamkeit geschenkt. Dies betraf sowohl die theoretischen als auch die angewandten Wissenschaften: Geometrie und perspektivische Darstellung, Arithmetik, Geodäsie, Sphärenlehre und Kosmographie, die astronomischen Tafeln, das Astrolabium und die Uhrwerke, die Musik, die Mechanik, die Hydrographie und die Architektur. Diese Fächer waren verpflichtend, was die ihnen zugeschriebene Bedeutung belegt. Der Grund für eine solche Aufmerksamkeit liegt in dem Bestreben, zu einer Öffnung hin zur damaligen Entwicklung der Wissenschaften beizutragen, und in der Überzeugung, daß diese „ad finem nostrum conveniunt".[20]

Während des ersten, rhetorischen Studienabschnittes, und zwar im August des Jahres 1634, stellte Martini den offiziellen Antrag auf seine Abreise in die „indischen" Länder. Nachdem dieser positiv beschieden worden war, setzte er sein Studium mit erneuertem Engagement fort. Wohl wissend, welche Dienste die mathematischen Wissenschaften Matteo Ricci erwiesen hatten als jemandem, der sich vor ihm mit Erfolg in China eingeführt hatte, setzte er sich insbesondere die umfassende Beherrschung derselben zum Ziel. Dabei besaß er einen Lehrer von außerordentlichem For-

---

[19] Ebd., S. 220.

[20] Ebd., S. 222.

mat: Pater Athanasius Kircher aus Fulda, dem er durch Zuneigung und Hochschätzung verbunden war, mit dem er auch nach seiner Abreise nach China in Kontakt blieb und dem er die Resultate seiner Untersuchungen zum Magnetismus zusandte. Kircher hatte schon 1627 von der zwei Jahre vorher entdeckten berühmten Nestorianischen Inschrift von Xi'an Nachricht erhalten und diese sowohl als „Erklärung auf einem antiken Fels" als auch später in einem illustrierten Werk über die religiösen und weltlichen Denkmäler Chinas übersetzt und bekannt gemacht.[21]

Martino Martini erreichte Lissabon gerade zu dem Zeitpunkt (1638), als der nationalistische Aufstand seinem Höhepunkt zustrebte. Die einzigen auswärtigen Einflüsse, die dort geduldet wurden, waren solche aus weit entfernten Ländern, die keinerlei Bedrohung für die portugiesische Identität darstellen konnten. Diese Jahre waren reich an Ereignissen: wir erinnern in diesem Zusammenhang nur an den Prozeß gegen Galilei (1633) und die Lehrtätigkeit des 1638 verstorbenen Cornelius Jansenius in Löwen.

Martini hielt sich, wie dies die für die Missionare vorgesehene Verfahrensweise vorschrieb, einige Zeit in Lissabon auf. Er studierte Theologie, die portugiesische Sprache und die missionarische Seelsorge in ihrer jesuitischen Prägung, die zu einem beweglichen Umgang mit der Wirklichkeit aufrief, der zu begegnen man sich vorbereitete. Da sein Ziel China war, widmete er sich zusammen mit anderen Missionaren desselben Zieles dem Studium der chinesischen Sprache. Seine gegenüber jeder neuen kulturellen Anregung offene geistige Bildung ließ ihn sich auch mit den nautischen Wissenschaften beschäftigen, deren Kenntnis ihm später von Nutzen war.[22] Eine weitere Bereicherung stellte für ihn der Aufenthalt in einer aufgrund ihrer strategischen geographischen Lage kosmopolitischen und von Leben pulsierenden Stadt dar, und das Zusammenleben mit Personen unterschiedlicher Herkunft und Kultur war sicherlich eine für seinen Bildungsprozeß wichtige Lebenserfahrung.

Auch das soziale und politische Klima jener Jahre muß festgehalten werden. Während er in der portugiesischen Hauptstadt studierte und sich auf seine Primiz vorbereitete, war man dabei, eine Revolte unter der Führung des Grafen von Braganza anzuzetteln, um Portugal von der spanischen Herrschaft zu befreien. Unterdessen schlug eine große Verschwörung, die von niemand Geringerem als von Gaston, dem Bruder Ludwigs XIII., ge-

---

21 Vgl. Hartmut Walravens, *China illustrata. Das europäische Chinaverständnis im Spiegel des 16. bis 18. Jahrhunderts*. Acta humaniora (Hannover 1987), S. 96.

22 Joseph Sebes, „Il ruolo di Martino Martini nella controversia dei Riti Cinesi", in: *Martino Martini,* S. 470.

leitet wurde, Wurzeln in Madrid, gerade in der Regierungszeit von Gaspar Olivares; das Ziel dieser Verschwörung war die Beseitigung Kardinal Richelieus (1642). Das umfangreiche Komplott wurde blutig vereitelt.[23]

Der Dreißigjährige Krieg hatte die militärischen Arsenale erschöpft, sei es, um die Herrschaft Europas in den Händen der spanischen Linie der Habsburger zu sichern, sei es, um dem Plan Frankreichs Erfolg zu bescheren, in Europa eine neue Alleinherrschaft zu begründen. Diplomatische Hilfsmittel und Korruptionswege mußten eingesetzt werden, um die Kosten zu tragen, die zur Linderung des durch Pest, Hungersnöte und Verheerungen hervorgerufenenen Elends benötigt wurden. Es war ein allgemeines Versiegen der Goldreserven der Regierungen im Gange, das durch die Schulden von fast einer Million Soldaten in einem Europa mit ungefähr 100 Millionen Einwohnern verursacht wurde. Übrigens rief in China, das damals doppelt so viele Einwohner hatte wie das Abendland, eine Masse von einer Million bewaffneter Soldaten ähnliche Auswirkungen hervor. Als Alternative zur Gewalt bot sich für Martini gerade die interpersonelle und internationale Ausbreitung der Freundschaft im christlichen Sinne. Die Freundschaft war nämlich das zentrale Thema seines Apostolats.

3. Erforschung der chinesischen Welt

Martino Martini verließ Lissabon kurz nach seiner Priesterweihe Ende März 1640; er war 26 Jahre alt. Er erreichte Macau im Jahre 1642 nach stürmischen Schiffsreisen, die in seinem Reisebericht festgehalten sind.[24] Dort blieb er ungefähr ein Jahr und lernte die chinesische Sprache. Im Winter 1643/1644 gelangte er auf dem Flußweg nach Nanjing, als das Heer der „Tartaren“ (Mandschus) Beijing und ganz Nordchina erstürmte.[25] Von dort zog er im Juni darauf nach Hangzhou, wo er als Missionar wirken sollte. Ein Jahr danach erreichten die Tartaren auch Hangzhou, weshalb er weiter nach Süden (120 km) zog, zu den katholischen Gemeinden von Yinhua und Lanqi, die mehr geschützt waren. Auf diese Weise hatte er Gelegenheit, die ranghöchsten Anführer der vordringenden Truppen kennenzulernen, die ihn von ihrer gewaltigen Durchschlagskraft überzeugten

---

[23] D.P. O'Connell, *Richelieu* (London 1968; ital. Ausgabe Milano 1983).

[24] Bonifacio Bolognani, *L'Europa scopre il volto della Cina.* Museo Tridentino di Scienze Naturali, Biblioteca PP. Francescani (Trento 1978), S. 42.

[25] Giorgio Melis, „I viaggi di Martino Martini in Cina“, in: *Martino Martini*, S. 397. Einige Angaben der *China illustrata..., op. cit.* (Anm. 21), entsprechen nicht denjenigen in Beiträgen der internationalen Tagung 1983 (*Martino Martini*, *passim*).

wie auch von der unausweichlichen Ausmerzung der Ming-Dynastie, die in den südlichen Provinzen des Reiches einen gewissen, aber hoffnungslosen Widerstand leistete. Sicherlich besaß er eine außerordentliche Fähigkeit, Beziehungen zu den örtlichen Persönlichkeiten herzustellen, die in der Lage waren, ihm eine Menge Informationen über Etappen des Vormarsches der „Tartaren" und über deren Stärke, über die geographischen Ausdehnungen und die sozialen Strukturen des Landes sowie über die alte Geschichte Chinas zu liefern. Dies alles ließ er in seine Werke einfließen.

Im Jahre 1650 unternahm er eine Reise nach Beijing, wo er sich bei Mitbrüdern Informationen und Vereinbarungen holte; unter diesen ragte an Prestige und Wissen Pater Johann Adam Schall von Bell heraus.[26] Martini besichtigte die große Mauer; von dort kehrte er zu seiner Missionsstation zurück, wo er die Arbeiten zum Bau einer Kirche in die Wege leitete. Nachdem er zum Prokurator der Provinz der Gesellschaft Jesu ernannt worden war, reiste er in die Provinz Fujian. Er fuhr weiter nach Manila und Batavia und gelangte auf holländischen Schiffen wahrscheinlich *incognito* nach Holland. Es gelang ihm, seine Werke bei holländischen und bayrischen Verlegern drucken zu lassen, und er widmete sie dem Erzherzog Leopold von Österreich in Wien, der ihn mit dreißigtausend Dukaten entlohnte. Schießlich gelangte er Ende Mai 1655 nach Rom, wo er seine Hauptaufgabe erledigen konnte, wegen der er so sehr erwartet wurde; er sollte dem Papst, dem Heiligen Offizium, der Kongregation *Propaganda Fide* erklären, wie notwendig es sei, die vorhergehenden Entscheidungen (1645) zu korrigieren, die die chinesischen Riten der Kniebeuge und Niederwerfung vor den Standbildern der Vorfahren und des Konfuzius verurteilten. Nach der unter den Jesuitenmissionaren vorherrschenden Meinung handelte es sich um zivile, nichtreligiöse Riten; sie seien also nicht abergläubisch, sondern zulässig, solange es notwendig sei.

Es erwartete ihn Papst Alexander VII., Fabio Chigi,[27] geboren im Jahre 1599 in Siena als Sohn einer Bankiersfamilie. Er war an der römischen Ku-

---

26 Zu Schall siehe Alfons Väth S.J., *Johann Adam Schall von Bell S.J. Missionar in China, kaiserlicher Astronom und Ratgeber am Hofe von Peking 1592–1666. Ein Lebens- und Zeitbild.* Neue Auflage mit einem Nachtrag und Index. Eine gemeinsame Veröffentlichung des China-Zentrums und des Instituts Monumenta Serica. Monumenta Serica Monograph Series XXV (St. Augustin – Nettetal 1991); Roman Malek, S.V.D. (ed.), *Western Learning and Christianity in China. The Contribution and Impact of Johann Adam Schall von Bell (1592–1666).* Jointly published by the China-Zentrum and Monumenta Serica Institute. Monumenta Serica Monograph Series XXXV/1-2 (St. Augustin – Nettetal 1998). [R.M.]

27 Siehe Ludwig von Pastor, *op. cit.*, Bd. XIV.

rie aufgewachsen und hatte 20 Jahre lang die Funktion eines apostolischen Nuntius in Deutschland, hauptsächlich in Köln, Münster und Aachen, ausgeübt; dabei hatte er sich in der diplomatischen Kunst ausbilden können. Im Konflikt zwischen den Hegemonieansprüchen der französischen Monarchie und Spanien und dem Reich engagierte er sich bei der schwierigen Suche nach einem Gleichgewicht unter den europäischen Mächten. Er nahm eine entschiedene Stellung gegen den Jansenismus in Übereinstimmung mit der Gesellschaft Jesu ein , ebenso streng verwahrte er sich gegen Tendenzen einer Degenerierung des Wahrscheinlichkeitsprinzips (Probabilismus) im Zusammenhang mit dem Laxismus. Obwohl er einen rauhen Charakter besaß, förderte er sehr die frommen Andachten, unter denen er die *Filotea* des hl. Franz von Sales bevorzugte. Diesen sprach er 1661 selig und fünf Jahre danach heilig.

Die theoretischen und politischen Gegensätze, die den damaligen Katholizismus in Europa erschütterten, wirkten sich in Ostasien aus; die Frage der chinesischen Riten den Ahnen und Konfuzius gegenüber hatte bereits die Aufmerksamkeit des Heiligen Stuhls auf sich gezogen, als Trigault um das Jahr 1614 die Gedanken und die Methode Matteo Riccis in Europa verbreitete. Die Erwartung, Informationen über die Lage der Christen in China zu erhalten, deren Zahl so schnell zugenommen hatte, jedoch beschuldigt wurden, durch die Anpassungsmethode der Jesuiten zu abergläubischen Huldigungen gedrängt worden zu sein, die für die Rechtgläubigkeit unannehmbar waren, wie sie vor allem von den Dominikanern vertreten wurde, diese Erwartung wurde mit Papst Alexander VII. viel drängender. Aus diesem Grunde erhielt Martini die dringende Aufforderung, sich nach Rom zu begeben,[28] um seine Einwände gegen die zehn Jahre vorher vorgebrachten Anklagen direkt darzulegen.

Mit der Veröffentlichung seiner geschichtlich-geographischen Werke versuchte er vor allem, die These der Anpassung zu stützen. In Rom fand er ein Milieu vor, das sehr dazu neigte, seine Interpretation zu billigen.

Alexander VII., der Erbauer der Kolonnade des Bernini auf dem Petersplatz, konnte als Befürworter einer pragmatischen und gesamtmenschlichen Sicht von Kirche angesehen werden; diese brauchte eine Wiederbestätigung nach den Demütigungen, die sie beim Westfälischen Frieden (1648) erlitten hatte, wo gerade er als Nuntius fungiert hatte. Ganz neu war ja auch die Verurteilung der fünf Sätze des *Augustinus* von Jansen (1653) und die darauffolgende Auseinandersetzung zwischen Jesuiten und Dominikanern, zwischen den Befürwortern der Toleranz und jenen der Strenge. Es kostete

---

28 B. Bolognani, *op. cit.*, S. 103.

also Martini nicht große Mühe, in Rom die These der sogenannten Anpassung an die chinesischen Riten triumphieren zu sehen. Dies brachte ihm hingegen eine wachsende, herbe Feindschaft von seiten der Befürworter des Rigorismus (Tutioristen) ein.

„Mit großer Eile, mit dem Wunsch, so schnell wie möglich in das geliebte China zu gelangen und jenen armseligen Völkern beizustehen", wie er selbst in einem Brief an den Kardinal Fr. Barberini schrieb, verließ Pater Martini Rom und schiffte sich am 11. Januar 1656 in Genua zusammen mit anderen zehn Jesuitenpatres in Richtung Spanien ein. Als sie nach sechs Tagen Seefahrt bereits die spanische Küste in Sichtweite hatten, wurde ihr Schiff von Piraten unter dem Kommando eines französischen Seeräubers, eines Malteserritters, gekapert. Wie Martini selbst schreibt, „hatten die Franzosen nicht die geringste Achtung oder Respekt vor gottgeweihten Ordensleuten"; sie wurden aller Habe beraubt, sogar der Kleider, und gezwungen, nach Genua zurückzukehren. Während er nun darauf wartete, sich einschiffen zu können, um die Abreise nach China erneut zu versuchen, schrieb er am 26. Februar 1656 einen Brief,[29] damit ihm die „Bewertungen der von ihm vorgebrachten Zweifel" mitgeteilt würden; er bat auch um materielle Hilfe, wenigstens um das unbedingt Notwendige für die Fortsetzung der Reise.

Er kam nach Lissabon, wo er ein Jahr blieb, weil er den Text des päpstlichen Dekretes vom 23. März 1656 nicht rechtzeitig erhielt. Am 4. April 1657 kehrte er in seine chinesische Missionsstation zurück.

Aus religiösen Gründen eine Reise nach China zu unternehmen – mit dem Wissen um die lebensgefährlichen Situationen, die dies mit sich bringen würde – scheint uns viel mehr als Abenteuerlust, besonders in Anbetracht dessen, daß eine so schwierige Reise zum zweiten Mal unternommen wurde. Mit ihm reisten zwei Missionare von großem Talent: der Sizilianer Prospero Intorcetta[30] und der Belgier Ferdinand Verbiest.[31] Der erste verbreitete im Westen die Werke des Konfuzius, der zweite leitete das astronomische Observatorium in Beijing.[32]

---

[29] Brief Martino Martinis an Kardinal Francesco Barberini, Präfekt der Inquisition, 1656, im Archiv des Heiligen Stuhles.

[30] Alcide Luini (ed.), *Scienziati siciliani gesuiti in Cina nel secolo XVII* (Milano 1985).

[31] J.W. Witek, S.J. (ed.), *Ferdinand Verbiest (1623–1688). Jesuit Missionary, Scientist, Engineer and Diplomat.* Monumenta Serica Monograph Series XXX (Sankt Augustin – Nettetal 1994).

[32] Über die Beziehungen zwischen Martini und Verbiest siehe Giorgio Melis, „Ferdinand Verbiest and Martino Martini", in: John W. Witek, S.J. (ed.), *op. cit.*, S. 471-484.

Nach dem üblichen Aufenthalt in Goa schiffte sich Martini am 30. Januar 1658 nochmals ein und erreichte Macau am 17. Juli. Von dort schrieb er einen Brief mit der Nachricht, daß die „Tartaren" ganz China besetzt hätten und fast alle Konflikte gelöst seien.[33]

4.
Die Auswirkungen

Martino Martini lebte noch einige Jahre in China, verstärkte die Grundlagen seiner Missionstätigkeit, erneuerte die Freundschaftsbande, die er bei seinem früheren Aufenthalt geschlossen hatte, taufte Hunderte von Katechumenen, aber er erlag am 6. Juni 1661 der Pest. Sein Leichnam blieb 50 Jahre lang unverwest und verursachte einen Streit zwischen Christen und Buddhisten über das Vorrecht, ihn aufzubewahren.[34] Bezeichnend ist, was der Arzt Zhu Shi bei dieser Gelegenheit schrieb; er hatte während des Einbruchs der „Tartaren" in Lanqi Freundschaft mit Martini geschlossen und konnte ihn folgendermaßen beschreiben:

> Er besitzt außergewöhnliche Manieren, er ist eine große Persönlichkeit, von erleuchtetem Gemüt und in glänzender Weise wohltätig. Wenn man ihn anschaut, scheint er ein Engel zu sein. Er ist, was man sagen kann: ein vollkommener Mensch.[35]

Nicht weniger charakteristisch sind die Worte des Literaten Xu Erjue, eines Neffen des berühmten Mandarinen Xu Guangqi, der Matteo Ricci am Kaiserhof eingeführt hatte. Er schildert Martini im Vorwort zu dessen Traktat über die Freundschaft (*Qiuyou pian*, verfaßt wahrscheinlich 1641, veröffentlicht 1661) folgendermaßen:

> In seiner großen Tugendhaftigkeit und Weisheit schildert und erklärt er in einfacher und detaillierter Weise. Sein Geist ist klar wie ein Spiegel, seine Gefühle gerecht wie eine Waage: klar, deswegen sieht er eindeutig, was recht und was unrecht ist; gerecht, deswegen denkt er nicht an sich selbst, sobald er ein Urteil abgeben soll. Er schließt Freundschaft mit der Mentalität eines Menschen, der den Nächsten liebt wie sich selbst; er bewirkt, daß die Guten lange Zeit seinen heilsamen Einfluß bekannt machen und daß die Bösen sich bessern. Der Herr ist heute gestor-

---

33 Am 17. Juli 1658. Der in lateinischer Sprache geschriebene Brief Martinis an Lorenzo Foraro mit dem Datum 8. Oktober 1654, Rom, im Jesuitenarchiv München aufbewahrt, bedarf einer vertieften Bearbeitung.

34 B. Bolognani, *op. cit.*, S. 149.

35 Einführung „Trattato sull'amicizia di Martino Martini", in: *RSO* XVI (1992), fasc. I-IV, S. 91.

> ben [6. Juni 1661], aber diese Abhandlung ist ein Werk, das unvergänglich die Jahrhunderte herausfordern wird.[36]

Das Interesse für China nimmt ab der Mitte des 16. Jahrhunderts bis zum Beginn des 18. Jahrhunderts innerhalb der europäischen Kultur schnell zu. Von den 132 in diesen 150 Jahren erschienenen Werken, die Hartmut Walravens in seiner *China illustrata* (1987) verzeichnet, sind achtzehn aus der Zeit vor dem Jahr 1600, nicht weniger als 24 aus der Zeit vor 1654, als die Veröffentlichungen der Werke Martinis begannen, und zwei aus der Zeit bis 1659. Von diesem Zeitpunkt bis zum Ende des 17. Jahrhunderts werden 80 Werke erwähnt. Von dem Erscheinen der Werke Martinis an bis zur Veröffentlichung der *Novissima Sinica* (1697) von Leibniz, also innerhalb von 50 Jahren, verdoppelt sich die Anzahl der in diesem Katalog aufgeführten Arbeiten über China gegenüber den vorangegangenen hundert Jahren.

Martini gebührt das beachtenswerte Verdienst, mittels seiner Werke Probleme von enormer Bedeutung aufgeworfen zu haben, ohne Zweifel ein historisches Verdienst. Mit seiner *Sinicae Historiae Decas Prima* hat er Fragen aufgeworfen, die die Betrachtung der Kulturgeschichte Europas durcheinandergebracht haben;[37] er hat die Wissenschaftler zu einer radikalen Überholung der Grundsätze gezwungen, die ausschlaggebend waren für die vorherrschenden Meinungen bezüglich des Ursprungs des Menschengeschlechts, der Datierung der Sintflut sowie der Kriterien, die die vorherrschende Geschichtsschreibung bestimmten.[38] Wenn das stimmte, was er schrieb, oder wie das Dekret es ausdrückt: „si vera sunt quae narrantur", dann stellten sich viele Fragen. Betraf die Botschaft der Bibel, somit auch die Erlösung, nur das hebräische Volk und die Nachkommen Noahs? Mußten weiters jene, die vor der Sintflut gelebt hatten, als frei von der Erbsünde angesehen werden? Hat es wirklich eine universale Sintflut gegeben? Die Fragen, die sich daraus ergaben, und die Antworten, über die man sich hätte einigen sollen, waren sehr bedeutungsvoll. Martini war sich dessen bewußt, wie er auch Bescheid wußte, welche Ansichten zu jener Zeit in Europa vertreten wurden. Er beschloß, sich nicht hinter den Mauern der bisherig unwidersprochenen Interpretation zu verschanzen noch

---

[36] Ebd., S. 90.

[37] Zu *Sinicae Historiae …* siehe den Beitrag von C. von Collani in diesem Band. [R.M.]

[38] Sergio Zoli, „La Cina nella cultura europea del '600", in: *L'Europa cristiana nel rapporto con le altre culture nel secolo XVII. Atti del Convegno di S. Margherita Ligure (19–21 maggio 1977)* (Firenze 1978), S. 87-164.

sich auf neue Hypothesen einzulassen. Er blieb dem Kriterium einer objektiven Geschichtsschreibung treu und zog es vor, oft nicht genau Stellung zu nehmen; das geht aus dem häufigen Gebrauch von unbestimmten Klauseln („vielleicht") wie auch aus der Verwendung des Konditionals bei den Verben hervor. Er beschränkte sich darauf, den Europäern zum ersten Mal in der Geschichte als zu diskutierenden Problemkreis eine Geschichtsschreibung der Zeit vor Noah anzubieten.

Seine Grundausrichtung, die sein Leben bestimmte und den missionarischen Sinn seiner Tätigkeit deutet, ist die Treue zu einer Dialoghaltung, die einerseits vermittelt, andererseits aufnimmt. Es ist dieselbe Empfehlung, die Papst Johannes Paul II. in der Enzyklika *Redemptoris Missio* im Dezember 1991 gemacht hat. Der *Sinicae Historiae Decas Prima* kommt grundlegende Bedeutung zu; denn seither mußten die europäischen Historiker, die die Weltgeschichte schrieben, die chinesische Geschichtsschreibung in Betracht ziehen.[39]

Ein anderes unbestreitbares Verdienst hat er sich auf dem Gebiet der Geographie erworben. Sein *Novus Atlas Sinensis* mit siebzehn geographischen Karten und 170 Seiten voll Erklärungen gilt wegen seiner Vielfalt an Informationen und der Perfektion seiner kartographischen Methode als ein Meisterwerk. Dies ist das Urteil nicht nur der Europäer, die ihn ein Jahrhundert lang übernommen haben ohne ihn zu verbessern, sondern auch von chinesischen Fachleuten.

Der italienische Historiker Sergio Zoli behauptet,[40] daß Martini mit diesen zwei Werken die entscheidenden Voraussetzungen geschaffen hat für den Übergang von einer engen mittelalterlichen Auffassung der Rolle des Menschengeschlechts in Raum und Zeit zu einer modernen planetarischen Sicht.

Ein anderes Verdienst Martinis besteht in der Darstellung des Übergangs von der Ming- zur Qing-Dynastie in seinem Werk *De bello tartarico*.[41] Es ist in Europa viel geschrieben worden zur Auslegung dieses Werkes. Andererseits bewerten die chinesischen Wissenschaftler ihrerseits dieses Werk Martinis als unersetzlich und grundlegend für die Kenntnis der

---

39 Claudia von Collani, „Theology and Chronology in *Sinicae Historiae Decas Prima*", in: Demarchi – Scartezzini (eds.), S. 231-244. Siehe auch den Beitrag von C. von Collani in diesem Band. [R.M.]

40 S. Zoli, *op. cit.*, S. 125; siehe auch H. Walravens, *op. cit.*: „Bibel *versus* Annalen – Streit um ein Weltbild", S. 17f., und „Geographie und Kartographie", S. 112f.

41 H. Walravens, *op. cit.*, S. 178. Siehe auch die Beiträge von Adrian Hsia und Lanfranco Fedrigotti in diesem Band. [R.M.]

Geschehnisse jener Zeit. Allerdings wäre einer Überprüfung wert, was dort über die Hunderttausenden von Toten gesagt wird, die in jenen Kämpfen vorkommen. Sind die Zahlen zuverlässig? Da in China die Erdbestattung und nicht die Verbrennung üblich war, müßte man an ungeheuere Friedhöfe denken.

Dieselbe Bedeutung gebührt auch der ersten chinesischen Grammatik, die von Martini vorbereitet wurde und eine Vorarbeit auf Weltebene darstellt. Er brachte sie nach Europa mit und schenkte sie dem Wissenschaftler Jacob Golius, dessen Gast er in Antwerpen war;[42] sie wurde allerdings nie veröffentlicht, obwohl sie unter Wissenschaftlern in Nordeuropa verbreitet wurde; einzelne Kopien sind in England und Polen zu finden.[43]

Eine Neuheit stellt sodann die italienische Übersetzung des „Traktates über die Freundschaft“ (*Qiuyou pian*) von Martini dar. Das Werk ist in China aufbewahrt und wieder gedruckt worden; eine westliche (lateinische) Übersetzung ist durch das Verdienst von G. Bertuccioli erhalten geblieben.[44] Nach meinem Verständnis muß man in dem Traktat zwei Teile unterscheiden: der erste besteht in dem Versuch einer systematischen Darlegung des Themas; er kann aber auch als eine Beschwörung der bedauernswerten Zustände betrachtet werden, in denen die Gesellschaft jener Zeit lebte; dies hatte Martini selbst erlebt, als ihn die Räuber ausgeraubt hatten.[45] Mittels seiner Abhandlung ist es dem Jesuiten gelungen, in einer einfachen, lehrhaften Form die christliche Botschaft, insbesondere das Thema der heiligmachenden Gnade, der Freundschaft mit Gott, darzulegen.

Seine Missionsmethode war weit entfernt von jener spektakulären, derer sich der hl. Franz Xaver hundert Jahre früher bediente. Die in einem Jahrhundert gemachten Erfahrungen hatten die Tauglichkeit der „vorsichtigen und klugen Methode der Anpassung“ bestätigt; diese war von Alessandro Valignano und Michele Ruggieri eingeführt und von Matteo Ricci endgültig übernommen worden.

Die Abhandlung kann somit als Leitfaden für den Katechumenenunterricht angesehen werden, als Vorbereitung auf die christliche Unterweisung entsprechend der klugen, abgestuften Praxis der Gesellschaft Jesu. Die Methode der Jesuiten war auf der Grundlage der Studienordnung (*ratio studiorum*) am Römischen Kolleg ausgearbeitet worden; sie kann als eine

---

42 H. Walravens, *op. cit.*, S. 115.

43 Text der Grammatik, eine Einführung und ein Kommentar dazu Martino Martini, *Opera omnia* II, S. 349-481. [R.M.]

44 Siehe hierzu die „Bibliographie“ in diesem Band. [R.M.]

45 B. Bolognani, *op. cit.*, S. 118.

Pädagogik mit logisch-formalem Hintergrund angesehen werden und hat sich als sehr einflußreich bei den Gebildeten erwiesen.[46]

Die Abhandlung kann auch als Versuch einer Planung künftiger Aktivitäten betrachtet werden. Martini hatte unter den Gebildeten eine größere Disposition zum Christentum angetroffen, als er erwartet hatte; sie zeigten sich gedanklich ziemlich nahe, weil sie von einem Studienansatz herkamen, der dem Westen ähnlich war. Schwieriger erschien ihm die Verbreitung der christlichen Religion im Volke, weil es von der daoistischen und buddhistischen Religiosität beeinflußt war.

Das Dekret aus dem Jahre 1656 setzte der Diskussion um die Riten kein Ende; die Gegner Martinis gaben nicht auf. Selbst im Jahre seines Todes setzte Antonio de S. Maria Caballero eine Verteidigungsschrift auf, die die Einwände der Missionsbettelorden enthielt.

Das Heilige Offizium erklärte mit dem Dekret aus dem Jahre 1669 „wegen der diesbezüglich beschriebenen Umstände“ für gültig, was im Jahre 1645 wie auch 1656 entschieden worden war. Der Heilige Stuhl bekräftigte damit, daß er Wahrheitsurteile erließ in Fragen, die an ihn gestellt wurden, aber er war nicht verpflichtet, den Wahrheitsgehalt der Berichte zu verifizieren (*si vera sunt narrata*). Die Anhänger Jansens und die Gegner der Probabilitätstheorie gaben sich jedoch nicht zufrieden, sie hielten die Polemik weiterhin wach.

So brachten die Streitigkeiten schon gegen Ende des 17. Jahrhunderts schwere Angriffe gegen die Person Martinis hervor, wie die des Dominikaners J.H. Serry, im Rahmen der allgemeinen Auseinandersetzung mit den Jesuiten.[47] Martinis Person und sein Werk gerieten damit für zweieinhalb Jahrhunderte in Vergessenheit.

5. Die Wiederentdeckung der Persönlichkeit und des Werkes Martino Martinis

Die Geschichtsphilosophen G. Reale und D. Antiseri schreiben, daß die historische Periode, etwa ab der Veröffentlichung des Werkes von Nikolaus Kopernikus *De Revolutionibus*, also 1543, bis zum Erscheinen der Werke Isaac Newtons, dessen *Philosophiae Naturalis Principia Mathematica* zum ersten Mal 1687 veröffentlicht wurde, jetzt im allgemeinen als die Zeit der „wissenschaftlichen Revolution“ bezeichnet wird. Es handelt sich um eine

---

46 *Atti del Convegno Internazionale …, op. cit.*, S. 215.

47 J.H. Serry zit. nach S. Vareschi, *op. cit.*, S. 402.

starke ideologische Bewegung, die ihren inzwischen klassisch gewordenen Ausdruck findet in der „Newtonschen Vorstellung" vom Weltall, das wie eine Maschine, wie eine Uhr erschaffen wurde.

Während der hundertfünfzig Jahre zwischen Kopernikus und Newton wandelt sich nicht nur die Vorstellung von der Welt. Mit dieser Wandlung vollzieht sich eine - ebenfalls langsame, verwinkelte, aber entschiedene - Veränderung der Vorstellungen vom Menschen, von der Wissenschaft, vom Wissenschaftler, von der wissenschaftlichen Arbeit und den wissenschaftlichen Institutionen, von den Beziehungen zwischen Wissenschaft und Gesellschaft, zwischen Wissenschaft und Philosophie und zwischen wissenschaftlicher Erkenntnis und religiösem Glauben.[48]

In diesem Zusammenhang ist Martini zu sehen, den Ferdinand von Richthofen den Vater der Geographie Chinas nannte. Aber seine revolutionäre Stellung innerhalb der vergleichenden Geschichte - wie Walravens in seiner Abhandlung „Bibel *versus* Annalen"[49] darlegt - nahm deshalb nicht weniger an der Problematik teil, die in jener Zeit alle Intellektuellen erregte.

Später wurde die Problematik des Ritenstreits neu gesehen. Mungello schreibt:

> The French scholar R. Étiemble published a popular work entitled *Les Jésuites en Chine (1552–1773), la querelle des Rites* in which he saw the Rites Controversy as inseparable from the broader issues of European imperialism and European treatment of China as culturally inferior. From Mr. Étiemble's viewpoint, the culmination of the Rites Controversy was not the papal rulings of *Ex illa die* (1715) and *Ex quo singulari* (1742) which ruled conclusively against the Chinese rites, but rather *Dominus ac Redemptor* (1733) in which Pope Clement XIV dissolved the Society of Jesus. Mr. Étiemble saw the predominating forces of Europe as opposed not only to the Jesuits' interpretation of the Chinese rites, but to the entire approach of the Jesuits which treated Chinese civilization on a more equal footing with Europe. Mr. Étiemble accepted the formulation by most Jesuits of what he called „the fundamental issue: either Rome will accept the Chinese rites without reservation or it will be necessary to lose China". Rome did not accept the Chinese rites and it lost China, and Étiemble speaks of Macartney's mission to the court of the Qianlong

---

48 G. Reale - Dario Antiseri, *Il pensiero occidentale dalle origini ad oggi* (Brescia 1983).

49 H. Walravens, *op. cit.*: „Bibel *versus* Annalen - Streit um ein Weltbild", S. 17-21.

> Emperor as substituting the point of view of merchants for the point of view of the Jesuits.[50]

Auf diese Art und Weise ist die Erinnerung an Martini und seine Verteidigung der chinesischen Kultur – zum Vorteil der europäischen Kaufleute, die dieser nur geringen Wert beimaßen – verlorengegangen. Erst in der Zeit nach dem Zweiten Weltkrieg setzte, wie Mungello deutlich gemacht hat, eine Neubewertung der Rolle und der Methodik der Jesuiten in China ein, in deren Rahmen sich die Wiederaneignung der Person und des Werkes von Martini ihren Weg bahnen konnte.

Gegen Ende der siebziger Jahre unseres Jahrhunderts wurde er durch zwei fast gleichzeitig erschienene Veröffentlichungen von Sergio Zoli und P. Bonifacio Bolognani wiederentdeckt.

Bei der Studientagung in S. Margherita Ligure im Mai 1977 trug Sergio Zoli aus Bologna eine Abhandlung vor über das Thema: „China in der europäischen Kultur des 17. Jahrhunderts“.[51] Sie fand keinen Anklang, obwohl der Ritenstreit auf 78 Seiten mit Kompetenz und Weite von höchstem Niveau behandelt worden war. In dieser Arbeit findet die Person Martinis jene zentrale Stellung, die ihm zusteht angesichts der Fülle von „alarmierenden Nachrichten und erschütternden Informationen“,[52] die er um die Mitte des 17. Jahrhunderts verbreitet hatte. Zoli begnügte sich nicht mit dem Hinweis, welch „rasche Verbreitung und welch großes Aufsehen“ jene Informationen unmittelbar hervorgerufen hatten, sondern er bestätigte mit einer direkten Prüfung jenes Urteil über Unparteilichkeit,[53] Seriosität und Strenge der Darlegung Martinis,[54] die mit Erfolg bestritten worden war, obwohl sie den grundlegenden Text der Erörterungen über China geliefert hatte seit den Jahren ihrer Veröffentlichung (1654–1659) bis zum Werk des französischen Jesuiten P. Jean Baptiste Du Halde: *Description de la Chine et de la Tartarie chinoise*;[55] letzteres umfaßt über 800 Seiten, wurde 1735 in Den Haag herausgegeben und bald ins Englische, Deutsche und Russische übersetzt.

Zoli umreißt die These Martinis bezüglich des möglichen Zusammenhangs zwischen der biblischen Sintflut des Noah und deren chinesischen

---

50 „An Introduction“, in: D.E. Mungello (ed.), *op. cit.*, S. 5.

51 S. Zoli, „La Cina nella cultura europea del ‘600“, *op. cit.*, S. 128.

52 Ebd.

53 Ebd., S. 149.

54 Ebd., S. 116.

55 H. Walravens, *op. cit.*, S. 106-110.

„Ablegern“;[56] dabei hatte Martini den überraschenden Zeitabstand von 600 Jahren registriert (3000–2350 v.Chr.), worauf die wechselvolle Auseinandersetzung um die geschichtliche Wahrheit des biblischen Textes gefolgt war. Dieser Auseinandersetzung bedienten sich die „Freigeister“ für ihre Zwecke, die „Frühaufklärer“ der Zeit: dies zeigte sich in der Folge als den Absichten Martinis entgegenwirkend. Mit ihm „wird China eines der Hauptkapitel der neuen rationalistischen Perspektive, die sich im 17. Jahrhundert auszubilden beginnt“.[57]

Der Holländer Isaac Vossius hat bereits 1659 begeistert die Informationen Martinis aufgegriffen und verbreitet und sie mit der Arbeit *Dissertatio de vera aetate mundi* nach England übermittelt.[58] Der Protestant Pierre Allix wollte die biblische Chronologie mit der chinesischen in Einklang bringen. Von London geht jene massive Kritik an den Nachrichten Martinis aus, die sie an eine „Überwelt des Fabelhaften“ zu binden versuchte.[59] Diese Kritik hatte bekanntlich Erfolg.

Andererseits fanden die Arbeiten Martinis willkommenen Eingang bei seinem angesehenen römischen Lehrer Athanasius Kircher, der sich ihrer in seinem Werk *China ... illustrata*, herausgegeben im Jahre 1670 in Amsterdam, bediente. Vielleicht hat er sie auch in seinem beigefügten chinesisch-französischen Wörterbuch benützen können.[60] Die Chronik über den Krieg gegen die „Tartaren“, die von Martini verfaßt und im Jahre 1654 in Amsterdam herausgegeben worden war, hatte eine enorme Bekanntheit erlangt, wie die 21 Ausgaben in neun Sprachen bis 1704 bezeugen.[61]

Die Mythologisierung des Reiches der Mitte fand also durch Martini einen vielleicht unvorhergesehenen, aber ohne Zweifel entscheidenden Beitrag, der von P. Daniello Bartoli erfolgreich verbreitet wurde.[62]

Während die bekanntesten Werke über China in Europa aus der Feder von Mendoza, Trigault und Semedo – laut Zoli – „keine sicheren Daten und Informationen lieferten“,[63] konnten die Arbeiten Martinis jene Vorzüge aufweisen, die wir heute als wissenschaftlich bezeichnen könnten; darüber

---

56 S. Zoli, „La Cina nella cultura europea del ‘600“, *op. cit.*, S. 143.

57 M. Dal Pra, in: *L'Europa cristiana*, *op. cit.*, S. IX-XIII.

58 Vgl. H. Walravens, *op. cit.*, S. 18.

59 S. Zoli, „La Cina nella cultura europea del ‘600“, *op. cit.*, S. 149.

60 H. Walravens, *op. cit.*, S. 97.

61 Ebd., S. 178-179.

62 Daniello Bartoli, *Dell' Historia della Compagnia di Gesù, La Cina* (Roma 1663).

63 S. Zoli, „La Cina nella cultura europea del ‘600“, *op. cit.*, S. 111.

konnten sich theologische und metaphysische Überlegungen entwickeln, die mit Diskussionen von unwesentlicher und persönlicher Art nichts zu tun hatten, die aber einen Fortschritt im religiösen und zivilen Kennenlernen und Bewußtsein anbahnen würden. Für diesen gewaltigen Schritt nach vorn ist Leibniz ein Fixpunkt. Mit ihm endet die „Verherrlichung der chinesischen Zivilisation, um eine große Utopie der Befriedung und universellen Toleranz zu werden".[64]

Leibniz gilt als hervorragender Apostel für die Sache der Jesuiten im Orient und somit für ihre Methode der anpassenden Inkulturation.[65] Die Auswirkung seiner Gedanken konnte infolge der Verurteilung durch die Sorbonne im Jahre 1700 und der Kehrtwende des Heiligen Stuhls erst hundert Jahre später erfolgen; beide wurden von Exponenten der Pariser Missionsgesellschaft (MEP) beeinflußt, die sich gerade damals mehr Gehör verschafften.

Zwei kulturelle Veranstaltungen, die zur gleichen Zeit wie die Tagung von S. Margherita Ligure stattfanden, erlangten einige Bedeutung: Die Entstehung des *Istituto Italo-Cinese* für den kulturellen und wirtschaftlichen Austausch in Mailand und das Geschichtswerk des Franziskaners P. Bolognani in Trient. Im Jahre 1978 erschien seine erste Biographie über Martini mit dem Titel: *L'Europa scopre il volto della Cina* (Europa entdeckt das Antlitz Chinas). Diese findet endlich den ihr gebührenden Anklang, sowohl in Italien als insbesondere im Trentino.

Es ist eigenartig, daß das Interesse für Martini, wie Bolognani selbst zugibt, bei Nachforschungen über P. Eusebio Chini fast zufällig in ihm erwacht ist.[66] Der dreihundertste Todestag Martinis wäre fast unbemerkt vergangen, wenn nicht sein Name und das Jahrhundert in einer kurzen Monographie erwähnt worden wären. Der Wissenschaftler sammelte in den römischen Archiven viel Material (Briefe, Tagebücher, Dekrete), das noch nicht veröffentlicht und bis damals unerforscht war. Es wäre sehr vorteilhaft, diese Archive nochmals aufzusuchen, wie auch das der Jesuitenprovinz in München, um die Forschung zu vervollständigen. Das Werk Bolognanis wurde als grundlegender Bezugspunkt bei der internationalen Studientagung verwendet, die in Trient im Oktober 1981 stattfand und um die Person und das Werk Martinis kreiste. Es war eine wichtige Tagung unter

---

[64] Ebd., S. 157.

[65] Siehe hierzu Rita Widmaier, „Gottfried Wilhelm Leibniz' Streben nach Harmonie zwischen China und Europa", in: R. Malek (ed.), *Western Learning and Christianity in China*, *op. cit.*, vol. 2, S. 1165-1188. [R.M.]

[66] Bonifacio Bolognani, *op. cit.*, S. 11.

dem Vorsitz von Professor Luciano Petech, an der achtzehn Referenten von italienischen, deutschen und chinesischen Universitäten teilgenommen haben. Bei dieser Gelegenheit wurde ganz offiziell Stellung bezogen zugunsten einer vollständigen Wiederentdeckung des aus Trient stammenden Jesuiten. Die Vorträge sind im Jahre 1983 veröffentlicht worden und beleuchten Martini als Geographen, als Historiker, als Mann der Tat. Seine Werke wurden unter verschiedenen Blickwinkeln analysiert, es wurden die ersten Hypothesen und Auslegungsmodelle vorgestellt.[67]

Zu erwähnen sind zum Beispiel die detaillierte Studie von Giorgio Melis über die Seefahrten Martinis nach China,[68] der Beitrag von Piero Corradini, der in der Untersuchung des „tartarischen" Krieges den Wert einer westlichen Interpretation der inneren chinesischen Kämpfe unterstrich,[69] die Arbeit von Carlo Ghisalberti, der die Schriften Martinis im Lichte seiner intellektuellen Bildung auslegte.[70] Eine Darstellung Martinis als Summe von Faktoren brachte Maria Rosa De Simone bei der Tagung im Jahre 1981 ein:

> Grundlegende und unerschütterliche Treue zur Orthodoxie, fundierte humanistische Bildung, durchdringende Fähigkeit zum Forschen in den wissenschaftlichen Fächern, gelehrige Anpassungsfähigkeit an Bräuche und Sitten, Selbstvertrauen, seelische Sicherheit machen Martini zu einem charakteristischen Produkt der Erziehung, die er am Römischen Kolleg erfahren hatte.[71]

Einen historisch bedeutsamen Beitrag leistete dann Joseph Sebes,[72] der auf der Grundlage von Originaldokumenten die Rolle Martinis in der Auseinandersetzung über die Riten beschrieb; Ma Yong zerstörte die These, daß der *Atlas* eine vollständige Übersetzung irgendeines chinesischen Buches

---

67 *Martino Martini. Geografo – cartografo – storico – teologo. Trento 1614 – Hanzgzhou 1661.* A cura di Giorgio Melis (Trento 1983). Texte in Italienisch und Englisch. Siehe hierzu die „Bibliographie" in diesem Band. [R.M.]

68 Giorgio Melis, „I viaggi di Martino Martini in Cina", in: *Martino Martini*, S. 349-420.

69 Piero Corradini, „Martino Martini storico della Cina: il De bello Tartarico", in: *Martino Martini*, S. 173-184.

70 Carlo Ghisalberti, „Il metodo storiografico di Martino Martini", in: *Martino Martini*, S. 195-213.

71 Maria Rosa di Simone, „Il Collegio Romano nella prima metà del Seicento e la formazione culturale di Martino Martini"; in: *Martino Martini*, op. cit., 301-317.

72 Joseph Sebes, *op. cit.*, S. 463.

über Geographie oder ein Auszug daraus sei.[73] Sebes behauptete, daß das Werk ohne Zweifel auf lokalen chinesischen Geschichten basiere, sicherlich aber habe Martini viel Material durchgesehen und studiert. Die benützten Quellen bringen für die einzelnen Provinzen verschiedene Angaben. Martini unterlaufen tatsächlich einige Fehler der Lesung chinesischer Schriftzeichen und der Lautwiedergabe einzelner Ortsnamen entsprechend der dialektalen Aussprache in Zhejiang, eine Tatsache, die Martinis persönliche Forschungsarbeit beweist. Ma Yong hielt die Idee für unannehmbar, daß der *Atlas* auf das *Guangyuji* oder das *Guangyitu* zurückgehe; die erste Arbeit ist im Unterschied vom *Novus Atlas Sinensis* ohne geographische Karten und hat mit diesem nichts Gemeinsames, was den beschreibenden Teil anbelangt; die zweite wurde wahrscheinlich von Martini als Nachschlagewerk benutzt, aber sie war nicht die Hauptquelle. Die kartographische Methode von Luo Hongxian ist die traditionelle chinesische, die im „Karieren der Entfernungen" besteht, während Martini die damals in Europa verbreitete Methode benützte, die auf Längen- und Breitengraden basierte. Der Anhang der beiden Arbeiten ist vollkommen verschieden.[74]

Im Jahre 1983 fand in Caltagirone eine Tagung statt, bei der die Jesuitenpatres Franco Brancati, Niccolò Longobardo, Ludovico Buglio und Prospero Intorcetta im Mittelpunkt standen. Die Beiträge wurden in einem Buch veröffentlicht mit dem Titel: „Die sizilianischen Jesuiten und Wissenschaftler im China des 17. Jahrhunderts",[75] herausgegeben im Jahre 1985 vom *Istituto Italo-Cinese* in Mailand.

In den achtziger Jahren ist die Diözese Hangzhou wiederaufgebaut worden. So wurde das Grabmal Martinis wiedererrichtet, und es begannen Pilgerfahrten von Italien aus dorthin (1988, 1991, 1992, 1993, 1994). Das 350. Jubiläum des Eintreffens von Martini in China im Jahre 1993 wurde bewußt erlebt, da sich das Interesse und der Wille zeigte für eine neue Tagung, die eine Antwort auf die beim Symposion 1981 offengebliebenen Fragen geben und den Stand der gemachten Fortschritte orten sollte. Dieses Ziel wurde im Jahre 1994 erreicht.

Vom 5.–7. April 1994 nämlich war Martini Gegenstand eines internationalen Studienkongresses an der Akademie für Sozialwissenschaften in Beijing, auf Betreiben der Akademie selbst als Gastgeber sowie der chine-

---

73 Ma Yong, „Attività di Martino Martini in Cina e sue opere di storia e geografia della Cina", in: *Martino Martini*, ital. Text: S. 246, engl. Text: S. 261.

74 Joseph Sebes, *op. cit.*; siehe auch H. Walravens, *op. cit.*: „Geographie und Kartographie", S. 112-116.

75 Alcide Luini (ed.), *op. cit.*, S. 59, 73-103, 121, 171, 197.

sischen Akademie für Internationale Kultur in Beijing, des *Istituto Italo-Cinese* in Mailand und der Universität Trient.[76] An der Konferenz nahmen vierzehn chinesische und achtzehn westliche Fachleute teil. Die Referate des Symposiums wurden unter der Herausgeberschaft von Franco Demarchi und Riccardo Scartezzini in drei Sprachen veröffentlicht: *Martino Martini - umanista e scienziato nella Cina del secolo XVII* (Trento 1995), *Martino Martini. A Humanist and Scientist in Seventeenth Century China* (Trento 1996), *Wei Kuangguo* 衛匡國 *Martino Martini. Yiwei zai shiqi shiji Zhongguo de renwenxuejia he kexuejia* 一位在十七世紀中國的人文學家和科學家 (Trento 1996).[77]

Mit Freude kann zum Schluß hervorgehoben werden, daß in den Beiträgen des Kongresses von 1994 übereinstimmend ein fundiertes und ausdrückliches Lob über Martini ausgesprochen wird. Um so weniger kann hingenommen werden, daß ein so großer Teil der modernen Geschichtsschreibung, die sich mit der Evangelisierung Chinas beschäftigt, sich darauf beschränkt, seinen Namen nur zu erwähnen.

Alle chinesischen Referenten dieses Kongresses haben sich auch der Bedeutung der von Martini eingeleiteten Tradition bewußt gezeigt, die darin besteht, junge Chinesen zum Studium nach Europa zu schicken. Diesbezüglich äußerte Xu Mingde die Überzeugung, daß „die Verbreitung des religiösen Glaubens eine wesentliche Form des kulturellen Austausches darstellt sowie auch eine Voraussetzung für den Kontakt zwischen verschiedenen Völkern, und dies ist auch in der chinesischen Geschichte festzustellen". Martini wäre sicherlich für alle erlittenen Erbärmlichkeiten entschädigt worden durch Aussagen wie diese, die, wie wir wiederholen wollen, von allen geteilt wurden.

Die Materialien des Kongresses von 1994 stellen einen unverkennbaren Beweis dafür dar, daß die Wiederentdeckung Martinis mit Sicherheit eingeleitet ist. Zu erwähnen ist noch die Gründung des - von Riccardo Scartezzini geleiteten - Studienzentrums über China „Martino Martini" (Centro Martino Martini) an der Universität Trient, die den von den Professoren Alessandro Cucagna und Giuseppe Staluppi anläßlich des Kongresses 1981 in Trient ausgesprochenen Wünschen entspricht.

---

76 Giuseppe Brancaccio, „Martino Martini e gli scambi culturali fra Cina e Occidente", in: *Mondo Cinese*, No. 85, 1994; S.J. Angelo Macchi, „Un Convegno a Pechino su Martino Martini (5–7 aprile 1994)", in: *Civiltà Cattolica* I (1995), S. 257-262; „Delegazione diocesana tridentina al Convegno di Pechino su Martino Martini S.J." in: *Rivista Diocesana* CXX (1994), Nr. 5.

77 Die einzelnen Beiträge sind in der „Bibliographie" aufgelistet. [R.M.]

Außerdem erscheint die Übersetzung der gesammelten Werke von Martini.[78] Zum ersten Mal steht die italienische Übersetzung des *Novus Atlas Sinensis*, der *Sinicae Historiae Decas Prima*, des *De Bello Tartarico* und der *Brevis Relatio* zur Verfügung stehen, als Ergänzung zu der schon von Giuliano Bertuccioli übersetzten „Abhandlung über die Freundschaft" (*Trattato sull'amicizia*) und zu vielen unveröffentlichten Briefen, die in den Archiven in Rom und München wiederentdeckt wurden und einer sorgfältigen Erforschung harren.

[78] Siehe hierzu die „Bibliographie" in diesem Band. [R.M.]

Die Grabstätte von Martino Martini in Hangzhou.

Martino Martini, Bronzeskulptur von Livio Conta
im „Giardino Martino Martini" in Trento.

JESUITEN UND *PROPAGANDA*-MISSIONARE
ZWEI UNTERSCHIEDLICHE WEGE DER AKKOMMODATION

KLAUS SCHATZ, S.J.

> Versuchen Sie in keiner Weise, diese Völker dazu zu bringen, ihre Kultur (Sitten) zu verändern, sofern es sich nicht um Dinge handelt, die ganz eindeutig im Gegensatz zu Religion und Moral stehen! Denn was gibt es Absurderes als die Kultur Frankreichs, Spaniens, Italiens oder irgendeines europäischen Landes nach China zu übertragen! Sie sind nicht Boten unserer Kultur, sondern des Glaubens, der die kulturellen Traditionen keines Volkes zerstört, sofern diese nicht schlecht sind, sondern sie bewahren will.

Diese Sätze sind später zur *magna charta* der „missionarischen Anpassung" geworden. Auf sie beruft sich das römische Dokument der *Propaganda* vom 26. Mai 1936 über den japanischen Shinto-Kult, mit welchem die Revision der früheren römischen Ritenverbote einsetzt.[1] Sie stammen aus der *Propaganda*-Instruktion von 1659 an die nach Indochina entsandten Apostolischen Vikare Pallu und de la Motte.[2] Missionarische Akkommodation gehörte, wie Ausbildung eines einheimischen Klerus (und Episkopats) ebenso zum Programm der 1622 gegründeten römischen Kongregation *de Propaganda Fide*, wie es zum Programm der Jesuitenmissionare in Japan, China, Indien und Vietnam gehörte. Dennoch standen die *Propaganda*, ihre Apostolischen Vikare und die Missionare der mit ihr verbundenen Pariser Missionsgesellschaft im Ritenstreit bald auf der Seite der Jesuitengegner.[3] Außer Ordensrivalitäten und den Juris-

---

1 *AAS* 28 (1936), S. 406f.; ferner in: *Sacrae Congregationis de Propaganda Fide memoria rerum*, hrsg. von J. Metzler, Bd. III/2 (Rom - Freiburg - Wien 1976), S. 789. Zu diesem Dokument und seinen Hintergründen: J. Metzler, „Tätigkeit der Kongregation im Dienste der Glaubensverbreitung 1922–1972. Ein Überblick", in: ebd., S. 464-577, hier S. 484-487.

2 Zuletzt abgedruckt in: ebd., S. 697-704 (Zitat auf S. 702). Dt. Übersetzung hier und im folgenden durch den Verfasser.

3 Zum chinesischen Ritenstreit liegen neuerdings zwei wichtige Publikationen vor: J.S. Cummins, *A Question of Rites. Friar Domingo Navarrete and the Jesuits in China* (Aldershot, England - Brookfield, Vermont 1993), eine Darstellung, die vom Gegenstand und auch der Wertung des Autors her mehr den dominikanischen bzw. ritengegnerischen Standpunkt hervorkehrt; siehe hierzu die Besprechung von Albert Chan, S.J., „A Question of Rites", in: *Monumenta Serica* 44 (1996), S. 427-438. Vgl. auch D.E. Mungello (ed.), *The Chinese Rites Controversy. Its History and Meaning*. Monumenta Serica Monograph Series XXXIII (Sankt Augustin - Nettetal 1994). Ferner (speziell zu Werk und Rolle des Jesuiten

diktionskonflikten des Patronatsstreits, die hier sicher ganz entscheidend mit hineinspielen[4] und mit den sachlichen Streitfragen des Ritenstreits verquickt sind, dürften auch ein unterschiedliches Verständnis von Akkommodation bzw. unterschiedliche Optionen bei der konkreten Wahl des Anknüpfungspunktes entscheidend sein. Sie werden deutlich, wenn wir uns die konkreten Prinzipien der Akkommodation anschauen, die auf der einen Seite bei den Jesuiten, speziell in China von Ricci an, die Entscheidungen bestimmten, auf der anderen Seite in zwei maßgeblichen Dokumenten der *Propaganda*-Missionare formuliert werden, nämlich zum einen der bereits erwähnten Instruktion von 1659, zum anderen in den *Monita ad missionarios*, die 1665 von den beiden Adressaten dieser Instruktion, Pallu und de la Motte, in Ajuthia (Siam) verfaßt und zuerst 1669 in Paris gedruckt wurden.[5] Es gibt gewisse selbstverständliche Gemeinsamkeiten:

- die Gewaltlosigkeit der Mission unter Berufung auf Jesus und die Apostel mit der Konsequenz der Bereitschaft zum Martyrium;[6]
- die Ablehnung von Habsucht und Gewinnsucht beim Missionar und damit, im Prinzip wenigstens (wenngleich beide Dokumente hier in der Praxis Konzessionen machten), der Verquickung von Mission und Handel;[7]

Martini) S. Vareschi, „L'opera di evangelizzazione e di mediazione culturale di Martino Martini S.J. (1614–1661) tra Europa e Cina“, in: *Studi Trentini di Scienze Storiche* 73 (1994), S. 365-409.

4 Zu der Verschlechterung des anfänglich guten Verhältnisses zwischen Jesuiten und *Propaganda* schon zur Zeit des ersten *Propaganda*-Sekretärs Ingoli siehe J. Metzler, „Francesco Ingoli, der erste Sekretär der Kongregation (1578–1649)“, in: *Sacrae Congregationis de Propaganda Fide memoria rerum, op. cit.*, Bd. I/1 (Rom - Freiburg - Wien 1971), S. 197-243, hier S. 226-229.

5 Hier zitiert nach der Ausgabe Rom 1874. Ausführlicher kommentiert bei J. Metzler, *Die Synoden in Indochina 1625–1934* (Paderborn 1984), S. 16-25.

6 *Monita*, 33, 38. Für die Jesuiten sind hier wichtig die Ausführungen des in Lima lebenden Missionstheologen José de Acosta in seiner Schrift von 1588 *De procuranda Indorum salute* I, 13; II 2-6 (neuere Ausgabe: J. de Acosta, *De procuranda Indorum salute* [lat. und span.]. *Pacificación y colonización*, hrsg. von L. Pereña, V. Abril u.a. [Madrid 1984]). Freilich erfährt dieses Prinzip in II 8 eine Einschränkung: Zwar darf niemals Gewalt angewandt werden, um zum Glauben zu zwingen; aber bei wilden und barbarischen Stämmen kann sich der Missionar - auch wenn hier die „apostolische“ Weise der Verkündigung, d.h. grundsätzlich unbewaffnet, „wie Schafe unter die Wölfe“, mit der Bereitschaft zum Martyrium, wo immer es geht, vorzuziehen ist - durch Soldaten schützen lassen.

7 Zur Frage des Handels: J. Metzler, „Orientation, programme et premières décisions (1622–1649)“, in: *Sacrae Congregationis* ..., I/1 (siehe Anm. 4), S. 146-196, hier S. 170f.; ders., „Die Kongregation in der zweiten Hälfte des 17. Jahrhunderts“, ebd., S. 244-305, hier S. 280f. Zum Verhalten der Jesuiten in Japan (die ihre Mission durch den Seidenhandel finanzierten) C.R. Boxer, *The Christian Century in Japan 1549–1650* (Berkeley

- die Nicht-Identifikation des Christentums mit europäischen Sitten und Gebräuchen und die Anpassung in den Sitten wenigstens in allen Dingen, die keine prinzipiellen dogmatischen und moralischen Probleme aufwerfen;
- die Notwendigkeit der Beherrschung der einheimischen Sprachen und der Missionierung in ihnen.
- Im Prinzip gemeinsam war auch das Anliegen der Bildung eines einheimischen Klerus. Freilich sind hier bereits zwei Unterschiede zu machen. Denn 1. ist dieses Anliegen in der *Propaganda* wesentlich zentraler und eigentliche *raison d'être* der Mission, während es bei den Jesuitenmissionaren ein Ziel unter anderen ist; 2. gilt dieses Ziel für die *Propaganda* restlos für alle Völker, auch die Indianer, während die Jesuiten hier je nach Volk und Kulturstand unterschiedliche Entscheidungen trafen. Der Ordensvisitator Valignano plädierte z.B., was den eigenen Ordensnachwuchs betraf, für Aufnahme von Japanern und Chinesen, nicht jedoch von Indern, die er als „unzuverlässig" einstufte.[8]

I. Die Akkommodationsprinzipien der Jesuiten

Das Spezifikum der neuzeitlichen China-Mission der Jesuiten, wie sie von Matteo Ricci begründet wurde, ist nicht das Adaptations- oder Akkommodationsprinzip als solches. Es ist vielmehr die konkrete Option und die Wahl des Dialogpartners. Genau genommen handelt es sich hier um vier Optionen, die ineinander verschränkt sind.[9]

1951), S. 93-95, 117-121. Zur Verquickung der *Société des Missions Étrangères* mit dem französischen Ostindienhandel A. Launay, *Histoire générale de la Société des Missions Étrangères* I (Paris 1894), S. 56, 176-178.

[8] K. Müller, „Propaganda-Kongregation und einheimischer Klerus", in: *Sacrae Congregationis ...*, I/1 (Anm. 4), S. 538-558; J. Metzler, „Francesco Ingoli und die Indianerweihen", in: *NZM* 25 (1969), S. 262-272.

[9] Die beste Gesamtdarstellung über Ricci ist nach wie vor J. Bettray, *Die Akkommodationsmethode des P. Matteo Ricci in China* (Analecta Gregoriana 76, Roma 1955). Wertvolle kritische Ergänzungen, zunächst generell für die Jesuiten in China, dann auch speziell für Ricci, enthält das Buch des französischen Autors J. Gernet, *Chine et christianisme. Action et réaction* (Paris 1982); dt.: *Christus kam bis nach China. Eine erste Begegnung und ihr Scheitern* (Zürich - München 1984). Beim Ricci-Jubiläum 1983 (zum 400. Jahr des Beginns der China-Mission) sind eine Fülle von Sammelbänden erschienen, von denen nur die wichtigsten genannt seien: *Atti del Convegno internazionale di studi ricciani* (Macerata 1984); „L'Évangile en Chine. L'héritage de Ricci", in: *Lumen vitae* 39 (1984), S. 245-332; „International Symposium on Matteo Ricci: His legacy in East Asia", in: *East Asian Studies* (Seoul) 3 (1983), S. 1-204; „The commemoration of the fourth century of Fr. Matteo Ricci's arrival to China" in: *Collectanea Theologica Universitatis Fujen* 1983, S. 157-351 (Chin.); *International Symposium on Chinese-Western Cultural Interchange in Commemo-*

1. Vom Bonzen zum Gelehrten

Schon bald wurde von Ricci und seinem Begleiter Ruggieri eine folgenschwere Entscheidung getroffen, als sie nämlich merkten, welch ein mentalitätsmäßiger und auch religiöser Abgrund in China zwischen dem einfachen Volk und der herrschenden Schicht der Literaten und Mandarine klaffte. Zunächst waren sie in der Rolle von buddhistischen Bonzen aufgetreten. Dies schien ihrer Aufgabe als Priester und als Verkünder religiöser Wahrheit zu entsprechen. Sobald sie jedoch entdeckten, wie schlecht der Ruf der buddhistischen Bonzen in den herrschenden Kreisen war, wechselten sie ihre Rolle und traten als Gelehrte auf. Damit war auch eine andere Rollenerwartung mitgegeben. Erwartete man von den Bonzen religiöse und magische Praktiken, so von den Gelehrten und Literaten intellektuelle Bereicherung. Bezeichnend dafür ist u.a., daß Ricci in den ersten Jahren weder Kirchen noch Kapellen errichtete, statt dessen jedoch Konversationsräume: „denn hier predigt man durch Gespräche wirksamer und fruchtbarer als durch offizielle Predigten."[10]

2. Für Konfuzius gegen die Volksreligion

Damit hängt engstens eine andere Option zusammen, nämlich die Wahl des religiösen Anknüpfungspunktes. Die „Volksreligion" war ein Konglomerat aus Buddhismus und Daoismus, ein (so wie es Ricci sah) ziemlich buntes Gemisch von Götter- und Geisterglauben, Zauberei und Magie, aber vielleicht auch von Erlösungsbedürfnis und Sehnsucht nach dem ewigen Leben. Die offizielle Staatsideologie und die Weltanschauung der Gebildeten, an den chinesischen Klassikern, vor allem an Konfuzius orientiert, war jedoch mehr eine Philosophie und Moral als eine Religion. Ricci jedenfalls knüpft bewußt an den Konfuzianismus der Gelehrten an; denn er glaubt, daß in den klassischen Schriften Chinas – vor allem bei Konfuzius – der Glaube an den einen Gott enthalten und erst nachträglich durch buddhistisch-daoistische Einflüsse verfälscht worden sei.

Diese Anknüpfung an Konfuzius geschieht vor allem in der Schrift Ricci's *Die wahre Lehre über den Herrn des Himmels*.[11] Von den eigentlichen christlichen Mysterien ist in dieser Schrift nicht die Rede. Freilich will sie auch kein

ration of the 400th Anniversary of the Arrival of Matteo Ricci SI in China (Taipei 1983); *Une rencontre de l'Occident et de l'Orient. Matteo Ricci* (Paris 1983). Einen vollständigen Überblick über das 1983 Veröffentlichte erhält man aus dem bibliographischen Teil der Bände 1984 und 1985 des *Archivum Historicum Societatis Jesu*.

[10] M. Ricci, *Opere storiche*, hrsg. von M. Tacchi-Venturi, vol. II (Macerata 1913), S. 215.

[11] Neueste Edition auf Chinesisch und Englisch: M. Ricci, *The True Meaning of the Lord of Heaven (T'ien-chu Shih-i)*. Translated with Introduction and Notes by D. Lancashire and P. Hu Kuo-chen (St. Louis – Taipei 1985).

Katechismus und kein Kompendium der christlichen Lehre, sondern „christliche Philosophie“ in Auseinandersetzung mit chinesischem Denken sein. In ihr bemüht sich Ricci zu zeigen, daß die christliche Lehre keine „neue Lehre“, sondern wahre Erfüllung der besten nationalen Traditionen Chinas sei, ja das Christentum als Wiederherstellung des echten Konfuzianismus darzustellen. Die Religion des „Herrn des Himmels“ (*Tianzhu*), wie die christliche Religion von Ricci an in China hieß, sollte mit dem chinesischen Altertum harmonisch versöhnbar sein.

3. Mission von oben nach unten

Die Wandlung „vom Bonzen zum Gelehrten“ sowie die Entscheidung, bei der Philosophie und nicht bei der Volksreligion anzuknüpfen, hängen engstens mit der elitären Missionskonzeption Riccis zusammen: der Idee, durch den Stand der Literaten (in den man durch Prüfungen aufstieg) und den aus diesem ausgewählten Beamtenstab der Mandarine das Volk zu gewinnen. Dies bedeutete zunächst Verzicht auf Augenblickserfolge und Massenbekehrungen, um statt dessen das Vertrauen der Mandarine und vor allem des Kaisers selbst zu gewinnen. So schreibt Ricci im Jahre 1605:

> Gott zeigte uns klar, daß es nicht schwer wäre, Christen zu gewinnen, und zwar in großer Zahl. Aber die ganze Gefahr lag darin, eine Volksbewegung hervorzurufen, weil die Patres nicht sehr fest in China standen und sie dem Kaiser nicht bekannt waren.[12]

Denn eine Volksbewegung hätte sofort das Mißtrauen der herrschenden Kreise hervorgerufen und wäre als potentiell revolutionäres Element sogleich unterdrückt worden.

4. Wissenschaft als Weg zu Gott

Eine wichtige Rolle im Rahmen eines „gelenkten Kulturwandels“ hat die Tätigkeit der Jesuitenmissionare als Vermittler europäischer Technik und Wissenschaft gespielt.[13] Sie waren vor allem als Mathematiker und Hofastronomen, aber auch als Architekten, Ingenieure, Hersteller von Kanonen, Uhrmacher und nicht zuletzt Kartographen tätig. Diese Beschäftigung besitzt im Kontext der Glaubensverbreitung und „Inkulturation“ des Christentums in China

---

12 Bettray (Anm. 10), S. XXV.

13 Siehe hierzu auch George L. Harris, „The Mission of Matteo Ricci, S.J.: A Case Study of an Effort at Guided Culture Change in the Sixteenth Century“, in: *Monumenta Serica* 25 (1966), S. 1-168, sowie die Ausführungen von Arnold Zingerle in diesem Band. [R.M.]

eine sehr vielschichtige Dimension, die nicht immer erkannt wurde.[14] Unmittelbar und vordergründig kam ihr eine taktische Funktion zu: sich durch technische und vor allem astronomische Kenntnisse der chinesischen Führungsschicht und letztlich dem Kaiser unentbehrlich zu machen.[15] Dies war aber keineswegs ihr einziger Zweck. Die geographische Horizonterweiterung diente bei der berühmten „Weltkarte" Riccis der Universalisierung des Weltbildes und der Überwindung jener „sinozentrischen" Weltsicht, in welcher es außerhalb des „Reiches der Mitte" nur einige verstreute Barbareninseln gab – und damit nicht zuletzt der Öffnung gegenüber der christlichen Botschaft.[16] Durch Astronomie und exaktere Berechnungen, vor allem der Sonnen- und Mondfinsternisse, wollten die Jesuiten zeigen, daß sie mehr von den „Dingen des Himmels" verstanden.[17] „Lehre vom Himmel" (*Tianxue*): das war sowohl die Astronomie als auch die Lehre vom „Herrn des Himmels", der Name für das Christentum;[18] und nicht umsonst wurde dem Jesuitenastromomen Schall von Bell, der den chinesischen Kalender reformierte, der Ehrentitel verliehen *Die Geheimnisse des Himmels ergründender Lehrer*; hier war beides fast untrennbar verschmolzen, Astronomie und Theologie.[19]

---

[14] Zu diesem Thema siehe vor allem: J. Needham, *Science and Civilisation in China*, vol. III (Cambridge 1959), S. 437-458; ders., *Chinese Astronomy and the Jesuit Mission. An Encounter of Cultures* (London 1958). Needham relativiert etwas die „Fortschritte" der jesuitischen Astronomie gegenüber der traditionellen (freilich seit der Ming-Zeit in Dekadenz geratenen) chinesischen Wissenschaft. Vgl. hierzu auch Claudia von Collani, „Theologie und Wissenschaft in China", in: *Naturwissenschaftliches Weltbild und Evangelisierung*, hrsg. von K. Müller (Sankt Augustin - Nettetal 1993), S. 83-115.

[15] So schreibt P. Magalhães 1660 an den Ordensgeneral: „Nächst Gott beruht der Bestand der Mission einzig auf der Mathematik" (A. Väth, *Johann Adam Schall von Bell. Missionar in China, kaiserlicher Astronom und Ratgeber am Hofe zu Peking 1592–1666. Ein Lebens- und Zeitbild* [Sankt Augustin - Nettetal 1991], S. 269).

[16] Bettray (Anm. 10), S. 202-207; P. D'Elia, *Il Mappamondo del P. Matteo Ricci* (Roma 1938).

[17] Dazu bes. Väth (Anm. 15), S. 68f., 84, 109f., 307f.; vgl. dazu auch Bettray (Anm. 10), S. 177f.

[18] Väth (Anm. 15), S. 116. Vgl. die Inschrift Schall von Bells von 1660: „Nach den alten Schriftstellern ist der Himmel der Urheber der glücklichen Ereignisse im Leben der Weisen und Heiligen. Daß ich unter der Regierung Seiner Majestät leben und den Kalender nach europäischen Methoden bearbeiten durfte und Missionare zur Verbreitung des Glaubens in China einführen konnte, ist ein Glück so groß wie die aufgehende Sonne und wie der wandernde Mond und den verborgenen Ratschlüssen des Himmelsherrn, des höchsten Monarchen, zu danken" (ebd., S. 200).

[19] Ebd., S. 201. [Zu Schall vgl. auch Roman Malek, S.V.D. (ed.), *Western Learning and Christianity in China. The Contribution and Impact of Johann Adam Schall von Bell,*

Diese „apologetische“ Funktion naturwissenschaftlicher Erkenntnis bei den Jesuiten ist wiederum in einem größeren Kontext zu sehen. Er lautet: „Rationalität“ der Natur als Weg zu einem persönlichen Schöpfergott. Das Buch der Weisheit 11,20 („Alles hast du nach Maß, Zahl und Gewicht geordnet“) gilt hier als zentrale Stelle. In der rational geordneten, einsichtigen Gesetzen folgenden Natur begegnen wir einem Schöpfer, der die höchste Weisheit und Einsicht sein muß.[20] Ein Argument, das immer wieder auftaucht, ist das teleologische: Die wunderbare Ordnung der Welt beweist die Existenz eines Schöpfergottes, der alles weiß, bis ins Kleinste lenkt und der vor allem - dies war für chinesisches Empfinden das Neue und nicht selten Anstößige und Unvollziehbare - sich um jeden einzelnen persönlich kümmert und von jedem einzelnen eine persönliche Antwort erwartet.[21] Wenn man daher fragt, wo in der jesuitischen Inkulturation, die das Christentum immer betont und oft allzu geradlinig als Erfüllung des alten China darzustellen pflegte,[22] das eigentlich Neue des Christentums für China angesiedelt war, das auch als solches empfunden wurde und herausforderte, auch Widerspruch weckte, dann scheint es vor allem dies zu sein: Nicht mehr kosmische Einordnung als das Letzte, und dies durch Erfüllung der nächstliegenden, diesseitigen Pflichten, sondern Personalität, persönliche Beziehung eines jeden zum „Herrn des Himmels“; bzw. nicht respektvolle Distanz als die Beziehung zum Absoluten, sondern Intimität. Gerade aus dem bekannten Buch von Gernet, *Christus kam bis nach China*,[23] so diskutabel es im einzelnen in seinen Folgerungen ist, scheint dies hervorzugehen.

Zusammenfassend kann man sagen: Das Wesentliche der Missionsmethode Riccis und dann generell der Jesuiten in China liegt darin, daß sie dem Dialog mit der führenden kulturtragenden Schicht den Vorrang einräumt. Sie ist daher weniger auf quantitativ meßbare missionarische Augenblickserfolge eingestellt als auf die langfristige geistige Begegnung mit und Umwandlung einer Kultur, welche erst zur Annahme der christlichen Botschaft disponieren sollte.

S.J. (1592–1666). Jointly published by China-Zentrum and the Monumenta Serica Institute. Monumenta Serica Monograph Series XXXV/1-2 (St. Augustin - Nettetal 1998).]

20 Von Collani (Anm. 14), S. 100f.

21 Gernet (Anm. 10), S. 71; von Collani (Anm. 14), S. 100f.

22 Dies gilt nicht nur für die Jesuiten, sondern auch schon für Juden und Moslems in China, ja bereits für den Buddhismus: vgl. dazu den interessanten Aufsatz von E. Zürcher, „Jesuit Accommodation and the Chinese Cultural Imperative“, in: Mungello (Anm. 3), S. 31-64.

23 Siehe Anm. 10.

II. Akkommodationsprinzipien der *Propaganda*

Vergleicht man die Akkommodationsprinzipien der Jesuiten mit der Instruktion von 1659 und den *Monita ad missionarios* an, so lassen sich in letzteren Optionen feststellen, die den oben genannten diametral entgegengesetzt zu sein scheinen. Dazu gehören vor allem folgende:

1. Distanz gegenüber Philosophie und „weltlicher Weisheit" als Anknüpfungspunkt für den Glauben

Ebenso wie die *Monita* für prinzipielle Gewaltlosigkeit der Mission in der Nachfolge dessen, der *non ferro, sed ligno* gesiegt und die Seinen wie Schafe unter die Wölfe gesandt habe, plädieren – ebenso wie sie das aus der Kreuzfahrerzeit[24] stammende Argument zurückweisen, in der Apostelzeit habe Gott Wunder für die Ausbreitung des Evangeliums gewirkt, heute bedürfe das Evangelium in Ermangelung solcher außerordentlicher Zeichen menschlicher Hilfsmittel, vor allem politischer Art (demgegenüber heißt es: auch heute sei kein anderes Evangelium zu verkünden und keine anderen Mittel zu gebrauchen als die diesem Evangelium angemessenen; auch heute sei die Hand Gottes nicht verkürzt, er wirke auch heute noch Wunder, wann und wo er wolle!)[25] – ebenso wenden sie sich gegen allzu weltfreudige Benutzung anderer „natürlicher Mittel". Sie wenden sich dagegen, daß der Missionar sich eines Prestiges bediene, das anderer Art sei als alleine das der Sache des von ihm vertretenen Evangeliums; sie wenden sich dagegen, daß er durch Worte „irdischer Weisheit" die Botschaft des Kreuzes entleert. Die Gefahr bestehe, daß der Missionar

> das, was niedrig und verächtlich in der Religion erscheint, in den Hintergrund stellt, um keinen Anstoß bei den Hörern zu erregen, dagegen betont von großen und tiefen Dingen spricht und so auf die Weise der Sophisten den Glauben nahezulegen sucht.[26]

Offensichtlich wird hier auf die chinesischen Jesuiten, insbesondere Ricci, angespielt. Der Missionar müsse sich bewußt bleiben, daß in der Kraft des

---

[24] Wohl zuerst um 1150–1180 bei Peter von Troyes: *Studia Gratiana* 2 (1954), S. 192.

[25] *Monita* (Anm. 5), S. 33, 38, hier gestützt auf den Karmeliter Thomas a Jesu, *De procuranda omnium gentium salute* (Antwerpen 1613), lib. IV, p. I, cap. 1. Das Argument von der prinzipiellen Andersartigkeit der Zeit der Apostel findet sich noch bei Acosta, *De procuranda Indorum salute* (Anm. 6), II, S. 8, freilich keineswegs zur generellen Legitimation von Gewaltgebrauch in der Mission, sondern zur Rechtfertigung militärischen Schutzes bei wilden Stämmen, bei denen das Martyrium keinen Zeugniswert habe und Gewaltlosigkeit nur als Schwäche ausgelegt werde.

[26] *Monita* (Anm. 5), S. 44.

Kreuzes allein die Kraft seiner Verkündigung liege, und dürfe sich daher nicht scheuen, überall den Gekreuzigten zu verkünden. In keinem Falle dürfe er den Katechumenen das Leiden und Kreuz Christi verschweigen, weil er fürchtet, daß sie daran Anstoß nehmen.[27]

Gerechterweise ist zu sagen, daß letzterer versteckte Vorwurf an die Jesuiten nicht stimmt. Den Katechumenen wurde das Kreuz Christi nicht verschwiegen. Aber es gehörte für die Jesuiten eher zur „Arkandisziplin", nicht zur Außenseite des Glaubens.[28] Und bezeichnend ist, daß in der bereits erwähnten Schrift Riccis *Die wahre Lehre vom Herrn des Himmels* zwar von Christus als dem Lehrer der wahren Gottesverehrung die Rede ist, jedoch von ihm nur berichtet wird, daß er nach den 33 Jahren seines irdischen Lebens wieder zum Himmel zurückkehrte.[29]

2. Distanz statt Nähe zu den Zentren der Macht

Es ist bekannt, daß die *Propaganda* schon in den ersten Jahren im spanischen und portugiesischen Patronat eines der Haupthindernisse, wenn nicht das Hindernis schlechthin, für die von ihr konzipierte Neuorientierung der Mission erblickte, während die Jesuiten durchweg innerhalb dieser Patronatssysteme ihren Platz und auch ihre Freiräume gefunden hatten. Freilich kam auch die *Propaganda* nicht ganz am *brachium saeculare* vorbei. Insbesondere arbeitete sie mit den wirtschaftlichen und politischen Vertretern Frankreichs zusammen und geriet so zwangsläufig in den Sog französischer Interessen, wobei sie freilich darauf bedacht blieb, eine eigentliche Einmischung der weltlichen Gewalt in innerkirchliche Angelegenheiten zu vermeiden.[30] Speziell jedoch gegenüber nichtchristlichen Potentaten lautete das Motto: vor allem harmlos und uninteressant erscheinen! So heißt es in der Instruktion von 1659:

> Halten Sie sich von Politik und staatlichen Angelegenheiten so sehr fern, daß Sie sich nicht einmal durch eindringliche Bitten dazu erweichen lassen,

---

[27] Ebd., S. 43-46.

[28] Bettray (Anm. 10), S. 365-382. Anders freilich die Methode der Dominikaner, die ab 1631 in China wirkten: B. Biermann, *Die Anfänge der neueren Dominikanermission in China* (Münster 1927), S. 200-202.

[29] Ricci (Anm. 12), S. 449, Nr. 580. Auch das älteste christliche Zeugnis in China, die (nestorianische) „Stele von Si-an-fu" von 781, spricht nicht direkt vom Kreuzestod Jesu, umschreibt vielmehr seine Heilsbedeutung in theologischer Symbolsprache: „Er hängte eine leuchtende Sonne auf, um die Hallen der Finsternis im Sturm zu nehmen; die Tücken des Teufels wurden da alle zunichte" (Text nach G. Rosenkranz, *Die älteste Christenheit in China in den Quellenzeugnissen der Nestorianer-Texte der Tang-Dynastie* [Berlin-Steglitz 1938], S. 51).

[30] Metzler, „Orientation" (Anm. 7), S. 168-170.

öffentliche Ämter zu übernehmen ... Sie müssen wissen, daß Sie der Kongregation größte Ungelegenheit bereiten, wenn Sie sich darin einmischen oder hineinmischen lassen, und zwar nicht nur wenn dies zum Schaden der Religion und zur Vertreibung der Missionare führt, sondern auch wenn die sichere Hoffnung besteht, dadurch der Religion und Glaubensverbreitung zu dienen. – Lassen Sie sich dazu auch nicht durch das Beispiel anderer Ordensleute entschuldigen. Sie haben ihnen vielmehr als Beispiel voranzugehen, damit diese und die Völker von Ihnen lernen, wie der Heilige Stuhl hier denkt: denn das Wort Gottes ist nicht durch diese künstlichen Mittel, sondern mit Liebe, Verachtung der menschlichen Dinge, Bescheidenheit, Mäßigkeit im Leben, Geduld, Gebet und die anderen Tugenden apostolischer Männer auszusäen ... Wenn die Fürsten Sie um Euren Rat bitten, dann antworten Sie nur auf vielfaches Bitten und nachdem Sie sich auf dieses unser Verbot berufen haben, und Dinge, die mit Gerechtigkeit und Ewigkeit zu tun haben; dann jedoch sehen Sie zu, daß Sie möglichst schnell den Hof verlassen ... Und ehe Sie am Hof bleiben, geben Sie an, daß Sie von Politik keine Ahnung haben und für öffentliche Ämter völlig ungeeignet sind, damit Sie möglichst schnell aus dem gefahrenreichen Ort entweichen können.[31]

Und die *Monita* schließen sich dieser Warnung an.[32] Was hier als warnendes Beispiel im Hintergrund stand, waren die politischen Verquickungen der Jesuiten in Japan. Denn diese hatten sich als internationale Agenten in den Daimyo-Höfen wichtig gemacht und damit auf das glatte Parkett der Macht begeben. Als dann die Shogune seit Hideyoshi ganz Japan unter Kontrolle bekamen, erschienen ihnen die Jesuiten äußerst wichtig – aber auch gefährlich. Das Fazit dieser Erfahrung konnte so interpretiert werden: sich möglichst von den Höfen fernhalten, um harmlos und ungefährlich zu erscheinen. Freilich war dies für China keine sinnvolle Taktik, weil alles von den Behörden beobachtet wurde und nur gute Beziehungen zu höchsten Stellen eine „neue Religion“ davor bewahren konnten, gleich als subversiv und potentiell revolutionär unterdrückt zu werden.

3. Ablehnung von weltlicher Wissenschaft als Mittel des Apostolats

In folgendem Text der *Monita* ist der Seitenhieb auf die Jesuiten in Peking nur allzu deutlich:

Da Christus und die Apostel sich dieser Mittel in keiner Weise bedient haben, müssen wir sie auch entweder ganz zurückweisen oder nur mit großer Vorsicht gebrauchen. Von solcher Art sind die Astronomie und die übrigen

---

31 *Sacrae Congregationis* ..., III/2 (Anm. 1), S. 702.

32 *Monita* (Anm. 5), S. 41f.

> Naturwissenschaften; von solcher Art sind Malerei und technisch-handwerkliche Fähigkeiten. Durch all dies wird der Missionar mehr belastet und behindert als unterstützt; soviel Zeit darin investiert wird, geht dem Gebet und dem Apostolat verloren ... Manchmal geschieht es auch, daß die Missionare in dem Bestreben, in diesen Fertigkeiten als genial und kompetent zu gelten, damit diese Autorität ihnen in der Verkündigung zugute komme, genau das Gegenteil erreichen, da sie durch ihre Überlegenheit Mißtrauen wecken oder gar menschlich völlig abgelehnt werden.[33]

In der Kritik, daß „Jesus und die Apostel" sich dieser Mittel nicht bedient haben und daß hier die „Torheit des Kreuzes" durch Mittel „irdischer Weisheit" ersetzt werde, stehen die *Monita* nicht allein; sie findet sich auch bei den seit 1631 in China wirkenden Mendikanten.[34] Sofern hier freilich behauptet wird, es ginge den Jesuiten nur um Gewinnung eines rein äußeren Prestiges, wird sicher das Anliegen der Jesuitenastronomen mißverstanden. Denn es ging ihnen um mehr: um Begegnung mit einer Kultur „auf höchster Ebene", um Wandel des Weltbildes als Mittel zur Öffnung gegenüber dem Glauben. Der Jesuitenmissionar Bouvet wendet daher auch um 1700 gegen diese Argumentation ein, schon die Weisen aus dem Morgenlande seien von einem Stern zum Messias geführt worden; Mathematik und Astronomie führten zur Erkenntnis der wunderbaren Ordnung Gottes, die Gott zu Beginn geschaffen habe, um die Zeiten zu markieren.[35] Hier steht alles Weltliche mehr oder weniger bruchlos im Dienste der Offenbarung, während die *Propaganda* theologisch von einem mehr von Kreuz und Sünde bestimmten Standpunkt ausgeht.

4. Positiv: Gemeinden und einheimische Kirche

Die *Propaganda*-Missionare sind nicht in erster Linie bestrebt, die intellektuellen und politischen Führungsschichten zu gewinnen oder zumindest dort Duldung zu erreichen und Mißtrauen abzubauen. Sie wollten, selbst wenn dies nur aus Randgruppen geschah, Gemeinden aufbauen, vor allem aber einen einheimischen Klerus und schließlich ein einheimisches Episkopat schaffen. Der einheimische Klerus und das Episkopat, für die *Propaganda* A und O der Mission, ist hier das, was für die Jesuiten die Nähe zu den Fürstenhöfen und zur politisch-kulturellen Führungsschicht ist. In ihm geschieht eigentlich Inkulturation und Einpflanzung des Evangeliums; ohne einheimischen Klerus ist eine Missionskirche, wie es der erste Sekretär Francesco Ingoli mit Blick auf die

---

33 Ebd., S. 46f.

34 Dazu von Collani (Anm. 14), S. 98-100.

35 Ebd., S. 101.

Notwendigkeit, Indianer in Amerika zu weihen, ausdrückt, noch „ein Kind".[36] Eine Kirche kann Minderheit bleiben, verfolgt sein; ob sie eigentlich erwachsen ist, entscheidet sich daran, ob sie einen einheimischen Klerus und ein einheimisches Episkopat hat. Dabei war für die *Propaganda* nicht so wichtig wie für die Jesuiten, welchen gesellschaftlichen und kulturellen Rang der einheimische Klerus innerhalb seiner eigenen Kultur einnimmt, ob er von den traditionellen geistigen Führungsschichten voll anerkannt ist. Dies war wiederum für die Jesuiten, zumindest bei den ersten Überlegungen hinsichtlich eines chinesischen Klerus, der dem Literatenstand entstammen sollte, sehr wichtig.[37]

III. Versuch einer abschließenden Bewertung

Der Missionshistoriker Beckmann hat geäußert, daß das Missionsideal der *Propaganda* im Grunde moderner gewesen sei als die eher noch „mittelalterliche", dem Schema „von oben nach unten" verhaftete Methode der Jesuitenmissionare.[38] Dieses Urteil ist nicht grundsätzlich falsch. Dennoch muß es modifiziert werden. Gewiß handelt es sich hier um ein Missionsideal, das sich bemüht, das Angewiesensein allein auf die übernatürliche Kraft des Evangeliums radikal ernst zu nehmen. Das Bemühen um Befreiung der Mission aus aller machtpolitischen und kolonialistischen Verquickung berührt heute auf jeden Fall sympathisch. Es ist gleichzeitig eine Rückkehr zur Urkirche (die in den *Monita* immer wieder als nach wie vor gültige Norm vorgestellt wird) und eine Vorwegnahme dessen, was erst das 20. Jahrhundert realisieren konnte. Genauer handelt es sich um einen Versuch, das tridentinische Kirchenmodell außerhalb der Bedingungen der „Christenheit" zu realisieren. Was freilich von der Mission der alten Kirche scheidet, ist das römisch-zentralistische Moment; was mit ihr verbindet, ist der Verzicht auf die „konstantinische" und staatskirchliche Komponente. Was hier jedoch weniger im Mittelpunkt steht als bei den Jesuiten, ist das Moment der geistigen Begegnung mit einer fremden Kultur. Das Anpassungsprinzip ist eher pragmatisch. Es ging um rein äußere Anpassung an „fremde Sitten", nicht um Verstehen von innen her und um Begegnung mit einem fremden geistigen Kosmos. Was von diesen „Sitten" mit

---

36 *Sacrae Congregationis ...*, I/1 (Anm. 4), S. 178.

37 Dies (und nicht die Idee einer Liturgie in der „Volkssprache") war der Hauptgrund für die Bemühungen der Jesuiten, die Liturgie in „Mandarinen-Chinesisch" zu feiern: J. Jennes, „A propos de la liturgie chinoise. Le Bref Romanae Sedis Antistes de Paul V (1615)", in: *NZM* 2 (1946), S. 241-254; P. D'Elia, „La lingua cinese nelle liturgia e i Gesuiti del secolo XVII", in: *Civiltà Cattolica* 1953 (3), S. 55-70.

38 J. Beckmann in: *Handbuch der Kirchengeschichte*, hrsg. von H. Jedin, Bd. V (Freiburg i. Br. 1970), S. 312.

christlichem Glauben und christlicher Moral vereinbar oder unvereinbar war, schien darum, anders als für die Jesuiten, selbstverständlich festzustehen; dazu bedurfte es keines komplizierten Verstehensprozesses von innen her. Gerade dies sollte sich im „Ritenstreit“ tragisch auswirken.

Eine andere kritische Anfrage kommt von dem Historiker Wolfgang Reinhard. In seinem lesenswerten Aufsatz „Gelenkter Kulturwandel im siebzehnten Jahrhundert. Akkulturation in den Jesuitenmissionen als universalhistorisches Problem“[39] zieht er das Fazit, daß ein *gelenkter Kulturwandel*, wie ihn die Jesuiten wollten, bei intakten Kulturen nicht möglich ist und nur „eine bis in ihr Wertsystem und das Selbstbewußtsein, ja die kulturelle Identität ihrer Angehörigen bereits desintegrierte Kultur ... mehr als oberflächlich beeinflußt werden“ (kann), daß für letzteres aber Machtdifferenz der entscheidende Faktor sei.[40] Er beurteilt von da aus die Mission der Bettelorden, die mehr gesellschaftliche Randgruppen erreichten, als unter den gegebenen Verhältnissen realitätsnaher. Tatsächlich hat die Missionsmethode der Bettelorden und ebenso die mehr an der Basis ausgerichtete der *Propaganda*-Missionare durchaus ihre Leistungen aufzuweisen. Die Gemeinden, Katechisten und einheimischen Priester, die im Sinne der *Propaganda* geformt wurden, bestanden, besonders in Indochina, heroische Bewährungsproben gerade während blutiger Verfolgungen. Daß bis zum neuen Missionsfrühling des 19. Jahrhunderts nicht alles zusammenbrach, ist nicht zuletzt Verdienst der *Propaganda* und vor allem der von ihr geschaffenen Anfänge eines einheimischen Klerus. Das Manko ist hier das Fehlen eines kulturellen Dialogs „auf höchster Ebene“ und einer gründlichen geistigen Auseinandersetzung, die von einer bloß pragmatisch verstandenen Akkommodation an „Sitten und Gebräuche“ zum inneren Verstehen einer fremden Kultur fortgeschritten wäre.

Das Urteil Reinhards dürfte die geschichtliche Erfahrung im großen und ganzen für sich haben. Die Durchsetzung des Christentums im ausgehenden Römischen Reich stellt nur scheinbar ein Gegenbeispiel dar, da in der „Reichskrise“ seit dem ausgehenden 2. Jahrhundert die ganze hellenistische Kultur in einem tiefgreifenden Transformationsprozeß begriffen war. Die Fremdheit des Christentums in der noch nicht in die Krise geratenen antiken Kultur (durchaus vergleichbar mit den bei Gernet zitierten Zeugnissen chinesischer Gelehrter des 17. Jahrhunderts) wird vielmehr im 2. Jahrhundert bei dem Philosophen Kelsos deutlich. Dennoch darf der Nachweis, daß auf globaler Ebene solche Versuche, den christlichen Glauben mit dem Lebensverständnis einer ganzen Kultur zu vermitteln, immer wieder scheitern, nicht zu

---

[39] *Historische Zeitschrift* 223 (1976), S. 529-590.

[40] Ebd., S. 572.

der gefährlichen Konsequenz verleiten, sich in einen geschützten Winkel zurückzuziehen. Es ist dem christlichen Glauben eigen, im Vertrauen darauf, daß „alles“ dem Auferstandenen gehört (Mt 28,18-20), die eigene Glaubenserfahrung nicht zu verbergen, sondern im glaubenden und missionarischen Ausgreifen auf dieses „Alles“ immer wieder das „Unmögliche“ zu versuchen. Und auch wenn Paulus in der Areopag-Rede bei den Meistern scheitert, weil es ihm bei aller Anknüpfung an philosophische Gottesvorstellungen nicht gelingen kann, die Auferstehungsbotschaft griechischem Denken zu vermitteln: es schließen sich ihm doch „einige“ Männer und Frauen an und werden gläubig (Apg 17,34). Muß man nicht sagen, daß dort, wo wenigstens „einige“ erreicht werden, auch wenn der große Durchbruch sich als utopisch erweist, christliche Mission nicht vergeblich ist? Eben das haben die Jesuitenmissionare von Matteo Ricci an in China versucht.

HEILIGES OFFIZIUM GEGEN *PROPAGANDA*?
DAS DEKRET DES JAHRES 1656 IN DER RITENFRAGE UND DIE ROLLE MARTINO MARTINIS

SEVERINO VARESCHI

1.
Die vielfältigen Dimensionen eines komplexen Problems

Es ist sicher nicht notwendig, an dieser Stelle den gesamten Ritenstreit darzulegen.[1] Ich begnüge mich damit, auf einige Aspekte hinzuweisen, die mir

[1] Vgl. hierzu H. Bernard-Maître, „Chine", in: *Dictionnaire d'Histoire et de Géographie Ecclésiastiques* 12 (1953), S. 693-741; ders., „Chinois (Rites)", in: ebd. 12 (1953), S. 1731-1741; ders., „Il problema dei riti cinesi e malabarici", in: *Concilium* 3 (1967), No. 7, S. 85-100; J. Brucker, „Chinois (Rites)", in: *Dictionnaire de Théologie Catholique* II/2 (1923), col. 2364-2392; J. Beckmann, „La Chiesa nell'epoca dell'Assolutismo e dell'Illuminismo", in: Hubert Jedin (ed.), *Storia della Chiesa*, vol. VII (Milano 1978), S. 354-368. Vgl. auch: G.H. Dunne, *Generation of Giants. The Story of the Jesuits in China in the Last Decades of the Ming Dinasty* (Notre Dame, Ind. 1962), zu ergänzen durch B. Biermann, „Notizen zum Ritenstreit", in: *ZMR* 46 (1962), S. 296-302. Weiterhin: *East meets West. The Jesuits in China, 1582–1773*. Ed. by Charles E. Ronan and Bonnie B.C. Ott (Chicago 1988); R. Étiemble, *Les Jésuites en Chine. La querelle des rites* (Paris 1966); J. Gernet, *Cina e cristianesimo. Azione e reazione* (Casale Monferrato 1984). Vgl. hierzu die Rezensionen von J. Sebes, in: *AHSI* 54 (1985), S. 357-361; Cl. Soetens, in: *Cristianesimo nella storia* 7 (1986), S. 167-174. Vgl. des weiteren: G. Minamiki S.I., *The Chinese Rites Controversy from its Beginning to Modern Times* (Chicago 1985); L. von Pastor, *Storia dei Papi dalla fine del Medioevo*, vol. XIV/1 (Roma 1932), S. 152-156, 428-433, 610-613; vol. XIV/2 (Roma 1932), S. 476-479; ders., *Storia dei Papi nel periodo dell'Assolutismo*, vol. XV (Roma 1933), S. 303-370 (geht vorwiegend von Brucker [wie oben] aus); G. Pray, *Geschichte der Streitigkeiten über die chinesischen Gebräuche*, 3 Bde., Augsburg 1791 (jesuitischer Standpunkt, reiches Material); K. Schatz, „Inkulturationsprobleme im ostasiatischen Ritenstreit des 17./18. Jahrhunderts", in: *Stimmen der Zeit* 104 (1979), S. 593-608; *The Chinese Rites Controversy. Its History and Meaning*. Ed. by David E. Mungello. Monumenta Serica Monograph Series XXXIII (St. Augustin - Nettetal 1994); F. Demarchi - R. Scartezzini (eds.), *passim*; S. Vareschi, „Martino Martini S.I. e il decreto del Sant'Ufficio nella questione dei riti cinesi (1655–56)", in: *AHSI* 63 (1994), S. 209-260 (hier auch die neuerschlossenen Quellen); ders., „L'opera di evangelizzazione e di mediazione culturale di Martino Martini S.I. (1614–1661) tra Europa e Cina", in: *Studi Trentini di Scienze Storiche* 73 (1994), S. 365-409.

für die Beurteilung des Beitrags und der Strategie Martino Martinis am wichtigsten erscheinen.

Von grundlegender Bedeutung waren in der Frage der Riten in jedem Fall die Intuition Matteo Riccis und seine Missionspraktik, die sogenannte Akkommodationsmethode,[2] die von ihm im Hinblick auf eine Kultur entwickelt worden war, die gewiß keine rücksichtslose und respektlose Vorgehensweise wie jene der *tabula rasa* duldete, wie sie in den Gebieten der spanischen Kolonialherrschaft zumeist vorherrschte. Ricci nahm eine Haltung der Aufmerksamkeit gegenüber der chinesischen Kultur, ihrer Geschichte, ihrer Tradition und ihren Wertorientierungen ein. Er wandte sich im besonderen der Lehre und dem ideologischen Gedankengut des Konfuzianismus zu, während er dagegen die buddhistischen und daoistischen Richtungen ablehnte, scharf kritisierte und für sie nur den abschätzigen Ausdruck „Sekten" übrig hatte.

In der positiven Beurteilung Riccis gegenüber den Inhalten der konfuzianischen Philosophie und gegenüber ihrem ideologischen Gedankengut war auch eine gehörige Portion guten Willens vorhanden, speziell in bezug auf die angebliche ursprüngliche Unberührtheit von jedem polytheistischen und götzendienerischen Zug und umgekehrt in bezug auf den Verfall der nachfolgenden neokonfuzianischen Tradition. Einwände gab es auch gegenüber der Interpretation Riccis hinsichtlich des Ahnenkultes und gegenüber der

---

2 Vgl. J. Bettray, *Die Akkommodationsmethode des P. Matteo Ricci S.I. in China.* Analecta Gregoriana 76 (Roma 1955); J. Shih, „Il metodo missionario di Matteo Ricci", in: *La Civiltà Cattolica* 1983/I, S. 141-150; G. Rulli, „Un ponte tra la Cina e l'occidente. L'opera di Matteo Ricci (1582–1610)", in: ebd., S. 82-92; B. Sorge, „Il Padre Matteo Ricci in Cina, pioniere di 'mediazione culturale'", in: ebd. 1980/III, S. 32-46; G. Melis, „Chinese philosophy and classics in the works of Martino Martini S.J. (1614–1661)", in: *International Symposium on Chinese-Western Cultural Interchange in Commemoration of the 400th Anniversary of the Arrival of Matteo Ricci, S.J. in China* (Taibei 1983), S. 473-513. Siehe auch: J. Sainsaulieu, „Le confucianisme des Jésuites", in: *La Mission Française de Pékin aux XVIIe et XVIIIe siècles.* Actes du Colloque International de Sinologie. La Chine au temps des Lumières 2 (Paris 1976), S. 41-57; J.W. Witek, „Un dialogo sui fenomeni astronomici nella Cina dei primi del Settecento", in: *La Civiltà Cattolica* 1994/II, S. 552-566; P. Rule, „Giulio Aleni and the Chinese Rites Controversy", in: T. Lippiello - R. Malek (eds.), *"Scholar from the West". Giulio Aleni S.J. (1582–1649) and the Dialogue between Christianity and China.* Monumenta Serica Monograph Series XLII (St. Augustin - Nettetal 1997), S. 201-217. Für die Frage der Termini, vgl. J. Dehergne, „Un problem ardu: le nom de Dieu en chinois", in: *Appréciation par l'Europe de la tradition chinoise a partir du XVIIe siècle.* Actes du IIIe Colloque International de Sinologie. La Chine au temps des Lumières 6 (Paris 1983), S. 13-44, insbes. S. 37-44.

Tatsache, daß er diesem jede animistische Bedeutung absprach. Es steht uns nicht zu, diese komplexen hermeneutischen Probleme zu lösen, für die umfassende sinologische Kompetenzen erforderlich sind.

Abgesehen von ihrem Kulturgut, das der Naturphilosophie und den Inhalten der christlichen Offenbarung viel näher steht, empfahlen sich die konfuzianischen Kreise auch aufgrund der Tatsache, daß ihre Mitglieder zu den gehobenen Bevölkerungsschichten gehörten, deren tragendes Gerüst sie bildeten. Sich zu diesen Kreisen Zugang zu verschaffen und darin aufgenommen zu werden – als Literaten – war gleichbedeutend mit einer sehr günstigen und wirkungsvollen Position im Hinblick auf die Durchführung der christlichen Mission gegenüber der übrigen Gesellschaft und der chinesischen Bevölkerung. Man hat von einer Mission „von oben nach unten" gesprochen (Klaus Schatz), um damit eine Missionsstrategie zu definieren, die von den Jesuiten im übrigen auch im Europa der Gegenreformation praktiziert wurde.[3]

Es muß auch daran erinnert werden, daß über die Probleme, die später den sogenannten Begriffs- und Ritenstreit darstellten, bereits unter den Jesuiten der asiatischen Provinz selbst lebhaft diskutiert wurde, und zwar seit Beginn ihrer Mission mit dem hl. Franz Xaver. Besonders die früheste Mission in Japan brachte auf sehr dringliche Weise das Problem zur Sprache, welche Begriffe man für „Gott" und dann auch für „Messe", „Opfer", „Seele" usw. verwenden müsse oder könne. Die schwierigen anfänglichen Erfahrungen in Japan hatten die Suche nach stark innovativen Lösungen auf diesem Gebiet eher gehemmt. Matteo Ricci, der sich seit 1582 in China befand, unternahm einen neuerlichen Versuch mit der Akkommodationsmethode und weitete sie vom Begriffsstreit auf andere traditionelle Praktiken aus, die allgemein als die „Riten" definiert wurden, insbesondere die Ahnen- und Konfuziusverehrung. Hierbei konnte Ricci auf das Vertrauen und die Zustimmung seines Provinzials P. Alessandro Valignano zählen.

Die großen missionarischen Erfolge Riccis genügten allerdings nicht, um die schwerwiegenden Bedenken auszuräumen, die sein Nachfolger als Leiter der Mission von Peking, P. Niccolò Longobardi, gegenüber der Akkommodationsmethode hatte und die bis zum regelrechten Verbot der Methode Riccis gingen. Diese Methode konnte aber nicht einfach verworfen werden, im Gegenteil, während der ersten Jahrzehnte des 17. Jahrhunderts setzte sie sich kraft ihrer Erfolge als die allgemein verbreitete durch. Eine Denkschrift Longobardis gegen die Riten ließ man sogar aus dem Umlauf

---

3 Siehe hierzu den Beitrag von Klaus Schatz in diesem Band. [R.M.]

verschwinden; außerhalb der engeren Kreise der chinesischen Provinz erhielt man teilweise erst in den siebziger Jahren des 17. Jahrhunderts davon Kenntnis.

Der gesamte Ritenstreit wurde erst mit Verspätung der europäischen Öffentlichkeit bekannt, nicht zuletzt deshalb, weil die Jesuiten von Papst Gregor XIII. (und bis zu Urban VIII.) eine Art Exklusivrecht für die chinesische Mission erhalten hatten, das mit logistischer Unterstützung des portugiesischen *Padroado* ausgebaut wurde. Erst als die ersten spanischen und nicht-jesuitischen Missionare Anfang der dreißiger Jahre des 17. Jahrhunderts, aus Manila (und demnach aus der spanischen Kolonialherrschaft) kommend,[4] an den Küsten der chinesischen Provinz Fujian landeten, wurden die unterschiedlichen Bewertungen hinsichtlich der Riten - nachdem der Begriffsstreit im wesentlichen bereits archiviert worden war - allgemein bekannt und in kirchlichem Rahmen unter den Orden und den Nationen sowie allgemein unter den verschiedenen kirchenpolitischen Parteien lebhaft diskutiert.

Ich möchte hier weder die verschiedenen theoretischen und praktischen Ausrichtungen vorstellen, noch eine Übersicht über die Diskussion und die Gruppierungen erstellen, da diese bekannt sind. Ich beschränke mich auf den Hinweis, daß die Lager immer stärker mit der Ordenszugehörigkeit der Protagonisten übereinstimmten - übrigens ein bekanntes Faktum, das man bei fast allen kirchlichen Auseinandersetzungen der klassischen Epoche feststellen kann. In unserem Fall handelte es sich um Dominikaner und Franziskaner - also Bettelorden - auf der einen und um Jesuiten auf der anderen Seite. Zu einem späteren Zeitpunkt griffen die Apostolischen Vikare der *Propaganda Fide* in die Diskussion ein und stellten sich praktisch auf die Seite der Bettelmönche. Hinter diesen Aufstellungen dürfen wir aber nicht die anderen Faktoren vergessen, die weder theologischer noch primär seelsorglicher Natur sind, die aber nichtsdestoweniger einen nicht unerheblichen Einfluß auf die verschiedenen Positionen hatten. Einer davon ist zum Beispiel die Zugehörigkeit zu entgegengesetzten Kolonialsystemen und die Verknüpfungen mit politischen Interessen: so zum Beispiel der Konflikt zwischen dem spanischen und dem portugiesischen Kolonial-

[4] Vgl. für ihre Mission F. Margiotti, „I riti cinesi davanti alla S. C. de Propaganda Fide prima del 1643“, in: *NZM* 35 (1979), S. 133-153; 192-211; ders., „La Cina, ginepraio di questioni secolari“, in: *Sacrae Congregationis de Propaganda Fide Memoria Rerum*, vol. I/2 (1622–1700), hrsg. von J. Metzler (Rom - Freiburg - Wien 1972), S. 597-631 (das Problem der Riten bis zur Versendung Apostolischer Vikare); B. Biermann, *Die Anfänge der neueren Dominikanermission in China*. Missionswissenschaftliche Abhandlungen und Texte 10 (Münster i.W. 1927).

system und danach das Auftauchen von französischen Interessen durch die Apostolischen Vikare.[5]

2. Vom Dekret des Jahres 1645 zum Dekret des Jahres 1656

Die Einwände der von den Philippinen kommenden Bettelmönche wurden zunächst nach Manila weitergeleitet und von dort mit Zustimmung des Erzbischofs, die dieser dann allerdings widerrief, vom Dominikanerpater Juan Bautista de Morales nach Rom überbracht. Das geschah in den frühen vierziger Jahren. Kritisiert wurde die Nachlässigkeit, mit der die Jesuiten die chinesischen Katechumenen von den kirchlichen Geboten der Sonntagsmesse, der Feiertagsruhe und der Osterkommunion in Kenntnis setzten, sowie die angebliche Duldung des Wuchers; angeprangert wurden des weiteren gewisse Abweichungen vom Ritual, das sich die Jesuiten bei der Verabreichung der Sakramente der Taufe und der Krankensalbung leisteten, die Duldung der „Riten" zu Ehren Konfuzius' und der Ahnen und schließlich die angebliche Zurückhaltung, mit der sie das Kreuz predigten und zeigten, da es - so wurde behauptet - das religiöse Gefühl der Chinesen verletze (wie übrigens auch schon jenes der Juden und der Griechen).

Die Leitung der gesamten Angelegenheit wurde von der *Propaganda Fide* übernommen, einem kurz zuvor im Jahr 1622 geschaffenen Dikasterium, das sich in Kontrast und auf Kollisionskurs zum althergebrachten Missionsauftrag befand, mit dem die Päpste die königlichen spanischen Patronate betraut hatten.[6] Für die Untersuchung der *dubia*, die Morales gegen die Praktik der Jesuiten vorbrachte, stützte man sich auf die Mitarbeit des Hl. Offiziums, da es um Themen ging, die jenes Dikasterium betrafen, wie etwa die Verabreichung der Sakramente und noch mehr die Beurteilung angeblicher abergläubischer oder sogar götzendienerischer Praktiken.

In dieser Situation wurden die Argumente der Jesuiten jedoch nicht gebührend berücksichtigt, und das Ergebnis war die Veröffentlichung eines

---

5 Vgl. K. Schatz, *op. cit.*, und ders. in diesem Band. Außerdem J. Guennou, „Les arrières-plans politiques et financiers de la querelle des rites", in: *La Mission Française de Pékin aux XVIIe et XVIIIe siècles*, *op. cit.*, S. 107-113; D.F. Lach, „Propaganda Fide and the China Mission: Seventeenth Century", in: *International Symposium*, *op. cit.*, S. 297-310. Vgl. schließlich J. Sebes, „A comparative study of religious missions in three civilisations: India, China and Japan", in: *Appréciation par l'Europe*, *op. cit.*, S. 271-290.

6 J. Glazik, „La fondazione della congregazione di Propaganda Fide", in: Hubert Jedin (ed.), *Storia della Chiesa*, *op. cit.*, vol. VI, S. 745-750; J. Beckmann, in: ebd., vol. VII, S. 330f.

Dekrets der *Propaganda Fide* am 12. September 1645, in dem sämtliche von Morales angeprangerten und in 17 Punkten zusammengefaßten Praktiken für unzulässig erklärt und verboten wurden.[7]

Das Dekret der Missionskongregation löste bei den Jesuitenmissionaren Bestürzung aus, die plötzlich aus einem seligen Schlaf zu erwachen schienen; das wird erst verständlich, wenn man sich die fast privatistische Mentalität vor Augen hält, mit der die Mission im Fernen Osten vom Orden geführt wurde. Tatsächlich stand sehr viel auf dem Spiel: Das Dekret zog die Akkommodationsmethode Riccis in Zweifel und stellte eine tödliche Gefahr für die blühenden chinesischen Missionen des Ordens dar; diese hatten sich nämlich im wesentlichen auf der Grundlage der Intuition und der Praxis der Akkommodation so üppig entwickelt und konnten deshalb eine derart positive Bilanz aufweisen.

Was sollte man jetzt tun? Mit einiger Verspätung erkannten die Jesuiten nun klar die Strategie, die sie anwenden mußten, um auf die Bedrohung zu reagieren, die sich über ihrem Werk zusammenballte: Ihrer Meinung nach beruhte die römische Entscheidung auf einem Informationsdefizit, das heißt auf falschen Informationen *circa factum* der „Riten". Es ging also darum, die römischen Behörden angemessen über die genaue Bedeutung der chinesischen Riten zu informieren, vor allem über die Ahnen- und Konfuziusverehrung, die einen „rein zivilen und politischen" Stellenwert hatten, wie es hieß, und keinen religiösen; demnach waren christlicher Glaube und traditionelle chinesische Praktiken grundsätzlich vereinbar. Auch über die anderen Punkte ihrer Pastoralpraxis, die verurteilt worden waren, mußten die römischen Kongregationen richtig und sachgemäß informiert werden.

Dem 1614 geborenen Trentiner Jesuiten Martino Martini, der sich seit 1642 in China aufhielt, gelang es – nicht ohne einige Intrigen – sich zu diesem Zweck nach Europa schicken zu lassen.[8] Sein Auftrag sollte sich als

---

7 Text des Dekretes in: *Collectanea S. Congregationis de Propaganda Fide, seu Decreta, Instructiones, Rescripta pro apostolicis missionibus*, vol. I (1622–1866) (Roma 1907), S. 30-35; vgl. Pastor, *Storia dei Papi*, *op. cit.*, vol. XIV/1, S. 153-156.

8 Zur Biographie Martinis vgl. J. Dehergne, *Répertoire des Jésuites de Chine de 1522 à 1800.* Bibliotheca Instituti Historici Societatis Jesu, 37 (Roma – Paris 1973), S. 166; B. Bolognani, *L'Europa scopre il volto della Cina. Prima biografia di P. Martino Martini, Missionario Sinologo Geografo (1614–1661).* Collana di pubblicazioni della Biblioteca dei Padri Francescani 8 (Trento 1978); F. Ghetta, „Martino Martini nella sua città", in: *Martino Martini,* S. 333-356. Für die Sendung nach Rom vgl. J. Sebes, „Il ruolo di Martino Martini nella controversia dei Riti Cinesi", in: ebd., S. 450-454; F. Demarchi, „Martino Martini S.I., protagonista della missione dei gesuiti in Cina nel XVII secolo", in: *Studi Trentini di Scienze Storiche* 74 (1995), S. 413-446; N. Golvers, „Viaggio di reclutamento di M. Martini S.I. attraverso i Paesi

wichtiger Abschnitt in der Geschichte des Ordens und der katholischen Missionen erweisen. Martini brach im Dezember 1650 von Anhai in Fujian zu den Philippinen auf und gelangte über Indonesien und das Kap der Guten Hoffnung im Sommer 1653 nach Europa, wo er von einem Sturm an die norwegische Küste verschlagen wurde. Ende August war er in Amsterdam. Er durchquerte Europa ohne Eile in Richtung Rom, wo er erst zwei Jahre später im Frühsommer des Jahres 1655 ankam.

Es war aber keine Vergnügungsreise. Martini brachte viele interessante Informationen aus China nach Europa. Darauf hatte er sowohl im Orient als auch während der endlosen Reise gewissenhaft hingearbeitet. Die im Laufe von vierzig Jahren in Europa verbreiteten Arbeiten Riccis und anderer Jesuiten hatten das Interesse der alten Welt für jenes ferne und faszinierende Land geweckt. Im Hinblick auf seinen Auftrag bei den römischen Kongregationen mußte das Terrain für die Kenntnis und die Achtung der chinesischen Realität vorbereitet werden. Hatte Ricci die Chinesen mit dem Westen und seinen Wissenschaften vertraut gemacht und ihr Interesse für die Evangelisierung geweckt, so waren nun Schritte in die entgegengesetzte Richtung erforderlich: Es ging darum, den Westen und vor allem die römische Kurie über die chinesische Realität zu informieren, die großen Möglichkeiten der Mission aufzuzeigen und Vorurteile abzubauen. Paradoxerweise kam die Gefahr für die Evangelisierung Chinas jetzt von denjenigen kirchlichen Kräften, die der Akkommodation ablehnend gegenüberstanden.

Um die Mitte des Jahres 1655 kam Martini also nach Rom, nachdem zuvor einige wichtige Werke über die chinesische Realität im Druck erschienen waren: *Brevis relatio de numero et qualitate christianorum apud Sinas*,[9] 1654 in Rom gedruckt, also noch bevor Martini persönlich dort

Bassi nel 1654. A proposito di bussole geomantiche, collezioni di oggetti cinesi, proiezioni di lanterna magica e del R. P. Wilhelm Van Aelst S.I.", in: ebd., S. 447-474 (erschienen auch in: *De Zeventiende Eeuw, cultuur in de Nederlanden in interdisciplinair perspectief* 1994, S. 331-350). [Siehe auch die Bibliographie in diesem Band.]

9 Vgl. A. Lazzarotto, „La cristianità in Cina secondo la *Brevis Relatio*", in: *Martino Martini*, S. 377-384. Für eine Übersicht aller literarischen Werke Martinis und eine kurze Vorstellung derselben, vgl. L. Pfister, *Notices biographiques et bibliographiques sur Jésuites de l'ancienne mission de Chine 1552–1773*. Varietés Sinologiques, 59 (Shanghai 1932; Nachdruck Neudeln/Liechtenstein 1971), S. 256-262 (Nr. 90); für die vollständige Übersicht über die verschiedenen Ausgaben und Übersetzungen vgl. das Register in *Bibliotheca Missionum*, Bd. V: *Asiatische Missionsliteratur 1600–1699* (Aachen 1929); Bd. VII: *Chinesische Missionsliteratur 1700–1799* (Aachen 1931); Bd. XIII: *Chinesische Missionsliteratur 1885–1909* (Rom - Freiburg - Wien 1959).

eingetroffen war; *De Bello Tartarico*,[10] im gleichen Jahr in Antwerpen gedruckt, und vor allem der *Novus Atlas Sinensis*,[11] Erstdruck 1655 in Amsterdam, der dem Erzherzog und späteren Kaiser Leopold von Österreich gewidmet war; dieses Werk wurde später immer wieder neu aufgelegt und übersetzt. Nach der Rückkehr Martinis nach China wurde 1658 in München die *Sinicae Historiae Decas Prima*[12] veröffentlicht, ein umfangreiches und äußerst gewichtiges Werk, das die chinesische Geschichte von den Anfängen der Menschheit bis zum Jahr 1 v.Chr. darstellt.

Eine geharnischte Depesche des Provinzials von Deutschland, Christoph Schorrer, vom 27. Juni 1655 brachte Martini dazu, sich auf schnellstem Weg nach Rom zu begeben. Am Muttergottesfest im August legte er im Ordenshaus von Rom das vierte Gelübde ab. Inzwischen hatte er an die Kardinäle der *Propaganda Fide* geschrieben, ihnen für ihr geduldiges Warten auf ihn gedankt und den Zweck seines Auftrags angekündigt, nämlich, die Kardinäle und die Missionskongregation genau über den Tatbestand der Pastoralpraxis der Jesuiten in China zu informieren.

Im Herbst des Jahres 1655 führte Martini seinen Auftrag endlich aus.[13] Um einige Jahre jüngere Quellen berichten von *tractatos amplissimos* und von einem *ingens volumen*, die Martini P. Candidus, dem Meister des Heiligen Palastes, der auch amtliches Mitglied der Kongregation des Hl. Offiziums war, überbracht haben soll. Dieser Behörde hatte der Papst die Angelegenheit anvertraut.[14] Aufzeichnungen aus dem späten achtzehnten Jahr-

---

[10] Vgl. P. Corradini, „Martino Martini storico della Cina: il *De Bello Tartarico*", in: *Martino Martini*, S. 173-184; vgl. Shih Shengsan, „*De Bello Tartarico Historia* by Martino Martini", in: F. Demarchi - R. Scartezzini (eds.), S. 245-251.

[11] Vgl. die Beiträge von O. Baldacci, A. Cucagna, G. Hamman, G. Staluppi, A. Tamburello, Wu Chuanjin, in: *Martino Martini*; dieser Band hat im Anhang den Faksimile-Neudruck der im *Atlas* gezeichneten geographischen Karten. Vgl. außerdem die Beiträge von Gao Yongyuan, Lentini, Arnoldi, Tonazzo, in: F. Demarchi - R. Scartezzini (eds.). Die Einleitung von Martini zum allgemeinen Teil des *Atlas* ist auch erschienen in: *Janua Coeli* (Trento), Nr. 220-222, Januar-März 1993. Für die verschiedenen Ausgaben siehe Anm. 8. Eine italienische Übersetzung der 170 Seiten umfassenden Einleitung Martinis zum *Atlas* wird in Trient vorbereitet.

[12] Vgl. C. von Collani, „Teologia e cronologia nella *Sinicae Historiae Decas Prima*", und G. Brancaccio, „La *Sinicae Historiae Decas Prima*: alcune ipotesi di lettura", in: F. Demarchi - R. Scartezzini (eds.), S. 241-254 bzw. 231-240. Vgl. auch C. von Collani, „L'influsso di Martino Martini sul figurismo di Joachim Bouvet", in: *Martino Martini*, S. 505-517. Eine italienische Übersetzung der *Sinicae Historiae ...* wird vorbereitet.

[13] Für diese Details vgl. J. Sebes, „Il ruolo di Martino Martini", *op. cit.*

[14] Vgl. ebd., S. 466; anders bei Biermann, *op. cit.*, S. 96.

hundert berichten, daß das besagte Material (zu jener Zeit) noch im Archiv der *Propaganda Fide* vorhanden war,[15] was jetzt anscheinend nicht mehr der Fall ist.

Aus diesem Grund ist die Tatsache, daß im Archiv des Hl. Offiziums in Rom (jetzt Glaubenskongregation) das Original der Denkschrift (nicht gerade ein *ingens volumen*) aufgefunden wurde, die Martino Martini den Kardinälen der Kongregation als Information seitens der Jesuiten über die zur Debatte stehenden Fragen vorgelegt hat, von einer gewissen Bedeutung.[16] Die Denkschrift ist in fünf Kapitel gegliedert, die in 17 Punkten auf ebenso viele Punkte des Dekrets der *Propaganda Fide* des Jahres 1645 Bezug nehmen. In jedem dieser Kapitel erläutert Martini vor allem das *factum* der zur Debatte stehenden chinesischen Riten und Gebräuche und schließt jedesmal ab, indem er eine oder mehrere *quaesita* über die diesbezügliche Praxis der Jesuiten formuliert. Jedes der fünf Kapitel der Denkschrift Martinis versahen die Theologen des Hl. Offiziums (*qualificatori* genannt) in fester Reihenfolge mit ihren handschriftlichen *vota*, auf die sich die Kardinäle der Kongregation dann bei ihrer Entscheidung stützten. Im gleichen Faszikel findet sich auch ein zusammenfassender Bericht über den gesamten *iter* der Arbeiten und den Inhalt derselben, den der Notar des Hl. Offiziums, Giovanni Lupi, für Papst Alexander VII. im Hinblick auf die oberste Entscheidung abfaßte.[17] Es folgt schließlich der Originalentwurf[18] und eine beglaubigte Originalkopie der Druckbroschüre des Dekrets, das am 23. März 1656 in Rom veröffentlicht wurde.[19] Dank dieser Quellen konnte eine entscheidende Phase des wichtigen und langen „Ritenstreits" erschöpfend geklärt werden.

Es ist nicht leicht zu klären, in welcher Weise das Hl. Offizium mit dieser Angelegenheit als Hauptinstanz betraut wurde. Die Briefe Martinis im Sommer 1655 an die Kardinäle der *Propaganda Fide* zeigen, daß das Missionsdikasterium von der neuen Verhandlungsphase nicht vollständig ausgeschlossen wurde. Aber wie schon im Jahr 1645 oblag die technische Be-

---

15 Pray, *Geschichte der Streitigkeiten*, I, *op. cit.*, S. 115.

16 Roma, Archivio della Congregazione per la Dottrina della Fede, *Stanza Storica* [von jetzt ab *St.St*] OO 5f., folios 275r-298v; für die dem Dekret Martinis folgende Zeit vgl. auch die Faszikel mit der Signatur *St.St* OO 5 b-c-d. Fast alle Originalquellen, die in diesem Referat erwähnt werden, findet man jetzt in: S. Vareschi, „Martino Martini S.I. e il decreto del S. Ufficio", *op. cit.*

17 Ebd., S. 253-258.

18 *St.St* OO 5 f., folios 303r-310r.

19 Den Text des Dekrets von 1656 findet man in: *Collectanea*, *op. cit.*, S. 36-39.

gutachtung der Fragen den Qualifikatoren des Hl. Offiziums. Diesmal erfolgte jedoch auch die Genehmigung und die Verkündung des Dekrets seitens des Hl. Offiziums, dem demnach die volle Urheberschaft für das Dekret des Jahres 1656 zukommt, wie alle Quellen, auch die späteren, berichten. Präfekt der Kongregation war Kardinal Francesco Barberini; Mitglieder waren unter anderen die Kardinäle Spada, Ginetti, Albizzi und Este.[20] Diese gehörten übrigens in jenen Jahren auch der Kongregation der *Propaganda* an. Die wichtigste personelle Veränderung in der Römischen Kurie gegenüber dem Jahr 1645 war Papst Alexander VII., der im April 1655 Innozenz X. nachgefolgt war.

Unter den Kardinälen des Hl. Offiziums betraute der Papst namentlich die Kardinäle Barberini, Ginetti und Albizzi mit der Instanz der Jesuiten. Die beiden letzteren waren gut vertraut mit dem Untersuchungsverfahren des Hl. Offiziums. Insbesondere Albizzi, der kurz zuvor zum Kardinal ernannt worden war, war jahrelang Assessor, d.h. Sekretär der Kongregation gewesen.

Mit dem Urteil über die Praxis der Jesuiten, wie in der Denkschrift dargelegt, wurden also von der Unterkommission elf Theologen beauftragt. Im besonderen bezog sich die theologische Qualifikation der *periti* des Hl. Offiziums auf die zeitgenössischen Moralsysteme, die dazu dienten, ein moralisch gesichertes Urteil über Fälle oder Situationen zu definieren, bei denen das Urteil offen zu sein schien. Bei diesen Systemen handelte es sich vor allem um den Probabilismus, den Probabiliorismus und den Tutiorismus.[21] Praktisch mußte man sagen, ob eine bestimmte Haltung oder eine bestimmte Lehre *probabilis*, das heißt zu billigen (annehmbar) war oder nicht. Für die reinen Probabilisten durfte einer Haltung oder Ansicht gefolgt werden, wenn sie auch nur *probabilis* war, selbst wenn die entgegengesetzte Ansicht mehr *probabilis* erschien. Für die Probabilioristen durfte man nur der *wahrscheinlicheren* Ansicht oder Haltung folgen. Für die Tutioristen mußte man der absolut sicheren Haltung bzw. Ansicht folgen. Diese letzteren wurden auch Zertitudinalisten genannt.

War in unserem Fall die Pastoralpraxis der Jesuiten in China *probabilis* oder nicht? Oder war sie sogar *certe* zulässig? Für die Probabilisten genügte es, daß jene Praxis *wahrscheinlich* moralisch war – damit konnte sie

---

20 Vgl. Ch. Weber, *Die ältesten päpstlichen Staatshandbücher. Elenchus Congregationum Tribunalium et Collegiorum Urbis 1629–1714. Römische Quartalschrift*, Supplementheft 45 (Rom – Freiburg – Wien 1992), S. 273f.

21 Siehe hierzu die gleichlautenden Stichwörter im *Lexikon für Theologie und Kirche* (Freiburg i.Br., inzwischen drei Ausgaben).

nach dem probabilistischen System auch dann angewendet werden, wenn die negative Meinung der Gegner (Morales und anderer) *wahrscheinlicher* erschien. Nicht so zahlreich waren diejenigen, die als Zertitudinalisten, das heißt ohne jegliche Bedenken, ja mit Enthusiasmus für die Praxis der Jesuiten stimmten. Die Gegner waren im wesentlichen Tutioristen: Sie vertraten die Ansicht, daß man diese Praxis angesichts des Zweifels (und für sie war die Rechtmäßigkeit der Praxis der Jesuiten auf jeden Fall zweifelhaft) nicht anwenden dürfe und daß man sich an die sicherste Richtlinie halten, das heißt den Katholiken die chinesischen Riten verbieten müsse.

Nach dem damaligen Stand der Dinge war diese Diskussion aber bereits alt und durch Verdächtigungen und Vorurteile belastet. Der Probabilismus war in einigen Fällen tatsächlich bereits zu Behauptungen ausgeartet, die unter einem theologisch-moralischen Gesichtspunkt fragwürdig waren, und seine Anhänger waren des Laxismus bezichtigt worden. Nun, Verfechter des Probabilismus waren im allgemeinen die Jesuiten, wenn sie auch nicht die einzigen waren. Gegen den Probabilismus waren in jüngster Zeit die Jansenisten energisch aufgetreten, die wiederum in den Jesuiten die erbittertsten Gegner ihrer theologischen und pastoralen Positionen fanden. So war die Diskussion über die probable (oder nicht probable) Rechtmäßigkeit der Praktik der Jesuiten in China durch ganz und gar europäische und scholastische Verwicklungen belastet.

Zu beachten ist auch, daß das Hl. Offizium im Jahr 1653 die Bulle *Cum occasione* veröffentlichte, in der fünf Sätze verurteilt wurden, die im Werk *Augustinus* von Cornelius Jansenius enthalten waren. Etwa die Hälfte der Theologen, welche die Ausführungen Martinis im Jahre 1655 zu begutachten hatten, hatten auch bei jener Gelegenheit das Urteil gefällt.[22] Man könnte annehmen, daß zu jenem Zeitpunkt im Hl. Offizium eine antijansenistische, wenn nicht gar jesuitenfreundliche Linie vorherrschte. Der seit kurzem regierende Papst war seinerseits den Jesuiten freundschaftlich gesinnt. Nach dem wenige Jahre zuvor bei der Jansenistenfrage angewandten Kriterium wurden praktisch alle Gutachter unter den planmäßigen Sachverständigen der Kongregation ausgewählt, um der Gefahr und dem Vorwurf parteiischer und „gesteuerter" Entscheidungen zuvorzukommen.[23] Insgesamt waren es, wie gesagt, elf Theologen, die verschiedenen religiösen Orden und theologischen Schulen angehörten. Darunter befand sich nur ein einziger Jesuit, bei dem es sich im übrigen um eine wichtige Persönlichkeit

---

[22] Vgl. Pastor, *Storia dei Papi*, *op. cit.*, vol. XIV/1, S. 203.

[23] Ebd. Für Literaturangaben zu den einzelnen im folgenden genannten Theologen, vgl. Vareschi, „Martino Martini S.I. e il decreto del S. Ufficio", *op. cit.*

handelte: P. Pietro Sforza Pallavicino, Professor am *Collegio Romano* und seit kurzem Kardinal, ein Freund des neuen Papstes. Nicht weniger als drei Gutachter kamen aus dem Orden der Dominikaner, dem auch Giovanni Battista Morales angehörte, der Ankläger der Praktik der Jesuiten in China. Einer von ihnen war P. Raimondo Capizucchi, Meister des Heiligen Palastes, das heißt der Theologe des Papstes. Er hatte dieses Amt im Jahr zuvor als Nachfolger von P. Candidus übernommen und dabei das Sekretariat der Indexkongregation abgegeben. Capizucchi schloß stets die Serie der Gutachten der Theologen ab. Die beiden anderen Dominikaner waren Beamte des Hl. Offiziums: Der eine war P. Vincenzo Preti (de Pretis, Pretus), Generalkommissar des Hl. Offiziums, praktisch der Direktor des Dikasteriums, ein bedeutender Experte für kanonisches Recht und Theologie; von ihm stammen die tiefgründigsten Stellungnahmen zu unserer Frage. Beim dritten handelt es sich um dessen Stellvertreter - den *Socius*, P. Michele Pius Passus de Bosco, der jedesmal die Serie der Gutachten eröffnet. Von diesen letzten beiden erscheint der *Socius* gewöhnlich restriktiv in seinen Ansichten, während sich der Kommissar stets als sehr offen erweist. Ziemlich restriktiv ist auch der Konventuale Fr. Modesto Gavazzi aus Ferrara, Generalprokurator des Ordens mit Sitz im Zentralkloster der hll. Apostel, ein ständiger Konsultor des Hl. Offiziums. Ein weiterer Minorit, diesmal aus dem Kapuzinerorden, war P. Antonio aus Carpineto, zu jener Zeit Generalprokurator seines Ordens und ebenfalls Konsultor der Kongregation. Im übrigen äußerte sich Carpineto nur zum ersten der zur Diskussion stehenden Punkte.

Weitere Gutachter waren: P. Enrico Borghi, General der Serviten, sowie P. Stefano Spinola von der Kongregation der Somasker, der spätere Bischof von Savona, beide restriktiv in ihren Auffassungen; der Karmelit P. Girolamo Ari (Arri), der in seinem Orden sehr engagiert war und später Generalprior wurde. Weiters der wenige Monate zuvor gewählte Ordensgeneral der Augustiner-Eremiten, Paolo Lucchini; und schließlich der sehr gelehrte Raffaele Aversa von den Minderen Regularklerikern, den sogenannten Caracciolini, deren Generalprior er mehrmals wurde. Wir haben keine ausdrücklichen Zeugnisse über gemeinsame Sitzungen der Gutachter. Vielmehr erhielt jeder von ihnen, und zwar in fester Reihenfolge, auf Anordnung des Assessors die Denkschrift Martinis und setzte seinen handschriftlichen Vermerk dazu, der einige Zeilen oder eine halbe Seite lang war.

Fünf von elf Gutachtern gehörten also den beiden Bettelorden an (Dominikaner und Franziskaner), welche die Anschuldigungen gegen die Jesuiten in China nach Rom gebracht hatten. Wenn man bedenkt, daß ausgerechnet aus dieser Gruppe von Theologen, mit zweien der drei Dominikaner an vorderster Front, ein für die Jesuiten günstiges Dekret hervorgegangen ist, muß man sich davor hüten, die Dominikaner allzu pauschal als im wesentlichen gegen die chinesischen Riten eingestellt einzustufen, wie es in der Geschichtsschreibung vielfach getan wurde. In dieser Phase und aus dieser neuen Dokumentation geht noch nicht jene Verhärtung der Fronten hervor, die sich im weiteren Verlauf der Diskussion zeigte, insbesondere vom Ende des Jahrhunderts an. Allerdings waren die Jesuiten in China gar nicht *sic et simpliciter* Zertitudinalisten, sondern sie beschränkten sich darauf, für ihre Position die Qualifikation *probabilis* zu erhalten, die im probabilistischen System ohne große Probleme angewendet werden konnte.[24]

3.
Das Dekret des Jahres 1656

Der Verlauf der Kontroverse bis zum Dekret des Jahres 1656 und eine summarische Einführung in den Inhalt der Diskussion finden sich in der Zusammenfassung, die der Notar des Hl. Offiziums,[25] Giovanni Lupi, für Papst Alexander VII. verfaßte. Am Beginn liefert Lupi in Italienisch einen kurzen Bericht über die Kontroverse, informiert über die Anzeigen gegen die Praktik der Jesuiten im Jahr 1645 und berichtet über den darauffolgenden Auftrag an die *Propaganda Fide* und an das Hl. Offizium. Danach erinnert er an die Verkündung des Dekrets der *Propaganda Fide* in jenem Jahr. Zehn Jahre später, im Jahr 1655 – immer nach dem Bericht von Lupi – wurde mit der Ankunft von Martino Martini in Rom der Rekurs der Jesuiten gegen das Dekret formalisiert. Daraufhin betraute der neue Papst Alexander VII. erneut das Hl. Offizium mit der Untersuchung, die anhand der vom Trentiner Jesuiten vorgelegten neuen Informationen erfolgen sollte. Danach folgt im Dokument des Notars die Zusammenfassung des Inhalts jedes einzelnen der fünf Punkte, die auf der Grundlage der Denkschrift Martinis erörtert wurden. In diesem Abschnitt geht der Notar jedesmal von der Anzeige der Dominikaner im Jahr 1645 aus, die er in Italienisch zusammenfaßt; danach kommt die entscheidende Stelle des Dekrets der *Propaganda Fide* aus jenem Jahr (in Latein). Es folgt die Zusammenfassung (in Italienisch) der wesentlichen Punkte des Rekurses der Jesuiten,

---

24 Vgl. H. Bernard-Maître, „Un dossier bibliographique de la fin du XVIIe siècle sur la question des termes chinois“, in: *Recherches de Science Religieuse* 36 (1949), S. 25-79; hier S. 42f. und 54. Vgl. auch J. Sebes, „A comparative study“, *op. cit.*, S. 278.

25 Vgl. Anm. 15.

wobei die neuen Präzisierungen hinsichtlich des *factum* der „Riten" und der Text der *dubia*, das heißt der genauen Fragestellungen über die zu befolgende Haltung seitens der Missionare, angeführt werden. Anschließend gibt der Notar die lateinische Zusammenfassung der *vota* der Qualifikatoren wieder, wobei er auf etwaige Uneinigkeiten in den Urteilen hinweist. Schließlich folgt für jeden einzelnen der fünf Punkte die Entscheidung der Kardinäle bei der Plenarkongregation des Hl. Offiziums.

Am 22. März 1656 genehmigte der Papst den Entwurf des Dekrets, der ihm von der Kongregation vorgelegt worden war, und tags darauf wurde das Dekret mit wenigen unwesentlichen Änderungen verkündet. Gleich darauf wurde es gedruckt.

Die Begleitumstände der Veröffentlichung und der darauffolgenden Rezeption geben den Anstoß, eine Klärung hinsichtlich der Bedeutung des Dekrets zu versuchen. Dieses war zweifellos eine Entscheidung auf höchster Ebene. Sie war daher nicht als verbindliche Anordnung für alle Chinamissionare gemeint, sondern vielmehr als ein der Gesellschaft Jesu zugestandenes Privileg (im engen Sinne), sich in China nach der eigenen Tradition zu richten - das heißt nach der Praktik Riccis. Das heißt, die anderen religiösen Orden waren nicht verpflichtet, sich an die Praktik der Jesuiten zu halten; letztere wiederum waren nicht verpflichtet, sie aufzugeben. So viel scheint man dem Bericht über die Aushändigung des Dekrets an den jesuitischen Pönitentiar Giorgio Bustronius und auch der ungewöhnlichen Zurückhaltung entnehmen zu können, mit der Martino Martini laut vereinzelten Zeugnissen bei seiner Rückkehr nach China das Dekret anderen Missionaren zur Kenntnis brachte.[26] Sowohl in Makassar in Indonesien während der Rückreise als auch in Hangzhou in China wollte Martini, obwohl ihn andere Missionare ausdrücklich darum ersuchten, das Dekret nicht herzeigen, wobei er verschiedene Ausreden vorbrachte - wahrscheinlich, weil damit nun die Praktik der Jesuiten abgesichert war und weil er gleichzeitig weitere Auseinandersetzungen mit den anderen Orden vermeiden wollte.

Zur Zeit der Veröffentlichung des Dekrets in Rom befand sich Martini bereits in Lissabon, um sich einzuschiffen, aber anscheinend brachte er es nicht übers Herz, in den Orient zurückzukehren, ohne seinen Mitbrüdern den konkreten Text des Dekrets mitbringen zu können. Tatsache ist, daß er erst im folgenden Frühjahr, also im Jahr 1657, abreiste.

---

[26] Vgl. Biermann, *op. cit.*, S. 95f. und Anmerkungen; vgl. auch *St.St* OO 5f., fol. 112r-v (Denkschrift von Fra Antonio de S. Maria an den Heiligen Stuhl vom 20. August 1661).

Aber kommen wir nun zur Untersuchung des Inhaltes der Ausführungen von Martino Martini, die offensichtlich ein Schlüsseltext für die Entstehung des Dekrets des Hl. Offiziums waren, wie der Text dieses letzteren und auch die Urteile der Gutachter zeigen, die wiederholt bemerken: *si vera sunt narrata* und ähnliches. Was letzteres betrifft, können wir eine erstaunliche Parallelität, wenn auch in entgegengesetzter Richtung, zum gleichzeitigen Fall der fünf Sätze aus dem *Augustinus* von Jansenius feststellen, mit denen sich das Hl. Offizium in jenen Jahren gerade beschäftigte. Auf die Veröffentlichung der Bulle *Cum occasione* im Jahr 1653 hatten die Jansenisten nämlich dadurch reagiert, daß sie die *quaestio facti* aufwarfen, das heißt das Problem des effektiven Vorhandenseins oder Nichtvorhandenseins der fünf beanstandeten Sätze im *Augustinus*. Während gegen die Bulle *Cum occasione* die Jansenisten die *quaestio facti* vorbrachten, erhoben die Jesuiten gegen das Dekret der *Propaganda Fide* des Jahres 1645 diesen Einwand: Man bestritt, daß die chinesischen Riten eine *effektiv* abergläubische Bedeutung hatten, wie im Dekret der *Propaganda Fide* behauptet wurde, und vertrat dagegen die Ansicht, daß sie einen - wie es hieß - rein „zivilen und politischen“ Stellenwert hatten. Das war das *factum*, welches zu klären Martini nach Rom gekommen war und aufgrund dessen er, und mit ihm die Jesuiten, um eine Revision des Urteils ersuchten, das vor zehn Jahren ergangen war.

Der erste Punkt der Denkschrift Martinis[27] betraf *Quid facti, circa dubium seu quaesitum primum, quod est, de pubblicatione Iuris Positivi*, das heißt die Verpflichtung (oder nicht) für die jesuitischen Missionare, die chinesischen Neophyten offiziell in den kirchlichen Geboten in Sachen sonntäglicher Gottesdienstbesuch, Feiertagsruhe sowie österliche Beichte und Kommunion zu unterweisen. Die Jesuiten in China hielten sich mit dieser Unterweisung zurück und schoben sie so lange auf, bis es ihren Christen konkret möglich war, diese Gebote zu befolgen. Es gab nämlich zahlreiche und ernste Schwierigkeiten. Martini erklärt zum Beispiel, daß die Christen von niederem Rang gewöhnlich heidnischen Herren unterstanden, die ihnen die Sonntagsruhe und den Kirchenbesuch nicht gewährten. Was die höherrangigen anbelangte, so waren diese ebenfalls verhindert, da sie auch an Sonntagen und christlichen Feiertagen, die der chinesischen Staatsverwaltung selbstverständlich nicht bekannt waren, zum Staatsdienst verpflichtet waren.

---

[27] Text in Vareschi, „Martino Martini S.I. e il decreto del S. Ufficio“, *op. cit.*, S. 239-241.

Der Mangel an Priestern in China machte es außerdem ganz allgemein unmöglich, allen chinesischen Christen jeden Sonntag eine Messe anzubieten. Es gab dann noch weitere Schwierigkeiten, die speziell mit den chinesischen Verhältnissen zusammenhingen: Die Behörden waren äußerst argwöhnisch gegenüber Menschenansammlungen, so daß die Missionare alles mögliche unternehmen mußten, um keine großen Zusammenkünfte abzuhalten, die Anlaß zu Befürchtungen hinsichtlich der öffentlichen Ordnung und der politischen Loyalität hätten geben können.

Eine weitere Schwierigkeit war der chinesische Brauch der Segregation der Frauen. Gemischte Versammlungen mit Männern und Frauen waren nicht möglich, so daß die Missionare Frauen und Männer stets getrennt versammelten, sowohl für die Messe als auch für die Katechese und die übrigen Gebete.

In dieser Situation die Christen in den kirchlichen Geboten zu unterweisen, bedeutete eine unnötige Belastung ihres Gewissens mit Verpflichtungen, die sie dann nicht einzuhalten vermochten, mit dem einzigen Ergebnis, daß ihr Gewissen für moralisch schuldig, weil informiert, angesehen werden mußte.

Ähnliche Schwierigkeiten gab es hinsichtlich der kirchlichen Nüchternheitsgebote. Die chinesische Kost bestand zum größten Teil aus pflanzlichen Nahrungsmitteln (Martini zählt sie auf), die aufgrund ihres geringen Kaloriengehaltes mindestens drei Mahlzeiten täglich erforderlich machten. Die kirchliche Regel der Nüchternheit erlaubte jedoch nur eine Mahlzeit täglich, die keinesfalls ausreichte, um die Feldarbeiter für einen ganzen Arbeitstag zu ernähren. Dasselbe galt in anderer Form für die höherrangigen Christen, die lange Sitzungen bei Gericht und in den Büros zu absolvieren hatten. Außerdem luden sich diese letzteren nach dem traditionellen chinesischen Brauch der *amicitia* (Freundschaft) abends gegenseitig zu Gastmählern ein, *quae recusare more gentis inhumanum esset*. Die Jesuiten unterwiesen demnach ihre Christen nicht vorschriftsgemäß in den Nüchternheitsgeboten.

Daß diese Praktik nicht rein willkürlich war – versichert Martini – wurde durch die Tatsache bewiesen, daß die Fleischabstinenz an den vorgeschriebenen Tagen (und es gab viele davon) ohne jeglichen Einwand bekanntgemacht und dementsprechend befolgt wurde. Martini fragte deshalb, ob die Missionare „neuen Christen gleich nach der Taufe" wirklich unter Androhung der Todsünde die kirchlichen Gebote anordnen mußten.

In dieser Konfiguration wurde das Problem von den Theologen sorgfältig, aber auch aufgeschlossen behandelt. Wir können die einzelnen Standpunkte genau rekonstruieren, weil jeder von ihnen den Text Martinis erhalten und eigenhändig sein Urteil mit Namen und Unterschrift hinzugefügt hat. Wir verzichten hier auf eine detaillierte Untersuchung der Diskussion[28] und beschränken uns darauf, über die wichtigsten Elemente und den Ausgang derselben zu informieren. Die Entscheidung oblag im übrigen nicht den Theologen, die lediglich ihr Gutachten abzugeben hatten, sondern den Kardinälen. Im allgemeinen hielten sich die Kardinäle aber an jenen Standpunkt, der mehrheitlich aus den Urteilen der Gutachter hervorging, und beschränkten sich auf kleine Zusätze oder Veränderungen. Für die Entscheidung der Kardinäle sind die Zusammenfassung des Notars und der endgültige Text des Dekrets verbindlich.

Die Experten diskutierten darüber, ob die eventuelle Entbindung von der Pflicht, die Christen in den kirchlichen Geboten zu unterweisen, *per modum privilegii* (das heißt durch ein eigenes Gesetz für den Orden oder für jene Gebiete) oder *per modum dispensationis* (durch eine Suspensierung der allgemeinen Vorschriften) zu erfolgen habe und ob die etwaige Ermächtigung zur Dispens an die Missionare delegiert (so Pallavicino und andere) oder dem Hl. Stuhl vorbehalten und von Mal zu Mal von Rom den Christen in China bewilligt werden müßte. Man entschied sich für die Delegierung der Dispensvollmachten von jenen Geboten an die Missionare, nicht ohne sie zu ermahnen, *in casibus particularibus tantum* davon Gebrauch zu machen.

Diese Delegierung an die Jesuitenmissionare wurde effektiv am 5. September desselben Jahres *in casibus particularibus tantum eorum arbitrio* für zwölf Jahre beschlossen.[29] Bezüglich der Beschränkung auf zwölf Jahre ist zu beachten, daß die ganze Pastoralpraxis der Akkommodation und um so mehr die disziplinarischen Abweichungen, um die man in Rom ersucht hatte, auch von den Jesuiten im wesentlichen als vorübergehend gedacht worden waren, bis sich auch die Christengemeinden in China ohne weiteres an die Gebräuche und Vorschriften der Universalkirche angeglichen hätten.

Der zweite Punkt Martinis[30] betraf *Quid facti circa dubium, seu quaesitum secundum, quod est de sacramentalibus omnibus mulieribus etiam adhibendis*, das heißt es betraf bestimmte Probleme, die sich bei der Verabreichung der Sakramente der Taufe und der Letzten Ölung an die Frauen,

---

28 Eingehender dazu ebd., S. 218-221.

29 Vgl. den Text in *Iuris Pontificii de Propaganda Fide*, Pars I, cura et studio Raphaëlis de Martinis, vol. I (Roma 1888), S. 289-290.

30 Siehe Vareschi, „Martino Martini S.I. e il decreto del S. Ufficio“, *op. cit.*, S. 241-244.

im besonderen bei den Körpersalbungen, ergaben. Die Schwierigkeit ergab sich aus dem oben angesprochenen Gefühl der Reserviertheit und Unberührbarkeit - nach chinesischem Empfinden - gegenüber den Frauen. Es wurde bereits gesagt, daß auch die liturgischen Zusammenkünfte getrennt organisiert werden mußten. Das Haupt der Frauen zu entblößen, um es mit dem Taufwasser zu benetzen, und noch mehr ihre Schultern und Brüste mit dem Öl der Katechumenen zu salben (wie es der damalige Ritus verlangte) und schließlich die vom Ritus vorgesehenen Salbungen der Kranken, all das verletzte eingewurzelte Tabus und erwies sich als undurchführbar. Mehr als einmal, berichtet Martini, mußten die Missionare heftige Proteste der Umgebung über sich ergehen lassen und liefen mehrmals Gefahr, aus dem Land vertrieben zu werden. Im übrigen bewertete Martini diese Reserviertheit als höchst schätzenswert. Die Situation der Zurückgezogenheit der Frauen wird in der Denkschrift ausführlich erörtert, wobei interessante ethnographische Details dargeboten werden.

Die Praktik der Jesuiten beschränkte die Salbungen auf ein Minimum oder führte in Extremfällen die Krankensalbung überhaupt nicht durch, auch nicht bei Frauen, die darum ersuchten. Martini fragte, ob es möglich wäre, so weiterzumachen. Das Dekret des Jahres 1645 hatte mit Nein geantwortet. Überdies ließen die Bettelmönche wissen, daß die Jesuiten dem Diktat nicht nachgekommen waren.

Von den zehn Theologen erklärten sich acht mit der Praktik der Jesuiten einverstanden, zwei waren dagegen. Der Generalkommissar des Hl. Offiziums (ein Dominikaner) sprach sich zugunsten der jesuitischen Praktik aus und empfahl gegebenenfalls die Verwendung von Hilfsstäbchen, um die Salbungen durchzuführen, wie man sie in Europa für die Salbung der Pestkranken zu verwenden pflegte. Einige zusätzliche Bedenken löste bei den Theologen der Brauch aus, im Extremfall den kranken Frauen, die um die Krankensalbung ersuchten, diese zu verweigern. Das endgültige Dekret räumte ein, daß es erlaubt war, sie in Extremfällen zu unterlassen. Es sagte nicht aus, daß es erlaubt war, sie zu verweigern, aber es schloß dies auch nicht ausdrücklich aus.

Der dritte Punkt[31] betraf *Quid facti circa dubium seu quaesitum octavum* [von Morales im Jahr 1645], *quod est de caeremoniis erga philosophum Confucium*, das heißt die Zeremonien und Feierlichkeiten, die traditionell im Andenken an Konfuzius abgehalten wurden. Diese Zeremonien, wenn auch mit einigen Einschränkungen, erlaubten die Jesuiten ihren Christen, während sie von den anderen Missionaren, die erst kurz zuvor nach China

[31] Ebd., S. 244-247.

gekommen waren, für Götzendienst oder zumindest Aberglauben erachtet wurden. Die Aufgabe Martinis bestand wiederum darin, über den genauen Stellenwert dieser Zeremonien und dieser Haltungen zu informieren und damit den Kardinälen in Rom Elemente für eine Beurteilung derselben zu liefern.

Die Referenzquellen für die Argumentation des Trentiner Jesuiten sind die Schriften seines großen Mitbruders Matteo Ricci und dessen Verkünders im Abendland, Nicolas Trigault, *probati* Zeugen aufgrund ihrer Kompetenz und - wie Martini hervorhebt - um so glaubwürdiger, als ihre Schilderungen Jahrzehnte vor der Ankunft der Mendikanten in China erfolgten und daher über den Verdacht der Zweckdienlichkeit erhaben waren. Außer auf die Mitbrüder beruft sich Martini, größtenteils in Anlehnung an Ricci, auf Konfuzius und auf die chinesischen Klassiker.

Es ging vor allem darum zu zeigen, daß die Chinesen Konfuzius niemals wie eine Gottheit verehrt haben. Nach seinem Tod hatte man nämlich darüber diskutiert, ob ihm der Ehrentitel *König* oder *Meister* des gesamten Reiches zuzuerkennen sei; die zweite Ansicht überwog. Folglich wurde in jeder Stadt ein Raum, eine Art Gedenkkapelle, zum Andenken und zur Verehrung des großen Meisters eingerichtet. Dieser Raum war aber kein Tempel, denn es gab davon in jeder Stadt immer nur einen einzigen, während es viele Tempel gab (buddhistische, daoistische, lamaistische).[32]

Diese Zeremonien waren im übrigen, wie Martini bemerkt, nicht für jedermann ohne Unterschied zugänglich, sondern ausschließlich für die Gelehrten, die in Konfuzius eben ihren obersten Meister verehrten. Im besonderen wurde die offizielle Zeremonie der Verleihung der akademischen Titel in die Konfuziusverehrung eingebettet und fand in der ihm gewidmeten Aula statt.

Die diesbezügliche Entscheidung des Jahres 1645 war negativ ausgefallen. Für die Jesuiten ging es aber hierbei um einen grundlegenden Aspekt ihrer Missionsarbeit, nämlich um jene Achtung vor dem Konfuzianismus, die Matteo Ricci als Methode des Ordens bestimmt hatte. Obendrein - so argumentierten die Jesuiten - waren an diesen Konfuziusverehrungen in erster Linie und beinahe ausschließlich die Gelehrten und Mandarine beteiligt und dazu verpflichtet. Matteo Ricci und die anderen Sinologen des Ordens (erwähnt sei hier zumindest Giulio Aleni aus Brescia[33]) versicherten, daß die Gelehrten, die den wahren und althergebrachten Sinn der konfuzianischen Vorschriften und Unterweisungen kannten, nicht von jener „aber-

[32] Diese Unterscheidung findet man auch in der Einleitung zum *Atlas*.

[33] Zu Aleni vgl. T. Lippiello - R. Malek (eds.) (siehe Anm. 2).

gläubischen" oder geradezu „götzendienerischen" Konfusion und Kontamination betroffen waren, die später ins Spiel kam und die unteren Bevölkerungsschichten weitgehend bestrickte.[34] Martini wies im übrigen darauf hin, daß bestimmte Zeremonien von zweifelhafter Bedeutung - die nur für die Studienpräfekten obligatorisch waren - auch von den Jesuiten untersagt worden waren. Wollte man dagegen jene verhindern, über die der Zugang zu den akademischen Titeln erfolgte (die in keiner Weise kontaminiert waren), so hieße das, den Bekehrten von Anfang an den Weg zu jeglichem sozialen Aufstieg zu versperren sowie begründete Hoffnungen auf apostolische Wirkung zunichte zu machen. Hier haben wir es mit dem Kernpunkt des jesuitischen Missionsansatzes zu tun, und zwar nicht nur in China.

Die Theologen hatten keine großen Zweifel. *Si vera sunt narrata*, mußte diese Praktik erlaubt werden. Freilich war der Somasker Spinola vom Vorhandensein eines *suspicio probabilis* überzeugt, daß Konfuzius für einen Gott gehalten werde, und riet zusammen mit einigen anderen, die Praktik unter der Bedingung zu erlauben, daß die christlichen Bakkalaurei vor Durchführung jener Zeremonien öffentlich bestätigten, daß sie in Konfuzius nur den Philosophen anerkannten und ihn als jemanden ehrten, der sich in höchstem Maße um das Reich verdient gemacht hatte. Die Kardinäle glaubten jedoch nicht, eine Bedingung stellen zu müssen, die nicht nur sehr schwer zu erfüllen war, sondern möglicherweise eine Provokation darstellen konnte.

Ein weiterer Punkt[35] der Berührung und möglicher Kontaminierung zwischen chinesischen Bräuchen und christlicher Praktik war der Toten- und Ahnenkult, und so behandelt der vierte Punkt der Verteidigungsschrift Martinis *Quid facti circa dubium seu quaesitum IX, X, XI, ac XII* [von Morales im Jahr 1645], *quae sunt de ceremoniis erga defunctos a Sinis fieri solitis*. Auch diese traditionellen Ehrenbezeigungen waren im vorherigen Dekret als abergläubisch verboten worden. Für die chinesische Gesellschaft, in welcher der Gehorsam und die Ehrfurcht gegenüber den Vorfahren gleichsam grundlegend sind, bedeutete dies aber, die Christen gezwungenermaßen als böse Kinder und schlechte Bürger erscheinen zu lassen. Martini zielt auch hier auf die Klarstellung des *factum* ab und bemüht sich

[34] Vgl. hierzu den schon erwähnten Sainsaulieu, *op. cit.* K. Schatz (*op. cit.*), bezeichnet den Standpunkt der chinesischen Autoren konfuzianischer Richtung als „aufklärerisch".

[35] Vareschi, „Martino Martini S.I. e il decreto del S. Ufficio", *op. cit.*, S. 248-251.

darzulegen,[36] daß die Chinesen der menschlichen Seele keine göttliche Eigenschaft zusprechen und daß demnach die Ehrenbezeigungen gegenüber den Verstorbenen nicht als religiöse Handlungen und als Anbetung interpretiert werden könnten; ebenso seien die Gebete der Lebenden zu den Verstorbenen nicht als Anrufung von Göttern zu verstehen.

Martini beschreibt diese Totenfeiern konkret in ihren drei Äußerungsformen: dem Begräbnis des Verstorbenen, dem häuslichen Andenken der Vorfahren und den Friedhofsbesuchen. Er erklärt, daß der kleine Altar, oder besser das Tischchen, das in den Häusern aufgestellt wird, kein Altar im eigentlichen Sinne ist; das Täfelchen mit dem Namen des Verstorbenen wird zwar „Sitz der Seele" genannt, aber die Chinesen glauben deshalb nicht, daß sich die Seele dort drinnen befindet; die Gaben vor dem Sarg oder vor dem Namenstäfelchen (Blumen, Speisen, Räucherstäbchen, Geldstücke) haben keine Opferbedeutung, dasselbe gilt für den Imbiß, den die Chinesen im Frühling auf den Gräbern der Verstorbenen auf den Friedhöfen einnehmen.[37]

Martini berichtet auch, daß die chinesischen Christen auf entsprechende Fragen versicherten, daß sie all dies taten, weil sie nicht wußten, wie sie sonst ihre Zuneigung und ihre Verehrung für die Verstorbenen zum Ausdruck bringen sollten und weil auf diese Art und Weise auch die Kinder lernten, ihrerseits die Eltern zu ehren. Mit einem Wort - um einen Ausdruck zu verwenden, der sich beinahe wie eine Formel wiederholt - es ging um Handlungen, die eine „rein zivile und politische" Bedeutung hatten. Auf alle Fälle, unterstrich Martini, *docenturque ita christiani, ut intelligant quid civile, et quid superstitiosum.* Also Bildung an Stelle von Dirigismus und Verbieten.

Im Hinblick auf die Praktik stellte Martini drei Fragen. Dürfen die Christen die chinesischen Totenfeiern praktizieren, wenn sie von jedem eventuell abergläubischen Element gereinigt sind? Können sie diese - dermaßen gereinigt - in einer aktiven Rolle auch in Begleitung der heidnischen Verwandten begehen? Können sie, ohne eine aktive Rolle zu spielen

[36] Mit den entsprechenden Unterscheidungen zwischen Daoisten, die er als Atheisten und auch als Epikureer bezeichnet und die eine rein materialistische Auffassung vom Menschen haben; Buddhisten, die er Götzenanbeter nennt und von deren Glauben an die Seelenwanderung er berichtet; schließlich den Philosophen, die dem Konfuzianismus anhängen. Über der letzteren Annahme der Existenz einer unsterblichen Seele und einer zu erwartenden Belohnung oder eines ewigen Verdammnisses berichtet Martini.

[37] Über diese Art *refrigerium* war die alte Kirche genauso perplex wie die römischen Behörden des 17. Jahrhunderts.

und ohne Zustimmung zu zeigen, gemeinsam mit ihren Verwandten auch eventuell abergläubischen Totenfeiern beiwohnen, in Anbetracht der Tatsache, daß ihr Fernbleiben als Beleidigung angesehen und zu Haß- und Unmutsgefühlen ihnen gegenüber führen würde? Das war jedenfalls die Praktik der Jesuiten.

Hier waren die Theologen geteilter Meinung: vier antworteten mit Nein im Hinblick auf die aktive Teilnahme an diesen Zeremonien, auch wenn sie entsprechend gereinigt waren; sechs dagegen hatten keine Einwände, auch wenn sie einige zusätzliche Bedingungen nahelegten. Auf breitere Zustimmung stieß dagegen die Praktik der Jesuiten beim dritten Punkt, jenem der lediglich passiven Präsenz bei eventuell auch abergläubischen Zeremonien: neun von zehn waren für das Ja. Einer legte allerdings nahe, die Christen zu einer öffentlichen Bekundung zu verpflichten, daß jene Zeremonien für sie lediglich eine zivile Bedeutung hätten. Andere mahnten zur Vorsicht in diesem Zusammenhang, damit nicht noch größere Probleme entstünden. Im endgültigen Text des Dekrets wurde im Unterschied zu dem, was vorher zum dritten Punkt gesagt worden war, die Auflage der ausdrücklichen Bekundung aufgenommen.

An diesem Punkt endet das vom Hl. Offizium am 23. März 1656 verkündete Dekret. Die Denkschrift Martinis enthielt dagegen noch einen fünften Punkt,[38] der dem siebzehnten des Dekrets aus dem Jahre 1645 entsprach. Es handelte sich um *Quid facti circa dubium seu quaesitum XVII quod est de praedicatione Christi crucifixi*, das heißt, es ging um die gegen die Jesuiten vorgebrachte Anschuldigung, beim Predigen und bei der Katechese die Verkündigung des Leidens und der Kreuzigung Christi zu verschweigen und das gleiche auch in der Liturgie und bei der Einrichtung der Kirchen zu tun; all das – so wurde in den Anschuldigungen der anderen Missionare behauptet – aufgrund des Anstoßes, den die Chinesen am gekreuzigten Herrgott nahmen.[39]

In diesem Zusammenhang muß man zugeben, daß die Praktik und die Spiritualität der Jesuiten – nicht nur in China – effektiv vorzugsweise den Aspekt der *Gloriae* Gottes hervorhoben, wie auch der Leitsatz des Ordens besagt. Das Kreuz zu verschweigen oder sogar zu verstecken würde jedenfalls eine unannehmbare Verstümmelung des christlichen Glaubens bedeuten.

---

[38] Vareschi, „Martino Martini S.I. e il decreto del S. Ufficio", *op. cit.*, S. 251-253.

[39] Zu dieser wichtigen Problematik vgl. aus dominikanischer Sicht B. Biermann, *op. cit.*, S. 200-205; dieser Vorwurf wird, wie andere, auch von B. Pascal im fünften seiner *Provinzialbriefe* (1656) wieder aufgenommen.

Martini wies diese Behauptung entrüstet zurück und zeigte mit verschiedenerlei Beweismaterial auf, daß sie vollständig jeder Grundlage entbehrte: Bücher, Bilder, Drucke, Gebete, Kalender. Das Kreuz werde nicht verborgen und die liturgischen Feierlichkeiten zu Ehren des Kreuzes während des Jahres würden begangen, allen voran jene der Karwoche. Martini hatte aus China sogar ein dort gebräuchliches Kruzifix mitgebracht und bot sich an, es den Kardinälen zu zeigen. Immerhin gab er zu, daß das Kruzifix in den Kirchen *ita clausum, ut christianis aperiatur cum in templo sunt* gehalten wurde. Völlig falsch war auch die Behauptung, daß die Jesuiten in der chinesischen Version des *Credo* den Passus über die Kreuzigung und den Tod Christi unter Pontius Pilatus ausgelassen hätten.

Ergebnis: Alle Gutachter hielten die Pastoralpraxis der Jesuiten in bezug auf diesen letzten Punkt, so wie sie vom Missionar dargestellt wurde, für angemessen und annehmbar. Wahrscheinlich um nicht unnötig eine Polemik anzuheizen, die wie kaum eine andere die Beziehungen zwischen den Orden getrübt hatte, verzichteten die Kardinäle auf jeglichen Hinweis im Dekret und ließen dieses Thema vollständig fallen.

Mit einem feierlichen *AD MAIOREM DEI GLORIAM* in Großbuchstaben beschloß Martini seine Ausführungen an die Kardinäle des Hl. Offiziums.

4.
Rezeption des Dekrets und Schlußbetrachtungen

Das Dekret des Jahres 1656 bedeutete eine große Erleichterung für die chinesischen Missionen der Jesuiten. Als Martino Martini im Jahr 1661 starb, nur zwei Jahre nach seiner Rückkehr nach Hangzhou, standen die katholischen Missionen in China in der Blüte ihrer Entwicklung, und das Dekret des Hl. Offiziums war eine Gewähr für ihre weitere Ausbreitung. Und doch genügte dieser Erfolg nicht, um die Akkommodationsmethode Riccis endgültig vor Einwänden und Protesten zu bewahren. Wie auch die gleichzeitige jansenistische Kontroverse zeigt, reichte ein römisches Dekret nicht aus, um die Diskussionen in der Kirche jener Zeit zum Schweigen zu bringen, besonders wenn die verschiedenen Orden einen bestimmten Standpunkt zu dem Standpunkt des Ordens machten, was mittlerweile auch in der Ritenfrage zur Gänze geschah. Sicherlich zufällig, aber deshalb nicht weniger bezeichnend ist der Umstand, daß gerade im Jahr des Dekrets von Martini die Provinzialbriefe von Blaise Pascal erschienen; im fünften dieser Briefe wurde vornehmlich die Pastoralpraxis der Jesuiten in China an den Pranger gestellt.

Unter den Reaktionen auf das Dekret des Jahres 1656 und auf das Wirken Martinis erwähnen wir hier nur die Denkschrift gegen die Akkommodation des Franziskanerpaters Antonio de S. Maria Caballero im Jahre 1661, die 1669 vom Dominikanerpater Polanco zum Hl. Offizium nach Rom gebracht wurde.[40] Bei jener Gelegenheit wurde der römische Kurie die verfängliche Frage gestellt, ob man annehmen müßte, daß das Dekret des Jahres 1656 jenes aus dem Jahr 1645 aufgehoben habe - daß daher Papst Alexander VII. seinem Vorgänger Innozenz X. widersprochen habe und daß die verschiedenen Kongregationen abweichende Linien verfolgten. Das Hl. Offizium antwortete im Jahr 1669 mit einem Dekret,[41] das dem Widerspruch zu entgehen versuchte, indem es erklärte, daß beide herausgegebenen Dekrete gültig und in Kraft blieben, und zwar jedes im Rahmen der jeweils beschriebenen Sachlage: Es war eine Bestätigung der ausschlaggebenden Bedeutung der *quaestio facti*.

In den siebziger Jahren erschienen dann die *Tratados Historicos*[42] des Dominikaners Domingo de Navarrete, der bereits Missionar in China gewesen war und mit den Jesuiten während der Jahre der gemeinsamen Konfination in Kanton in engem Kontakt gestanden hatte. Zahlreiche weitere Schriften der Dominikaner kamen später wieder auf den Disput zurück; wir erinnern nur an den tüchtigen Theologen und Kontroversisten Françoise-Jacques-Hyacinthe Serry am Beginn des 18. Jahrhunderts.[43]

Im Kreuzfeuer der Kritik stand ab 1656 nicht die Praxis der Jesuiten im allgemeinen, sondern das Wirken Martino Martinis, der dem Hl. Offizium angeblich falsche und bewußt tendenziöse Informationen geliefert hatte. Serry zählte im Jahr 1709 nicht weniger als zehn „Punkte der Unwahrhaftigkeit und Täuschung“ zu Lasten des Trentiner Jesuiten auf, die alle darauf ausgerichtet waren zu beweisen, daß die chinesischen Riten und insbe-

---

[40] Die Denkschrift Caballeros und das andere Material, das der Vorbereitung des Dekrets vom 13./20. November 1669 diente, befinden sich heute noch in *St.St.* OO 5f. (folios 35r-37 die Denkschrift Caballeros).

[41] Vgl. *Bibliotheca Missionum* V, Nr. 2378.

[42] Vgl. ebd., Nr. 2440. Vgl. auch J.S. Cummins, *A Question of Rites. Friar Domingo Navarrete and the Jesuits in China* (Aldershot 1993). Siehe hierzu die Besprechung von Albert Chan, S.J., „A Question of Rites“, in: *Monumenta Serica* 44 (1996), S. 427-438.

[43] *Difesa Del Giudizio Formato Dalla S. Sede Apostolica, nel dì 20 Novembre 1704. E pubblicato in Nanchino ... intorno a Riti e Cerimonie Cinesi: Contro un libello sedizioso intitolato Alcune Riflessioni intorno alle cose presenti della Cina ... Opera di un Dottore della Sorbona, trasportato dal Manoscritto Francese da un Religioso Italiano* (Torino 1709), vgl. *Bibliotheca Missionum* VII, Nr. 2553.

sondere die Ahnen- und Konfuziusverehrung, im Gegensatz zu den Beteuerungen der Jesuiten, ganz und gar nicht einen „rein zivilen und politischen“ Charakter, sondern im Gegenteil eine genuin religiöse Bedeutung hatten und demnach Zugeständnisse an den Aberglauben, wenn nicht gar an die Götzenverehrung darstellten. Aber auch hier zeigt sich, wenngleich *e silentio*, ein unleugbares Resultat des Wirkens Martinis: In der Polemik des Serry taucht jene Kritik nicht mehr auf, welche die Jesuiten am meisten verletzt hatte: die angebliche Verheimlichung der Botschaft des Leidens und Kreuzes Christi.

Was in der auf das Dekret des Jahres 1656 folgenden Epoche am meisten beeindruckt und zu Recht als eine wahre Tragödie angesehen werden muß, ist die Polemik um die „chinesischen Riten“, die zwischen Jesuitenmissionaren und Apostolischen Vikaren der *Propaganda Fide* erneut aufflammte. Doch es gibt zwei Dokumente, die die jesuitische Hinwendung zur Akkommodation in hohem Maße zu teilen scheinen. Es handelt sich um die Instruktion der *Propaganda Fide* an die ersten beiden Apostolischen Vikare Pallu und de la Motte vom Jahre 1659, also drei Jahre nach dem Dekret des Hl. Offiziums, und um die *Monita ad missionarios* zehn Jahre danach.[44]

Aus welchen Gründen haben dann die Apostolischen Vikare ab Maigrot die Fackel der antijesuitischen Polemik von den Dominikanern übernommen? Dazu einige kurze Bemerkungen. Vor allem darf man in diesem Zusammenhang niemals die kirchenpolitischen Implikationen aus den Augen verlieren: Der *Propaganda Fide* und den Apostolischen Vikaren war nämlich daran gelegen, die katholischen Missionen zu entpolitisieren und insbesondere jene in Asien der Kontrolle und der Verwaltung des portugiesischen *Padroado* zu entziehen, das im übrigen für die seinerzeit übernommene Aufgabe mittlerweile völlig ungeeignet geworden war und nichts anderes tat, als neue Kräfte und neue missionarische Initiativen zu hemmen und zu bremsen. Trotzdem beriefen sich die Jesuiten weiterhin beinahe ausschließlich auf die Behörden in Lissabon und ignorierten vor Ort die römische Missionszentrale und ihre Funktionäre, die Vikare.

Man kann weiters annehmen, daß der Widerstand gegen die Riten seitens der Apostolischen Vikare durch ein Gefühl der Treue gegenüber dem Dekret des Jahres 1645 begründet war. Dieses war von der *Propaganda Fide* herausgegeben worden, dem übergeordneten Dikasterium der Aposto-

---

44 Vgl. M. Marcocchi, *Colonialismo, cristianesimo e culture extraeuropee. L'Istruzione di Propaganda Fide ai Vicari apostolici dell'Asia Orientale (1659)* (Milano 1981).

lischen Vikare. Zu beachten ist jedoch, daß die Zuweisung der Denkschrift Martinis an das Hl. Offizium zur Begutachtung in den Jahren 1655–1656 und die Urteile der Theologen gezeigt haben, daß die Positionen der verschiedenen Kräfte in der Auseinandersetzung zu jenem Zeitpunkt nicht genau mit der religiösen Zugehörigkeit übereinstimmten: Die fünf Mitglieder der Bettelorden unter den qualifizierenden Theologen und Funktionären des Hl. Offiziums nehmen keineswegs geschlossen gegen die Riten Partei. Außerdem sei einerseits daran erinnert, daß auch in der Gesellschaft Jesu P. Niccolò Longobardi ernste Bedenken gegenüber der Methode Riccis hatte; Bedenken, die Navarrete ungefähr zwanzig Jahre nach dem Tod des Missionars aus Caltagirone schonungslos aufzeigte und überall verbreitete. Andererseits sei darauf hingewiesen, daß der erste Anrater und Hauptförderer der Apostolischen Vikare der Jesuit P. Alexander de Rhodes war. Weiters ist zu beachten, daß auch für Ricci und für die Jesuiten die Annahme der chinesischen Riten eigentlich eine Tolerierung derselben auf befristete Zeit darstellte, bis auch die Christengemeinden des Reiches der Mitte sich der traditionellen katholischen Praxis und dem allgemeinen Kirchenrecht hätten angleichen können. In diesem Sinne ist, wie wir zu zeigen versucht haben, das Dekret des Jahres 1656 eigentlich als ein apostolischer Indult zugunsten der Jesuiten einzustufen, das für die anderen Missionare keineswegs den Verzicht auf die jeweiligen unterschiedlichen Praktiken bedeutete.

In diesem Sinne erscheint uns auch die Klassifizierung der beiden Lager der Auseinandersetzung in „europäisierend“ und „sinisierend“, wie von Bernard-Maître vorgeschlagen, nicht ganz zutreffend.[45] Kann man denn im Lichte der Anweisungen des Jahres 1659 die Kongregation der *Propaganda* als „europäisierend“ bezeichnen? Und dennoch prangerten ihre Apostolischen Vikare und Missionare ab Maigrot die Methode der Jesuiten unaufhörlich an.

In Wirklichkeit war der sog. Ritenstreit (eine Zeitlang) eine große und für eine bestimmte Zeit würdevolle Diskussion über das, was wir heute die Inkulturation des Glaubens nennen. Dabei lassen sich, wie Klaus Schatz richtig hervorgehoben hat,[46] die beiden gegensätzlichen Positionen nicht zur Gänze in die Grenzen der jeweiligen Repräsentanten und auch nicht ausschließlich in diejenigen der spezifischen Pastoralentscheidungen einengen,

---

45 H. Bernard-Maître, „Un dossier bibliographique de la fin du XVIIe siècle sur la question des termes chinois“, in: *Recherches de Science Religieuse* 36 (1949), S. 25-79, hier S. 32 und 53; ders., „La correspondance Becker - Brucker sur la question des rites chinois (1855–1907)“, in: ebd. 54 (1966), S. 417-425.

46 Vgl. K. Schatz, *op. cit.*, S. 604-607.

die zu jener Zeit zur Diskussion standen. Sie stellen vielmehr zwei unterschiedliche Linien dar, die in einer umfassenderen und immer wiederkehrenden Weise in der Debatte über die Inkulturation des Glaubens und darüber hinaus über die Begegnung zwischen Kirche und Welt überhaupt anzutreffen sind.

Martino Martini, Ölporträt aus dem 18. Jh. Die Inschrift lautet: „P. Martinus Martinius S.J. Miss. in Sina. Ob. 1661 Æt. 47“ (Pater Martino Martini, Missionar in China, gestorben 1661 im 47. Lebensjahr).

MARTINO MARTINI'S *DE BELLO TARTARICO*

A LATE MING AND EARLY QING CHRONICLE, VALID POINT OF REFERENCE FOR A "HISTORY OF THE PEOPLE"

LANFRANCO M. FEDRIGOTTI S.D.B.

1. Introduction: Chronicles and histories[1]

1.1.

Is Marino Martini a chronicler or a historian? The answer to this question will depend on what meaning we attach to the terms "chronicle" and "history." For the purpose of our investigation, a simple differentiation between these two kinds of historical accounts will do. In the *Encyclopaedia Britannica*, C.W. Jones, under the word "Chronicle," gives this description of the genre:

> Chronicles, records of noteworthy events both natural and cultural, arranged in chronological order, represent a more detailed and sophisticated form of annals [...]. Insofar as they are bare statements of fact, given without comment and compiled without inductive purpose, chronicles differ essentially from history (Gr. *historia*, "inquiry"), which is understood as being concerned not only to describe but also to interpret the actions of men. Nevertheless few chronicles are entirely free of tendentiousness; from the earliest times their compilers began to select data

[1] C.W. Jones, "Chronicle," *Encyclopaedia Britannica* (1972 ed.), vol. 5, p. 713. This now current meaning of "chronicle" is somehow the reverse of the meaning current in classical antiquity. As C.W. Jones points out in the same article "some grammarians followed Verrius Flaccus [...] in distinguishing chronicles (*annales*) and history (*historiae*) as accounts respectively of past or of current events. Tacitus, for instance, in his *Annals* wrote of events that occurred before his birth or in his early childhood, and in his *Histories* described his own times. This specific terminology, however, was not followed by the medieval historiographers of western Europe, whose work the word 'chronicle' particularly denotes. [...] Their scribes described such works indiscriminately as *chronica* or *historiae*. In the main, however, chronicles continued to provide succinct dry records if indisputable events and phenomena such as legations, councils, coronations, deaths, earthquakes, eclipses and wars, securely set in a framework of time" (*ibid.*, pp. 713-714). I think, this quotation goes a long way to explain in what spirit Martino Martini wrote the *De bello tartarico* and why the early translations were intitled, for example, *Historie de la guerre des Tartares contre la Chine*.

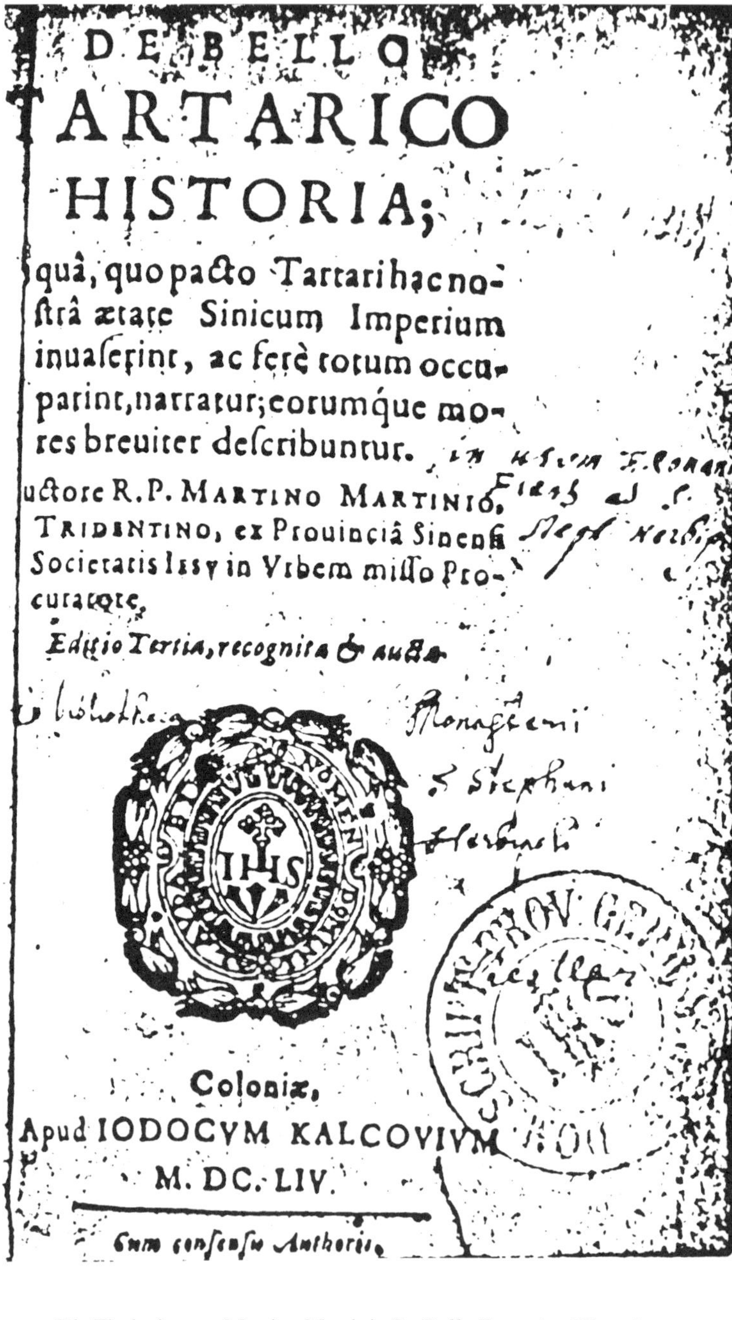

DE BELLO
TARTARICO
HISTORIA;
quâ, quo pacto Tartari hac nostrâ ætate Sinicum Imperium inuaserint, ac ferè totum occuparint, narratur; eorumque mores breuiter describuntur.
Auctore R.P. MARTINO MARTINIO, TRIDENTINO, ex Prouinciâ Sinensi Societatis Iesv in Vrbem misso Procuratore.
Editio Tertia, recognita & aucta.
Coloniæ,
Apud IODOCVM KALCOVIVM
M. DC. LIV.
Cum consensu Authoris.

Die Titelseite von Martino Martinis *De Bello Tartarico Historia* ...

in order to exalt a reigning house or a religion, or to provide moral exempla.

Even a superficial reading of Martini's *De bello tartarico* shows that both this description of the genre "chronicle" and the proviso attached to it are relevant to Martini's work. How relevant are they? Is Martini "a chronicler with a purpose"? This is the kind of questions that I am going to deal with.

1.2.

The starting point of my research has been the article the late Chinese historian Ma Yong wrote for the First International Congress on Martino Martini. This article, entitled: "Martino Martini's activity in China and his works on Chinese history and geography," is as far as I know, the first and the best concise presentation of Martini's *De bello tartarico* to the world. At the beginning and at the end of his presentation, Ma Yong expresses a twofold judgment which will form the backbone of my own discussion. At the beginning, Ma Yong says: "The *De bello tartarico* is not a truly historical work, but rather it is a work of non-systematic collection."[2] At the end of the article, Ma Yong says: "[The *De bello tartarico*] remains a reference work of excellent historical value."[3] So in Ma Yong's view, Martini's book on the final struggle of the Ming against the Qing is "not a truly historical work," but "a reference work of excellent historical value." The title and the content of my article are simply meant to illustrate this careful judgment of the distinguished Chinese historian.

1.3.

Martino Martini, on his part, considered his own work a true "history," in the sense, of course, given to this term in his own times. The *De bello tartarico* reads much like the continuation of the *Tongjian gangmu*, the supplement to the official Chinese history of the Song and Yuan dynasties, parts of which probably Martini had occasion to read.[4] Today, however,

---

2 Ma Yong, "Martino Martini's activity in China and his works on Chinese history and geography," in: *Martino Martini*, pp. 248-262. The text quoted is on p. 255.

3 *Ibid.*, p. 257.

4 This Chinese historical work, which ends with the Yuan dynasty, has been available to me only in the French translation of De Mailla (cf. note 5). This translation seems to have supplemented of original work with other material concerning the Ming and Qing dynasties (perhaps the *Tongjian jilan*, published with the approval of emperor Qianlong in 1759). Ma Yong surmises that the original *Tongjian gangmu* by Zhu Xi was probably one of the sources of Martini's *Sinicae historiae decas prima*. Chap-

we understand the word "history" in a stricter sense, and distinguish history-writing from chronicle-writing and other literary forms. If I may elaborate somewhat in a personal way the distinction given above between "history" and "chronicle," I would say that the most striking difference between the two forms lies in this: history-writing is essentially a communitarian enterprise; it presupposes interpretation of these documents, and the offering of this interpretation to the scrutiny of scholarly criticism. Chronicle-writing, instead, is a highly individual enterprise; its purpose is to offer a valuable historical document to posterity regarding persons and events that the chronicler deems worthy of memory; its contents consist mainly (if the chronicle is to be valuable) of eye-witness reports, whether the eye-witness is the chronicler him/herself or people, directly contacted by him/her. So, on the one hand, a chronicle shares somehow the highly individual character of a diary. But, on the other hand, it is different from a diary, in that the focus of attention in a chronicle is not introspection but an interested outlook on the events and persons of the surrounding world. This "public" interest chronicle shares with history. A final point distinguishing chronicles from histories is that it is essential for the chronicler that he or she be contemporary or almost contemporary with the events he or she describes. Instead, for true history writing, it is essential that there be a certain time lag between the history-writer and the events he or she describes so as to ensure independence and objectivity of judgment. If not, "the mother of truth," time is at least "the mid-wife of historical truth." This point was well taken by the European editor of the Qing history published in Europe in 1780 while emperor Kangxi was still alive: "[It is] impossible to have the authentic history of the Qing, because such a history can appear only when another dynasty has succeeded the present one."[5]

ters 1-22 of the *Tongjian gangmu* deal with the Song dynasty; chapters 23-27 with the Yuan dynasty.

5 My translation from the French of Joseph-Anne-Marie de Moyriac de Mailla (trans.), *Histoire Generale de la Chine*, Tome Onzieme: *Vingt-Deuxieme Dynastie, les Tsing* (Paris: Ph.-D. Pierres & Clousier 1780), p. 1, note 1. Here the European editor (Le Roux des Hautesrayes) is merely echoing a standard principle of Chinese historiography, namely, that the history of a dynasty can be written only by historians of the next dynasty. The reason for such a principle of Chinese historiography is well illustrated in the period under consideration by the tampering with historical records at he hands of the infamous imperial eunuch Wei Zhungxian (cf. Frederick W. Mote and Denis Twitchett [eds.], *The Cambridge History of China*, vol. 7: *The Ming Dynasty, 1368–1644*, Part I (Cambridge – New York a.o.: Cambridge University Press 1988), pp. 607-608.

1.5.

From this elementary outline of the literary forms of history-writing and chronicle-writing it is already rather clear where Martino Martini and his *De bello tartarico* stand.[6] Contemporary with most of the events he describes, often passing a very personal judgment on persons and events, he is one of the many primary sources[7] for the history of this period, when China saw the dramatic, even tragic, dynastic change from Ming to Qing. This is a crucial period whose qualifications to be treated as the beginning of the history of Modern China are at least as good as those of the Opium Wars period.[8] In the rest of my paper I will illustrate how Martini's "Chronicle" of the Ming–Qing succession wars differs from a standard "history" of the period. I shall concentrate especially on one aspect: the judgments Martino Martini passes on several personalities and events, judgments which I have found to be at odds with the findings of contemporary historiography.[9]

---

6 Ma Yong calls Martini's *De bello tartarico* "a documentary book of things he has seen and heard." See Ma Yong, p. 255.

7 Martino Martini's *De bello tartarico* is listed among this period's primary sources (as distinct from secondary sources) in at least one of the recent historical works on the end of Ming and the beginning of Qing which I have consulted in the library of the University of Hong Kong.

8 Cf. Immanuel C. Y. Hsu, *The Rise of Modern China*, 2nd ed. (New York - London - Toronto: Oxford University Press 1975), p. 4.

9 Since unfortunately I have been unable to gain access to the Latin original of Martini's *De bello tartarico*, in the following sections, when quoting from Martini's work, I shall have to translate from the (early, but already second) French translation of the *De bello tartarico*, published as an Appendix to the *Histoire Universelle de la Chine* by Alvarez Semedo (Lyon: Hierosme Prost 1667) under the title *Histoire de la Guerre des tartares, contre la Chine. Contenant les revolutions etranges, qui sont arrivees dans ce grand Royaume, depuis quarante ans*. Traduite du latin du P. Martin Martini. For some passages I have used the partial English translation of Martini's work given in the *History of the Two Tartar Conquerors of China. Including the Two Journeys into Tartary of Father Ferdinand Verbiest, in the Suite of the Emperor Kang-Hi*, from the French by Père Pierre Joseph D'Orleans of the Company of Jesus, to which is added *Father Pereira's Journey into Tartary in the Suite of the Same Emperor*, from the Dutch by Nicolaas Witsen. Translated and edited by the Earl of Ellesmere. With an Introduction by R.H. Major, Esq., of the British Museum, Honorary Secretary of the Hakluyt Society, London: Printed for the Hakluyt Society (1854). The original work of Pierre Joseph D'Orleans is entitled *Histoire des deux Conquerans Tartares quo ont subjugé la Chine* (Paris: Claude Barbin 1688). Therefore, this English translation I sometimes use is a second-hand translation like mine. In this second-hand translation of mine, for the proper names, I have kept the phonetic system of the French translation, providing as far as possible the

2.
A Chronicler's Judgment on People and Things

2.1.
Martino Martini's Judgment on the Wanli Emperor (1573–1620)

2.1.1.

Martino Martini offers a twofold judgment on the last great emperor of the Ming dynasty, who died on August 18, 1620, and was followed on the throne by only minor figures. The first time he mentions him, Martini delivers a very flattering judgment indeed: "In this way, the Empire was solidly established. The Chinese enjoyed peace for almost 250 years under the rule of the family Thamin [Da Ming]. While the seven little sovereigns who had divided among themselves Eastern Tartary were carrying on a cruel [internal] war, the whole of China obeyed Vanlie' [Wanli], the thirteenth emperor of this family, who was not only one of the most just and wise princes of the world, but also one of the happiest. His reign, in fact, begun in the year 1573, did not end until 1620, so that he governed this powerful monarchy for fortyseven years, with an incredible satisfaction on the part of all his peoples."[10] The chronicler's emphasis is all too clear in such a passage. On the other hand, Martini is so much of a realist to see some black spots in all this light. Moving towards the end of his reign, Martini becomes more critical. Commenting on Wanli's reception of Nuerhachi's "Seven Grievances," Martini remarks: "Vanlie' in this confrontation did not make use of his abitual prudence. For, having received this letter, he did not care to handle the matter himself, but handed it over to the Mandarins. This emperor, who was so experienced in the management of affairs, by such a negligence committed a totally irresponsible mistake."[11]

Chinese equivalent (in *pinyin* between square brackets). This is necessary because some of the transliterations used in the French translation are very different from current ones. When no equivalent is provided, I will add a question mark between square brackets [?], thus meaning that I have been unable to find the corresponding Chinese characters. In the following notes, I shall refer to the French translation as the *Histoire*. When quoting from contemporary historical works, I shall keep the phonetic system of each work without adding the *pinyin* equivalent.

[10] *Histoire*, p. 379.

[11] *Histoire*, p. 380.

2.1.2.

The last time Martini mentions Wanli, he blames him for another fault, but this time the fault is something in which Martini feels personally involved, both as a Catholic missionary and as a member of the Society of Jesus: "This same year [1518] some persons pressured the Emperor Vanlie' to expel from China the Fathers of the Society of Jesus, who were announcing the Gospel in his kingdom. The love he had for the Christian Religion, and for the Fathers who taught it, made him reject several times this proposal; but finally, having let himself be overcome by the ceaseless demands of Xingqui [Shen Que], who was one of the major mandarins and one of the greatest enemies of the True Religion, he issued an edict by which he ordered all the Fathers in charge of the churches throughout China to leave the kingdom. [...] The emperor did not stop at that. He denied all his subjects the right to embrace the Christian Religion. By this denial he gave the opportunity to all true Christians to prove their perseverance. But this is not the place to relate exactly all that happened during this persecution; I have mentioned it only to show how God's providence is admirable in its doings. It is God's providence that by hidden means has excited this cruel war against the Chinese, precisely when they refused to accept the peace of the Gospel."[12]

2.1.3.

On the whole, therefore, Martini's judgment on the emperor Wanli is positive. The last word is rather negative, but the motivation is historico-theological, not strictly historical.[13] If we turn to contemporary historiography, we find that it judges Wanli in a way diametrically opposite to that of Martini. Today's historians' judgment of the last great Ming emperor is mainly negative, with some positive remarks. *The Cambridge History of China* (1988), which draws also upon recent Chinese historiographical research, blames Wanli for his "extravagance" and "profligacy."[14] His last few years are judged "disastrous, politically, economically, and particularly militarily."[15] His stinginess, leading to an unnecessary increase in taxes,

---

12 *Histoire*, pp. 382-383. It should be noted that Martini is aware that such an extended theological reflection is a "digression" in a history book.

13 By 'theological' I mean a judgment based on convictions derived from religious faith.

14 *The Cambridge History of China*, p. 589.

15 *Ibid.*, p. 590.

"caused great unhappiness at court and throughout the empire."[16] This view of Wanli is not something totally new. K.S. Latourette (1945) had already judged Wanli simply "incompetent," with only few wise decisions to his credit.[17]

2.1.4.

From this comparison between Martini's judgment and that of today's historians we can conclude that the individual chronicler is on the losing side when he is called upon to give a general judgment on a whole period and on the overall performance of a person. The total picture escapes him, many crucial data are unknown to him, and so his judgment is inevitably relative and subjective. All this notwithstanding, his judgment is not useless. By his or her judgment, the chronicler gives historiography an essential contribution in that he or she bears witness to attitudes current in his or her time with regard to the facts and the persons chronicled. Thus, Martini's emphatically positive judgment of Wanli's reign tells us how at least part of the Jesuit community in China viewed the emperor that granted a piece of burial ground to the Jesuit pioneer Matteo Ricci, when the latter died in 1610. Perhaps Martini's judgment also reflects the nostalgic impression of Wanli's reign lingering in the hearts of the Chinese people confronted with the chaotic situation of the forties in midseventeenth century China.

2.2. Martino Martini's Judgment on Nuerhachi's "Seven Grievances"

2.2.1.

It is strange that, when addressing the topic of the "Seven Grievances," Martini seems to go out of his way to stress the sincerity of Nuerhachi when writing his letter to emperor Wanli: "It was in 1516 that [Nuerhachi] entered Chinese territory and took possession of this city. When he had conquered it, he wrote to the king of China a letter which had nothing barbarian but the alphabet. In this letter [...], in terms full of respect and submission, he reported that he had started the war in self-defence against the violence of the Mandarins, who had cruelly assassinated his father; however, he was ready to put down arms and to return the city he had taken by

---

16 *Ibid.*

17 K.S. Latourette, *The Chinese, Their History & Culture*, vol. 2, 3rd ed. (New York: Macmillan 1945), p. 307.

surprise, if [the emperor] would give him an audience and do him justice."[18]

2.2.2.

Martini's judgment on Wanli's above-mentioned response to Nuerhachi indirectly contains an additional positive assessment of the content of Nuerhachi's letter. However, contemporary historiography does not divide the praise and the blame so neatly. Martini must have known the content of the famous letter. Impressed by the form, he may have not reflected enough on the content. *The Cambridge History of China* has this to say about Nuerhachi's "Seven Grievances":

> Still claiming to desire a peaceful settlement, Nurhaci now publicized his *Seven grievances* [...]. These grievances could be redressed only by a cession of territory to him and by annuities of gold, silver, and silk fabrics - in effect, a tribute from Peking. Those conditions were calculated to be unacceptable to Peking.[19]

2.2.3.

Behind this modern appreciation of Nuerhachi's letter, there is the awareness that, however diplomatic the form, the substance of the message was that the relationships of emperor and tributary vassal had to be reversed. In my opinion, this awareness is the fruit of four hundred years of mutual contacts between China and Europe. Only gradually have Europeans become aware of imperial China's expectation of a "tributary consciousness" on the part of nations coming into contact with her.[20] Perhaps this is a point worth researching: Were the 17th century Jesuits in China aware of this fact? Since the time of Matteo Ricci they were aware of the importance of precious gifts in dealing with the Chinese authorities. But did they perceive the true significance of these gifts in the eyes of the Chinese imperial court? Only if Martini was aware of this true significance, could he have guessed the real importance of Nuerhachi's letter. Time, after all, is a great clarifier to things.

---

18 *Histoire*, p. 380.

19 *The Cambridge History of China*, p. 577.

20 Cf. Alain Peyrefitte, *The Collision of Two Civilisations: The British Expedition to China in 1792–1794*. Translated from the French by Jon Rothschild (London: Harvill 1993). The original French is entitled *L'Empire Immobile ou le Choc des Mondes* (Paris: Libraire Artheme Fayard 1989).

2.3. Martino Martini's Judgment on Yuan Chunghuan (1584–1630)

2.3.1.

With regard to Yuan Chunghuan, Martini's judgment is particularly open to criticism, since he turned a national hero into a scoundrel. Or shall we say that a chronicler's scoundrel sometimes may unexpectedly become history's hero and *vice versa*? This is what Martini has to say of the great Chinese general: "Yuen [Yuan] was a spirit of tricks and intrigues, equally eloquent in the discourses he pronounced vocally and in those he concocted on paper. [...] It must be admitted that, if he had as much fidelity for his king and love for his country, as he had eloquence and *savoir-faire*, he could have rendered invaluable services to the public. But his insatiable avarice made him accept a prodigious amount of gold and silver offered him by the Tartars. Consequently, he used all his ingenuity to advance their designs." While describing in detail how he collaborated under cover with the Manchus, Martini calls him 'traitor' and twice "this perfide."[21]

2.3.2.

To issue such a clear-cut description of the personality of Yuan, Martini, we may surmise, must have relied on first-hand information from someone of his fellow Jesuits who had some dealings with Yuan.[22] Or he may have taken for granted the impression of Yuan as a traitor that must have been current among the people, since he was executed by the emperor precisely on a charge of treason. However, Martini seems to have overlooked the fact that the Manchus were able to play dirty tricks, too. Historians today are of the opinion that all the things that Martini says about the intentions of Yuan were, in reality, nothing but rumors started by the Manchus. "Fearful of Yuan's military prowess, the Manchus hoped to discredit him in the eyes of the Ch'ung-chen emperor. The rumors gained credibility because Yuan had negotiated a temporary truce with Abahai several years earlier. On 13 January 1630 he was arrested and charged with treason. [...] The emperor [...] had his most talented general, Yuan Ch'ung-huan, cut to pieces in the capitol on 22 September 1630."[23]

---

21 *Histoire*, pp. 393-394.

22 Hsu (*Rise*, p. 23) says that in 1626 Yuan repelled Nuerhachi "using cannons cast by Jesuit missionaries."

23 *The Cambridge History of China*, pp. 616-617. Cf. Hsu, *Rise*, p. 24.

2.3.3.

Not only the supposition of treason is wrong in Martini's account, but also several of the details seem to be inaccurate. The timing of the whole event is not clear. Here Martini is relating facts that happened a dozen years before his arrival in China. For his account he had to rely on other people's reports which, in this case, contained a very strong bias against Yuan Chunghuan. Martini's unsuspecting acceptance of this bias may be due to the fact that Mao Wenlong died under suspicious circumstances while in the company of Yuan Chunghuan. Now Mao was held in the highest esteem by the Jesuits in China. Martini calls him "the incomparable Maouelung."[24] One reason for such an esteem was that Mao Wenlong was a Christian sympathizer.[25] Martini uncritically records as a proven fact the unprovable rumour about his death: "[Yuan Chunghuan] invited this great captain to a feast and poisoned him."[26]

2.4.
Martino Martini's Judgment on Dorgon (1612–1650)

2.4.1.

With regard to Martini's judgment on Dorgon, if we compare the text of the *De bello tartarico* in the first edition and the Appendix added to it in the second edition, we realize that Martini makes a dramatic turn-about in the Appendix. In the text of the first edition, Martini's assessment of Dorgon is extremely positive. Since Martini was at the Peking court in 1650 before Dorgon's death, he might have known the great Manchu personally. In the *De bello tartarico* Martini says that he saw the return to Peking of the triumphant army personally led by Dorgon to the conquest of the fortress of Datong.[27] After recording the news of his death, Martini eulogizes him in these terms: "For the rest Amauang [Amawang, that is, Dorgon] died at the beginning of the year 1651, after obtaining so many victories,

---

24 *Histoire*, p. 389.

25 D'Orleans, *Histoire*, pp. 13-14: "Many similar examples occurred during this war in which the Christian Religion was honoured, either by her open professors, or by those who, having associated with them, had adopted their precepts. A celebrated chief called Mouvenlong [Mao Wenlong] was amongst the latter."

26 *Histoire*, p. 393.

27 *Ibid.*, p. 441. Martini left Peking before the death of Dorgon (*ibid.*, p. 445). That Martini was at the court during Dorgon's regency can be inferred from what he says about two Jesuits from Sichuan: "The uncle of the Emperor [wanted] them to come to the court of his nephew, where I left them the year 1650" (*ibid.*, p. 454).

which have been as advantageous to the Tartar cause as his death will be disastrous. In fact, he was an admirable man, whose government was so just that the Tartars and the Chinese loved him equally. Moreover, one cannot deny that his loss has dealt a terrible blow to the power of the conquerors."[28]

2.4.2.

It is evident that Martini was unaware of the power-struggle that followed the death of Abahai, the eighth son and second successor of Nuerhachi and Dorgon's brother. Martini's report of Dorgon's coming to power is idyllic: "[Abahai] when dying adjured his brothers to contribute with all their might to the enterprise that he had started and that could not be brought to a successful end except through their courage. He then chose the eldest brother as tutor to his son, to be the Regent as long as the latter was a minor. The last words of this dying King had so much effect on the spirit of these ambitious princes, that they all worked together with an admirable unity for the establishment of the greatness of their nephew."[29] As a matter of fact, Abahai had appointed two regents, "Jirgalang, a nephew of Nurhaci, and Dorgon, Nurhaci's fourteenth son."[30] Jirgalang was stripped of power by Dorgon's political manoeuvring. I think it is reasonable to surmise that behind Martini one can hear the voice of Dorgon explaining to the foreign missionaries how he came to power.

2.4.3.

Martini goes so far in his admiration for Dorgon as to excuse him of the tragic death of Haoge (the child emperor's elder brother and Dorgon's rival): "Dorgon not only imprisoned Haoge but also took his wife as one of his concubines. [...] The imprisonment and the subsequent death of Haoge (which followed immediately after imprisonment) had the immediate effect of making Dorgon look like a tyrant."[31] Martini is aware of the problem-

---

[28] *Ibid.*, p. 445. Martini having already left Peking before Dorgon's death (cf. note 27), Martini's date of Dorgon's death lacks precision. Dorgon actually died in 1650. Cf. Adam Lui, *Two Rulers in One Reign: Dorgon and Shun-chih 1644–1660* (Canberra: Faculty of Asian Studies, Australian National University 1989), p. 41. However, Martini must have heard of Dorgon's death and the subsequent turmoil before he left China. Cf. *Histoire*, p. 445.

[29] *Histoire*, p. 408.

[30] Hsu, *Rise*, p. 27.

[31] Lui, *Two Rulers*, p. 10.

atic nature of Haoge's death, but he has this to say: "For the rest, this general [that is, Haoge], after obtaining such a decisive victory, and having been badly received by his brother Amauang [that is, Dorgon], found death, where he had reason to expect only a triumph. [...] This prince, who was truly generous and who did not deserve to experience the rigor of such bad fortune, not wishing to be the first Tartar to suffer such an ignominy, strangled himself in his palace. Someone has said that Amauang in a fit of jealousy had provoked on purpose his brother. But it is more probable that Amauang used such severity towards him only because he was worried that his brother would be a danger to the empire, given his too vehement temperament."[32] Again, one must say that Martini's report appears to reflect only too closely machiavellic Dorgon's own version of the whole affair.

2.4.4.

Strange to say, but on the very same page of his work Martini ends the text of the first edition of his "History" and, in the second edition, adds some news received by him in Europe from China. The last paragraph of this page reads as follows: "After the death of Amauang, the young Nunchi [Shunzhi], of whom he had been the tutor, took charge of all affairs as soon as he was crowned. Then the hidden designs and the secret practices during the regency of this uncle were discovered. The prince, intending to establish his authority by a just and severe punishment of the crimes of his uncle, ordered the destruction of his tomb which had been beautifully constructed in his honour. After his corpse was taken out of the tomb, he had it beheaded and dishonoured, in the manner in which usually corpses of criminals are treated. The anger of the emperor did not burst out only against his uncle, but it made its effect felt also upon people in power who had been his confidants."[33] Martini's turnabout is surprising. Reacting hurriedly to the news received, the chronicler, who had had so great an admiration for Dorgon, goes to the other extreme and accepts without more ado the blackening of Dorgon's character at the hands of his enemies. Martini, though aware of Jirgalang's vengeful behind-the-scenes activity,[34] does not doubt. In reality, this is how 20th-century historians describe the situation at the court of Peking after Dorgon's death: "Policy-making in 1650–1651 dominated by Jirgalang-controlled government was the removal and pun-

---

[32] *Histoire*, pp. 454-455.

[33] *Ibid.*, p. 456.

[34] *Histoire*, p. 445.

ishment of Dorgon's men."[35] Unlike the chronicler, the historian doubts the factual nature of many reports: "Dorgon's coffin was found upon excavation to hide a yellow robe (which only befitted an emperor). Whether the yellow robe was planted to substantiate [the accusations] or not remains questionable [...]."[36]

2.4.5.

Was Dorgon then black or white? Chronicles are easily peopled by black and white characters, history by grey ones. Our contemporary historians bear out that Dorgon was an extremely clever politician. An aspect of this cleverness was a curious mixture of ruthlessness and tolerance. Both Li Zicheng and Dorgon conquered Peking. But where Li Zicheng failed, Dorgon succeeded: "Dorgon possessed [...] a forgiving sense of exigency (*ch'üan*) that contrasted sharply with the crude and overbearing righteousness that had betrayed Li Tzu-ch'eng's [Li Zicheng's] original intent."[37] Another historian, initially almost echoing Martini's earlier judgment but then proceeding to criticize Dorgon, views the Manchu regent thus:

> Dorgon's contribution to the young dynasty cannot be ignored [...]. In reaching the summit of power at a relatively early age, Dorgon in effect halted his own career; he seems to have experienced the frustration of having no higher estate to reach for. He began to indulge himself in pleasure-seeking.[38]

As for the posthumous vilification of Dorgon, this must be noted: "It was not until 1778 when Emperor Ch'ien-lung [Qianlong] re-examined the merits and faults of the dynasty's founders that his good name was restored and he was exonerated."[39]

2.4.6.

Martino Martini's volte-face with regard to his judgment of Dorgon raises the question why, in his second edition, he did not modify the eulogy of Dorgon in the first edition, in order to make it fit more neatly with subse-

---

35 Lui, *Two Rulers*, p. 41.

36 *Ibid.*, p. 36.

37 Fredric Wakeman, Jr., "The Shun Interregnum of 1644" in: Jonathan D. Spence and John E. Wills, Jr. (eds.), *From Ming to Ch'ing: Conquest, Region, and Continuity in Seventeenth-Century China* (New Haven and London: Yale University Press 1979), p. 75.

38 Hsu, *Rise*, p. 32.

39 *Ibid.*, p. 33.

quent news and his later negative judgment. In my view, by omitting to do so (or shall we say, refusing to do so), Martini proves himself a true and reliable chronicler. As it now stands, the text of Martini's "History" bears witness to how the chronicler viewed the personality of Dorgon before and after the news of his posthumous degradation. By keeping the two judgments distinct, Martini has made his chronicle more valuable for the historian than if he had harmonized them.

2.5.
Martino Martini's Judgment on the Cause of the Peasant Rebellions

2.5.1.

Martini wastes no sympathy on the rebel leaders whom he regularly calls "bandits." The immense success with which they initially met would seem to suggest that we add some qualification to this radically negative designation by our chronicler. Martini follows more closely the movements of one of them, Li Zicheng.[40] As for Zhang Xianzhong, after a first rapid remark, Martini seems to forget him, until he dedicates to him the last pages of his "History."[41] He concludes both accounts with a damning judgment of the rebel leaders. Unlike Martini, who must have been horrified by the eye-witness accounts he received about the atrocities perpetrated by the rebels, today's historians credit the two rebel leaders with at least an initial sense of justice, which won them a large measure of popular support.[42]

2.5.2.

As for the causes of these rebellions, Martini mentions famines, local injustices, greed for easy profit, but above all the policy of over-taxation: "These bands grew more and more, because the emperor drew people to despair by the severity with which he demanded the payment of the tributes that were normal during the years of bumper harvest."[43] Actually, the problem was much vaster. Environmental, climatic, demographic, economic, and political factors combined to precipitate the situation.[44] The first

---

[40] *Histoire*, pp. 392-393, 397-400, 403-406, 412.

[41] *Ibid.*, pp. 445-457.

[42] Cf. Wakeman, "The Shun Interregnum," pp. 50-58. See also James B. Parson, *Peasant Rebellions of the Late Ming Dynasty* (Tucson: University of Arizona Press 1970).

[43] *Histoire*, p. 398.

[44] *The Cambridge History of China*, pp. 585-590.

movements of rebellion appeared already in the early 1620s.[45] In the mid-1630s the rebellions gathered momentum.[46] In the end, the pervasive social injustice brought all causes of social unrest to a head. Increasing taxes reflected increasing hardships, but no rebellion would have erupted without the linkage of taxation with social injustice. The following conclusions by a modern historian on the causes of the T'ung-ch'eng [Tongcheng] uprising of 1634 agree with this pinpointing of the root causes of the rebellions:

> Other observers were less surprised at the violence, and suggested that the wealthy members of the community had brought it upon themselves by their outrageous and often illegal treatment of social and economic inferiors. And although the T'ung-ch'eng uprising was put down rather quickly, the tensions between rich and poor that existed there also existed in other parts of southeastern China during the mid-1630s, tensions resulting from, among other things, the collusion among local officials, corrupt yamen functionaries and powerful landowners. Many landowners had for years falsified tax records, and evaded a substantial portion of their tax obligations. With the continual pressure from the central government to fill the local tax quotas, an even greater share of the burden was shifted to smaller property owners who lacked the financial resources and political connections to defend themselves against unfair exactions.[47]

Such an analysis is evidently the fruit of a cooperative effort by generations of historians who painstakingly collected and studied socio-economic evidence relevant to the peasant rebellions. Nobody will blame Martino Martini for not stressing the connection between over-taxation and social injustice. It is interesting to note, however, how close Martini comes to such an analysis when he too, besides over-taxation, indicates the local injustices, the excessive greed and the famines as the spark that ignited the great fire of the peasant rebellions.[48] Martini is only a chronicler, yes, but a remarkably wide-eyed one!

3. Conclusion

3.1.

In this paper I have concentrated on certain points of Ming–Qing history where Martino Martini's judgment appears to be defective in some respect.

---

[45] *Ibid.*, pp. 602-605, 610-611, 615-616.

[46] *Ibid.*, pp. 621-640.

[47] *Ibid.*, p. 626.

[48] *Histoire*, p. 398.

However, I would not like to leave the impression that Martini is a careless judge of people and events. On the contrary, it is not without difficulty that I have succeeded in tracing these four or five instances in which his judgment is at variance with that of 20th-century historiography. Of course, all along I have assumed today's historical judgment as the more correct one. I think this assumption is right insofar as 20th-century historians can observe 16th-century events from a vantage point which was not available to Martino Martini. "Was it true glory? We must leave this arduous judgment to posterity" writes Alessandro Manzoni, the author of *The Betrothed*, in the ode written upon hearing the news of the death of Napoleon Bonaparte.[49] Only time makes it possible for us to come to know at least something of what has been going on behind the scenes and to assess the relative greatness of historical personalities. This observation, far from belittling Martino Martini's contribution to history-writing, makes us wonder all the more at the basic correctness of the great majority of his historical judgments. In fact, there are dozens of evaluations in the *De bello tartarico* which have been vindicated as correct by modern historiography. In my opinion, therefore, Ma Yong's description of Martino Martini as a balanced and impartial judge of historical events and persons remains unshaken. Martini, Ma Yong writes, is a recorder of facts who "does not give excuses for the Ming nor for the Qing dynasties."[50]

3.2.

The ground for such an independence and balance of judgment can perhaps also be probed. It seems to me that this ground is the staunchly ethical approach Martino Martini adopts in evaluating people and happenings. It is this ethical standpoint that allows him to consistently praise loyalty and condemn treachery, on whatever side they may show up. A sure sense of morality is what makes him condemn the Ming practice of executing unsuccessful generals and officials,[51] while condemning at the same time the Qing conquest as "insolent" and the extermination of the previous dynasty at the hands of the Qing conquerors as tyrannical.[52] Zhang Xianzhong is criticized most harshly because "he [involved] the innocent in the punish-

---

49 "Fu vera gloria? Ai posteri l'ardua sentenza!" Ode "5 maggio" by Alessandro Manzoni, poet and novelist. *The Betrothed* (*I promessi sposi*) is the greatest novel in Italian literature.

50 Ma Yong, p. 256.

51 *Histoire*, pp. 387 and 395.

52 *Ibid.*, pp. 416-417 and 436.

ment of the guilty."[53] Abahai is praised because he "tempered the cruelty which [his predecessors] had used against the conquered peoples, in order to gain their allegiance through love as well as by the force of arms. [...] So true is it that, in order to gain a kingdom, love is a machine more powerful than any weapon. On the contrary, cruelty causes the loss of empires [...]."[54] It is clear that it is the absoluteness of moral values that enables Martini to steer a safe course in his endeavour to shift good and evil in the complexity of the human condition.

3.3.

There is one kind of judgment in Martino Martini's "History" which perhaps causes some problems and, therefore, calls for some interpretation. It's the kind of judgments we could call "theological." We have seen one instance of such theological judgment in Martini's explanation of the cause of the decline of the Ming dynasty after emperor Wanli's reign. These theological judgments are based on Martino Martini's world-view, which was essentially shaped by the Christian faith in God as the Lord of History and the Judge of Human Destiny.[55] With regard to this kind of judgments I shall point out that our chronicler is as sincere and as convinced as in making his ethical judgments. Martini's theological judgments are not superstitious, nor are they to be understood as a Christian's simple-minded, selfserving approach. Martini's theological judgments are of a piece with his ethical judgments. This can be seen from the fact that, for Martini, "being favourable to Christianity" is not of itself a sufficient ground for a positive judgment on a person. It is necessary that this pro-Christian attitude be united to a moral behaviour. Martini's theological and ethical judgments share a common root. This root is the unshakeable conviction that there is a real difference between right and wrong, between good and evil, between true and false, and that this difference is absolute. So, for example, Martini's opinion of the rebel leader Zhang Xianzhong is firmly negative, notwithstanding the latter's sympathy for Christianity. Listening to him in conversation, Martini says, one would think "that he was a Christian well instructed in the mysteries of the faith. As a matter of fact, he had a good knowledge of Christianity, drawn from books in print, in which the maxims of the Christian religion are explained in the Chinese language, but these explanations helped only to make him a more vicious

[53] *Ibid.*, p. 446.

[54] *Ibid.*, p. 315.

[55] Cf. *ibid.*, pp. 382-383, 386, 444-445, 456 and 458.

criminal, because he knew the will of his Heavenly Lord and despised it."[56]

3.4.

Do Martino Martini's judgments show some kind of cultural limitation or time conditioning? Such a limitation and conditioning, of course, cannot be totally avoided. We are all children of our own times! Today's historians are no longer so reluctant to recognize this. In one particular point Martini seems to me to be unconsciously influenced by the social consciousness of his time and age. Martino Martini appears to take for granted the legitimacy and the validity of constituted authority. This is especially apparent in his uncompromising condemnation of the peasant rebellions. But it also props up throughout his "History" in the form of a certain incapacity to doubt the truth of the motivations of official decisions. He does not doubt that the Chongzhen emperor's treatment of Yuan Chonghuan could be unjust. He does not doubt the justice of Dorgon's treatment of Haoge. Finally, he does not doubt the truth of the slanders against the memory of Dorgon.[57] In each case, the reluctance to doubt may be related to the fact that constituted authority is involved. And Martini's respect for constituted authority may be related to his theological and ethical convictions. Perhaps this is the reason why Martini practically never doubts the motivations of legitimate authorities. Today, however, we are aware that such a way of thinking is somehow "theological, short, circuit." God wants his people to supervise its authorities, not to trust them too generously, because "power corrupts." These limitations notwithstanding, however, Martino Martini's chronicle successfully shares in history's mission to be *magistra vitae*.

3.5.

The value of a chronicler for history lies, after all, more in the factuality of his or her reports rather than in his or her value judgments. Martini himself is aware of this and so he points out several times that he personally witnessed the events he narrates.[58] At other times he tells us whence he got his

---

56 *Ibid.*, p. 448. It seems to me that Ma Yong somehow underestimates the depth of Martino Martini's moral and religious convictions when he says: "When taking sides, his main criterion was faithfulness to the Roman Curia" (Ma Yong, p. 257). On the other hand, Ma Yong is right in perceiving that fidelity to the Roman Pontiff is for Martini an ethical and religious imperative.

57 *Histoire*, pp. 394, 454-455.

58 *Histoire*, pp. 413, 418, 441.

information.[59] Moreover, he is careful to indicate how far his information extends. Often he ends an account by practically saying: "This is what I know for sure. How events have further developed I don't know."[60] Martini shows himself also well-informed about what happened in the thirty years before his arrival in China, that is, before the year 1643. He had done his research work well, painstakingly and meticulously, that is, with the same scientific attitude that transpires also from his other works. Only relying on more direct witnesses can one challenge some of his statements.[61] By now, therefore, we can confidently assert that Martini's qualifications as a chronicler are impeccable. Further, is he "a chronicler with a purpose"? Again, I think by now it is clear that we can reply: yes. But this purpose is the inescapable purpose of all true history, namely, to be a report of the past that opens the way to the future by pointing to the enduring validity, for man's dignity, of moral absolutes and of social justice under God.

3.6.

In conclusion, we may say that Martino Martini is the kind of chronicler that historiography needs to obtain an adequate view of an era. Martini has only rarely been referred to in later European historiography of China. This is perhaps due to the fact that he was the earliest European chronicler of the events on the Ming–Qing watershed and his accounts very soon entered into other better known presentations of Chinese history.[62] With re-

---

[59] *Ibid.*, pp. 428, 446, 456, 457.

[60] *Histoire*, pp. 425, 426, 432, 436, 444, 445, 454, 455.

[61] This is what Pierre Joseph D'Orleans does regarding the response of the old father of Ming general Wu Sangui to Li Zicheng's blackmail. Martini relates that Wu Sangui's father gave in to Li Zicheng's pressures (*Histoire*, pp. 406-407). Pierre Joseph D'Orleans, instead, relying on the more direct witness of Johann Adam Schall, has this to say: "This is the account which father Adam's letters give of the transactions; by which it is evident that the Father Martini's recollections were not so exact, for he relates that Us [Wu Sangui's father] showed symptoms of weakness and entreated his son to submit to the tyrant. The Father Adam, who was in the country, and even in the capital, at the time, is the more credible of the two" (D'Orleans, *Histoire*, pp. 17-18).

[62] So, for example, one third of the first thirty pages of D'Orleans *Histoire* is an almost direct translation from Martini's *De bello tartarico*. D'Orleans acknowledges his debt to Martini in the Preface thus: "I follow in many things the Fathers Martini and de Rougemont; but more especially the letters of Father Adam Schall [...]" (*Histoire*, iv) Another interesting use made of Martini's "History" is the (*Abdallae Beidavaei*) *Historia Sinensis, Persice e gemino Manuscripto edita. Latine quoque*

gard to Chinese historians, Ma Yong states that the *De bello tartarico* is of first hand historical value and it is not ignored by Chinese scholars who are interested in the Qing dynasty.[63] Besides being a precious primary source for historians, Martino Martini can also be a model for contemporary chroniclers. Today's historians cannot dispense with the help of chroniclers of Martini's stature. Such chroniclers assist the historian in seeing things from the point of view of ordinary people. Only with an abundance of such chroniclers will history be not prevalently "royal" or "dynastic" or "elite" history, but truly what it should be, a "history of the people."

reddita ab Andrea Mullero Greiffenhagio. Accedunt eiusdem Notae marginales ... Harmonia Abdallianae & Martinianae, caeteraeque Europaeis traditae Historiae Sinensis perpetuis testimoniis ob oculos ponitur. Berolini, Typis Christophori Rungii, Anno MDCLXXVII, expressa, nunc vero una cum additamentis edita ab Antonio filio. Quodvultdeo Abraham Mullero. Jenae, Prostat apud Johannem Bielkivm, 1689. This volume is no. 710 in the Latin section of the *Catalogue de la Bibliotheque du Pé-T'ang* (Pékin: Imprimerie des Lazariste 1949).

63 Ma Yong, p. 255.

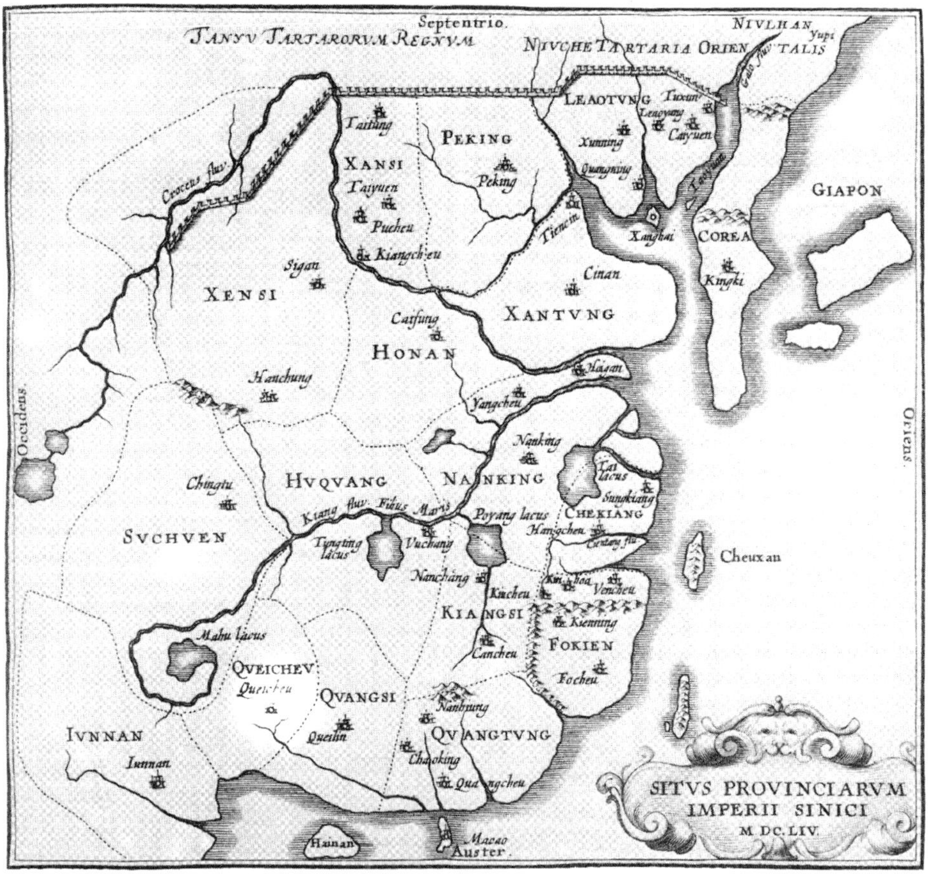

Karte Chinas aus *De Bello Tartarico Historia* … (1654).

THE LITERARY RECEPTION OF MARTINO MARTINI'S *DE BELLO TARTARICO HISTORIA* (1654) IN EUROPE

Adrian Hsia

Chinesia is understood here as the European "re-invention" of China. In the post-Columbus phase, it has two distinct stages (inculturation and deculturation) with the third stage (interculturation) in the making. Inculturation was dominated by the efforts of the Jesuit missionaries to integrate, as much as possible, China's exclusive cultural idiosyncrasies into the monolithic European concept of the world during the initial stage of direct encounter. China was the only entity after Columbus's so-called discovery of the New World which was not overwhelmed by European expansion. Nevertheless, without the Jesuit efforts of accommodation, China would not have had a favourable reception in Europe during the 17th and early 18th centuries. The impact of Martino Martini on the reception of China as manifested in European literature belongs to the stage of inculturation.

In 1514, Rafael Perestrello and his crew were the first Europeans to set foot in Ming China. He was in the service of Portugal, for in 1493, Pope Alexander VI had already divided the pagan world yet to be discovered between Portugal and Spain. China fell within the operational zone of the former. Because Ming China was still a powerful empire, the Portuguese seafarers were not able to claim it for the crown. However, Spain, which captured Manila in 1571, did plan to conquer China. After the crowns of Portugal and Spain were united in 1581, Spain reached the zenith of its power. The idea to conquer China was first formulated in 1584 by Geronimo Roman, the factor of the Philippines at Macao. Two years later, a request, co-signed by the governor, the archbishop, and the superiors of the mendicant order in the Philippines, was sent to Philip II. The government of Manila requested an army of 10,000–12,000 Spanish soldiers and monies to hire the same number of Filipinos and Japanese mercenaries. Had this invasion taken place, it would have changed the whole history of Sino-Chinese relations. But a new era was already emerging in Europe. Two years after Manila submitted its request for ships and soldiers, the Spanish Armada was defeated by England. This terminated Spain's expansion in East Asia although it did not prevent the colonial government in Manila from initiating the first pogrom against the Chinese. In the beginning of the 17th century, using a real or invented plot of impending revolt of the Chinese in Manila as a pretext, they massacred the Chinese immigrants with the aid of Japanese settlers. Over 30,000 Chinese were killed in this pogrom, and the community was practically eradicated. After this radical exercise, the number of Chinese in Manila was limited to 6,000.[1] The pogrom was repeated twice.

By this time, there were new arrivals in the East, including the Jesuits. Gradually, their publications on China inundated Europe. One of the Jesuit authors was Martino Martini who wrote three books of different nature on China, all of which left deep traces in Europe.[2] The knowledge of China, including Martini's publications, helped the Occident to move further away from the cultural milieu of the Middle Ages, i.e., to separate philosophy from religion, and history from the Bible.

Already in the 17th century, the Chinese impact on Europe went beyond intellectual interest and did not remain the monopoly of scholars. The general citizenry also took interest as the Jesuits provided news on China both of a learned and popular nature. Martini may serve as an example. His book on the Manchu conquest of Ming China, *De bello tartarico historia*,[3] became an instant bestseller and was translated into French, German, English, Italian, and Spanish. Within 20 years it was printed 22 times.[4] The Europeans were fascinated by the tremendous event which even surpassed their own "Thirty Years' War" (1618–1648) in ferocity and epic grandeur.[5] As Bishop Don Juan de Palafox y Mendoza, whose *Historia de la conquista de la China por el Tartaro*[6] was the second authority on that grand event, put it, the history was so rare and extraordinary that it merited to be

---

1 Cf. "Two Letters taken out of Bartholomeo Leonardo de Argensola his Treatise, called *Conquista de las Islas Malucas...*," in: Samuel Purchas, *Hakluytus Posthumus or Purchas his Pilgrims* (Glasgow 1906), vol. XII, pp. 218-222.

2 *De bello tartarico historia* (1654), *Novus Atlas Sinensis* (1655), and *Sinicæ historicæ decas prima* (1658).

3 The full title of this book is: *De bello tartarico historia; in qua, quo pacto Tartari hac nostra ætate sinicum imperium inuaserint, ac feré totum occuparint* ... (Antverpiæ: Officinia Plantiniana Balthararis Moreti MDCLIV).

4 Carlos Sommervogel (ed.), *Bibliothèque de la Compagnie de Jésus*, 12 vols. (Bruxelles 1890–1960), here: vol. 4, p. 796f.

5 For a survey of the pre-occupation of Europe in the 17th century, see Edwin J. Van Kley, "News from China: Seventeenth Century European Notices of the Manchu Conquest," in *Journal of Modern History* 45 (1973) 4, pp. 561-582.

6 Paris: Antonio Bertier MDCLXX.

published in all languages so that the whole world would be informed of such a great unprecedented revolution.[7] It became more than a news item and caught the fancy of the populace.

Martino Martini entered the Society of Jesus in 1632 and studied at the Jesuit Roman College until 1639; amongst his teachers was the celebrated Athanasius Kircher. Via Goa, Martini went to China in 1643 and became known to the Chinese by the name of Wei Kuang-kuo.[8] He was in Nanking when the emperor Ch'ung-chen committed suicide in 1644. In early 1650 he sailed, as Procurator of the Jesuit China Mission, to Europe where he arrived after many mishaps only in August 1653. As Procurator he was seeking papal approval regarding the Jesuit accommodation to Chinese rites; he was also to recruit new missionaries. He was successful in both as well as in his scholarly pursuits. He published two books, including his *De bello tartarico*.

When Martini was in Europe - he returned to China in 1658 - the continent was recovering from the Thirty Years' War which had involved many Catholic and Protestant nations. However, it was before the Ottoman Empire began its expansion in Europe, which, with varying success, eventually lasted until 1699. In a peaceful lull, Europe was in a receptive mood and permitted itself to be captured by news of foreign adventures. European imagination always had an affair with the Mongols, especially with such legendary figures as Genghis Khan and Kublai Khan. Mongols were also known as Tartars; Martini called them Western Tartars and the Manchus Eastern Tartars so that the latter were absorbed into European consciousness without further ado. Their feats were usually lumped together. The general outline of the historical event was perceived thus: The Manchus wanted to revenge the unjust murder of two kings and, therefore, waged wars against the Ming. The Ming emperor committed suicide after killing his womenfolk when he was betrayed by his own people. Li Tzucheng was usually perceived as a treacherous court official and the King of the Manchus as the avenger of the Ming emperor.

---

7 Besides Martini's and Mendoza's histories there were still two others: Pierre d' Orléans, *Histoire des deux conquerants Tartares, qui ont subjugué la Chine* (Paris: Louis Lucas MDCLXXXIX [1689]). (The two conquerors are Shun-chih and Kanghsi) and [Joseph Jouve] Vojeu de Brunem, *Histoire de la conquête de la Chine par les Tartares Mancheoux* (Lyon: Frères Duplain MDCCLIV [1754]).

8 Louis Pfister, *Notices biographiques et bibliographiques sur les Jésuites de l'ancienne mission de Chine, 1552–1773*, 3 vols. (Shanghai: Mission Catholique 1932–1934), vol. I, p. 256.

The first poet of renown to dramatize the event was Joost van den Vondel, a playwright of European importance who was often referred to as the national poet of the Netherlands. His play *Lucifer* (1654) celebrated the duality of creation before Milton's *Paradise Lost* (1667). In 1667, he published the play *Zungchin, of de Ondergang der Sineesche Heersappije*,[9] the English title would read *Zungchin, or the Fall of the Chinese Empire*. Vondel was originally from Protestant stock, but he later converted to Catholicism. He wrote the play to honor Johann Adam Schall von Bell, the German Jesuit from Cologne where Vondel was born, and who had died a year earlier. Therefore, Schall is given a dominant position in the play, although the tragic hero of the title is the Chinese emperor. If we take Vondel's play at face value, we would be tempted to assume that the German Jesuit was the confessor of the Chinese royal family. He seems to have had access to the emperor and his wife at any time, day or night, as the dramatic event lasts from sunset to sunrise. As a matter of fact, Vondel seemed to be depicting the Catholic court in the South which came into being after the fall of the Ming dynasty. All the Chinese persons in the play have real or invented Chinese names except the empress who was given the Christian name of Jasmyn, and Schall lectures her on matters of faith and superstition a few hours before the royal family will be wiped out. This indicates how far Vondel wished Catholicism had already advanced in China.

European elements in the play include Johann Adam Schall, the ghost of Francis Xavier, and a chorus of Jesuit priests which supplies Christian comments on the Chinese events. Of the Chinese characters in the play, the Chinese emperor Zungchin and arch-chancellor Us (Wu Hsiang), the father of Wu San-kuei, and Lykunzus (Li Tzu-ch'eng), the rebel who conquered Peking, are historical figures. The other Chinese have invented names such as the empress Jasmyn, her son Prince Fungiang and Princess Pao, and the court lady Xaianga. The Jesuit chorus more than makes up for the scarcity for European characters in the play, for it comments on every act. For example, in Act I, it compares the siege of Peking by the Chinese rebels to that of Jerusalem by the Assyrians. However, the readers know only too well that the Chinese are not the chosen people. In Act II, the chorus re-

---

9 Amsterdam: Abraham de Wees, 1667. [Siehe hierzu auch: Gregory Blue, "Johann Adam Schall and the Jesuit Mission in Vondel's *Zungchin*," in: R. Malek (ed.), *Western Learning and Christianity in China. The Contribution and Impact of Johann Adam Schall von Bell, S.J. (1592–1666)*. Jointly published by China-Zentrum and the Monumenta Serica Institute. Monumenta Serica Monograph Series XXXV/2 (St. Augustin - Nettetal: Steyler Verlag 1998), S. 951-982.]

minds the reader that the Ming dynasty was founded by a Buddhist bonze, and how Matteo Ricci and Nicolas Trigault struggled against the Chinese idolators. In Act III, it prays to God to protect the Christians. In the following Act, it opines that the fate of the Chinese Church will be determined by the dealing of Chancellor Us with the rebel. In the final act it requests a sign from God concerning the future of the Chinese Church. Thereupon the spirit of Francis Xavier appears and predicts the future events up to the death of Johann Adam Schall, i.e., a year before the publication of the play.

My interpretation of the play is based on the fact that it has two components, historical and religious. The historical part is centered on the emperor Ch'ung-chen and is relatively easy to decipher. Vondel took the historical facts from Martini whose account is mostly accurate with the exception of some minor details.[10] Within the duration of a single night, Vondel presented the main events, such as the suicide of the emperor and empress, which he considered dramatic and tragic enough to match any Greek or Roman tragedy. The historical plot is used to support the main theme, namely, the China Mission.[11] This mission, of course, has two dimensions or entities: the historical and the contemporary. Vondel invokes the Garden of Eden, the siege of Jerusalem by the Assyrians, the life of Christ, St. Francis Xavier, who died on an off-shore island of Kanton, Matteo Ricci, etc., and links them with the current events and the future of Johann Adam Schall and the China Mission. Compared with eternity, the China Mission shows certain traits of human vanity, despite such saintly missionaries as Ricci and Schall. The historical perspective provided by the chorus allows the reader to recall both the Buddhist background of the empire and the

---

[10] Cf. the doctoral thesis of Min-Sun Chen, "Three Contemporary Sources of the History of Late Ming and the Manchu Conquest of China." Chicago 1971, pp. 138-216. In Vondel's play, he also used some erroneous details recounted by Martini whose account included contemporary rumors. An example: In the third scene of Act IV, Zungchin intends to flee to Nanking when he learns that his military council collaborates with the invading army. This intention was reported by Martini.

[11] My interpretation is closer to E. Jansen Schoonhoven's: "Een missionair treurspel van Vondel," in *De Hererbaan*, vol. 11, 5, pp. 191-211, than to others such as P. Minderaa, "Het Treurspel *Zungchin* belicht vanuit zijn vermoedelijk groei," in *Tijdschrift voor Nederlandse Tall- en Letterkunde,* vol. 79, pp. 115-134. Other important studies on Vondel are: W.A.P. Smit and P. Brachin, *Vondel (1587–1679). Contribution à l'historie de la tragédie au XVIIe siècle* (Paris: Didier 1964), and Marijke Spies, "Vondel in Veelvoud: Het Vondel-Ondersoek sinds de jahren vijftig," in *Jaarboek genootsschaap Amstelodamum*, vol. 103 (1987) 4, pp. 235-269.

establishment of the China Mission of the Jesuits towards the end of the dynasty. Then the spirit of St. Francis Xavier is invoked to tell the Christian world that ultimately the future is bright for the cause of Christianity. Light must follow darkness. It is a part of God's providence, even though China may support Buddhism in the long run.

As a Catholic convert who fled from Antwerp to Cologne to escape the advancing Spanish troops, and as the national poet of the Netherlanders, Vondel's treatment of the Manchu conquest and the China Mission is deeply religious. For a contrast, we turn our attention to a more popular reception, namely, that of the English playwright Elkanah Settle. He may not have been a celebrated dramatist, but he was certainly a popular one, who even threatened to dethrone John Dryden as the popular playwright at court. His *The Conquest of China by the Tartars*, published in 1676, is written in heroic couplets. As a popular author of heroic plays, he wrote more to suit the popular taste than Vondel, who was classical and elitist. Settle, however, wanted to offer diversion. His choice of *dramatis personæ* was made for this purpose. He divided them into three groups: Tartars, Chinese, and women. There are three Tartars: Theinmingus, i.e., T'ienming (Heavenly Mandate) is the king of Tartary, Zungteus, i.e., Ch'ung-te (Honoring Virtue) is supposed to be the prince, and Palexus is the latter's confident. Naming Zungteus as the son of Theinmingus is a curious correction of Martini who thought that Theinmingus (T'ien-ming), Theinzungus (T'ien-tsung), and Zungteus (Ch'ung-te) were three separate persons, and that Zungteus was the successor of Theinzungus. Historically, T'ientsung changed his reign title to Ch'ung-te after he proclaimed the foundation of the Ching dynasty in 1636. For dramatic reasons, Settle ignored Theinzungus and thus avoided a mistake which Martini had made. However, by naming this Manchu paragon Zungteus, Settle created another problem of chronology, because historically, Ch'ung-te died in 1643, two years before the fall of Peking and the death of the Ming emperor.

On the Chinese side there are five male roles: the "king of China," three princes, i.e., the infamous Lycungus (Li Tzu-ch'eng) and two fictitious persons, and one nameless assassin in Li's party. One of these fictitious princes is given the name Quitazo and he assumes the loyal role in contrast to the treacherous Lycungus. There are also four female roles, three of whom play a major part in the drama. Orunda is the daughter and only child of the Chinese king. She desires to have Quitazo as her husband, but he is engaged to Alcinda, the second female character. The third one, Amavanga, is described as a "Queen of a Province in China in the Disguise of a Souldier" with a confidante called Vagona. All these female names are fictitious, but two of them do have some historical dimensions. Many educated and half-educated people in Europe had heard, if not read, of the dramatic end of the Ming emperor who, before hanging himself, wrote a letter in his own blood and killed his daughter with his own hands. Settle, however, gave her a new role and a new life. Being the only child of the king, she is, following English custom, to choose a husband to continue the line. The king orders twelve princes to perform a masked dance in front of her. She feels drawn to Quitazo while the king favors Lycungus; he, therefore, hands over the military power of the kingdom to the former and the civic affairs to the latter. Lycungus is not pleased with his position as the second choice and plots the downfall of his rival.

He reveals to the princess the undying love between Quitazo and Alcinda and suggests revenge. A villain in Lycungus's service should carry out the murder. As she decides to see her rival before her death, she goes in disguise to the place of *rendez-vous*. The assassin arrives and mistakes the disguised princess as Alcinda and forces her to drink poison. Then Lycungus arrests Alcinda as the poisoner of the princess. Thereupon Quitazo defects to Zungteus, and Lycungus subsequently crowns himself king. Thus a revolution is changed to a palace intrigue. And he becomes an instant tyrant.[12]

The king of the Ming dynasty prepares for his suicide. He first sends a message to his spouses asking them to join him in heaven,[13] after their death, and before his own suicide, he writes his last will with his own blood, naming the Manchu Prince Zungteus as his successor. Then he and his retinue "all fall on their swords." Thus Zungteus becomes the legiti-

---

12 It is reported that
Since first he th'Imperial Title gain,
Eight Chief *Taimingian* Princes he has slain,
He call'd a Council for some strange pretended Cause,
Of Sixteen Thousand Students of our Laws.
Who being met, he to the School set Fire,
And made 'em on one Funeral Pile Expire,
And this was all he for that Deed could say,
Learning should light the World, and so did they. (V, 2)

13 But I in Heav'n shall small Contentment find,
If I my Dearest Treasures leave behind;
My Wives to be the Objects of his Lust.
Go then *Legozun*, tell'em my Design;
Tell'em I begg they in my Fate would joyn:
...
That for his sake they'd Die to meet above,
There to Confirm new Articles of Love. (V, 2)

mate successor of the Ming dynasty, much more so than his historical counterpart who only claimed to have received the Mandate of Heaven. Fiction does make history appear smoother. A century before the French Revolution, one can only become a sovereign by the grace of God. Vondel also made this point very clear. In his play the chancellor of the Ming, with the blessing of the China Mission, recognizes Lykunzus as the new emperor.

This story, however, only constitutes one half of Settle's plot. The integrity, heroism, and compassion of Zungteus, the actual hero of the play, has also to be demonstrated. This is carried out through the personal love and national enmity between Zungteus and Amavanga, the "Queen of a Province in China." Amavanga is a curious name. Martini wrote about Dorgon, the uncle and regent of Shun-chih, the successor of Ch'ung-te, i.e., Zungteus. As *vang* is the spelling of that time for *wang*, i.e., king, Settle did not bother about the meaning of "Ama" (which coincides with the first syllables of "Amazon" anyway), he just appropriated this name and added the feminine ending of -a to indicate that the person in question is a "queen." In Martini's book, he mentions "one Heroic Lady, whom we may well call the Amazon or Penthesilea of China. She brought with her three thousand from the remote Province of Suchuen carrying all, not only Masculine minds, but men's habits also, and assuming Titles more becoming men than women."[14] This queen from Szechuan was Ch'in Liang-yü, who led her women warriors to the battles in Mukden and Liaoyang in 1620/1621, and again in defence of Peking in 1630. She died fighting in Szechuan in 1648 . Because of Martini's report, she became a romanticized celebrity in Europe. In Settle's opening scene, Amavanga, who poses as ambassador of the Ming, meets Zungteus in Tartary. Historically, it would put the time around 1620 when Zungteus was only one of the many sons of the king Theinmingus, i.e., T'ien-ming. It is love at first sight. But the lovers, of course, remain national enemies. Amavanga challenges Zungteus to a single combat to seal the outcome of the battle. After hesitation and inner arguments between love and duty, they finally meet on the battlefield in the first scene in Act IV. Both kings are present and pledge to honor the result. The losing side will pay tribute to the country of the champion. Amavanga loses, and dying she professes eternal love to Zungteus. The

---

14 Quoted from the English Translation: *Bellum Tartaricum, or the Conquest of the Great and Most Renowned Empire of China by the Invasions of the Tartars, Who in These Last Seven Years, have Wholly Subdued That Vast Empire* (London: John Crook 1655), p. 261.

Ming emperor is ready to honor his word, but Zungteus tears up the contract because he suddenly realizes that "he has killed a woman." Nevertheless, he is ready to continue to battle against the Ming until he emerges really victorious.

Zungteus is an honorable person, as true in love as in battle. When the play draws to an end, he enters "Pequin," saves Quitazo and Alcinda from the clutches of Lycungus and kills the latter in a fight. Now that he considers his mission fulfilled, he is ready to join Amavanga in heaven. At this moment the latter appears, she has survived her wound. Despite this melodramatic turn, Settle manages to give his play an idealistic end: Zungteus gives the crown of Tartary to Quitazo who should civilize the "Rougher *Tartary*," while he himself will teach the soft Chinese to wage war. There was never a happier end in a tragedy.

A historical play is not a re-enactment of a historical event; it is not mimesis. It is rather a manipulation and remodelling of an event to convey a certain message. Although the author of a historical play is an individual, his message does not constitute a unique concept removed from his social group. It is rather the tip of an iceberg, the collective wish of his circle. In this way, we can understand that historical events can be represented through different perspectives. The Dutch national poet Vondel was a deeply religious Catholic, who was very close to the Jesuit order. His interest in the conquest of China was theologically-oriented, maybe not too distant from Martini's position who concluded that the dynasty founded by a thief and Buddhist bonze, i.e., Chu Hung-chang, was terminated by another thief, i.e., Li Tzu-ch'eng. He sees a certain logical sequence in the end of such a dynasty. However, Martini's permanent residence was China where the emperors were not anointed sovereigns by the grace of God. Vondel and Settle were confronted with European reality. They had to find a way at least to legitimatize, if not to justify, the change of rulers and dynasties, even in such a distant land as was China. The idea that a sovereign can simply be disposed of by a revolution was not acceptable. The French Revolution was still a century away. Besides dramatizing the same historical event, the only other point their plays have in common is that they provide a rationale for the change of a dynasty. As a theologically-oriented poet, Vondel's manipulation of the conquest of China by the Manchus was based on his idealized concept of Catholic Europe. In the first scene of Act III, the empress Jasmyn is disquieted by four bad signs: 1. she has dreamt of a stork whose nest is robbed by a bat-winged horse, but is finally chased away by a dragon from the North; 2. the palm-reader has predicted her early death; 3. an astrologer has reported the fall of her birth-star; 4. there are other additional, though unspecified, bad omens. She has summoned Johann Adam Schall for advice and consolation. The German Jesuit tells her that in Europe, Christians do not believe in astrology, dreams, palm-reading, and other superstitions. He reminds her that Confucius did not attach any significance to such omens either. The readers knew that Vondel was not equating Confucius with Christ. Christ and, consequently, Christianity were beyond comparison. Despite the efforts of the missionaries, China was still a heathen nation which needed to be christianized. The Manchus might be more inclined towards Christianity than the Ming Chinese. The subsequent reign of Kang-hsi emperor seems has proven St. Francis Xavier's prophecy in Vondel's play right. However, then the "Rites controversy" ensued, and the Jesuit order was eventually dissolved.

As a popular playwright of heroic plays, Settle's position was different. Catholic missionaries did not interest him, though his own sources were also "popish."[15] As a matter of fact, Settle borrowed some details[16] from the book written by the Spanish bishop in Mexico, Palafox y Mendoza, who idealized the Manchus:

> The Tartars are like the men in ancient times, according to the notion we have of them, as plain, blunt persons, averse to all Luxury and Pride, which so impoverishes the world.[17]

He asked Europeans to emulate the masculine qualities of the Manchus and considered the Chinese effeminate. Settle adopted these two perceived national traits from the bishop; however, he did not repeat the mistake of the latter because he attributed the conquest of China to Xunchi (Shun-chih) who was only six years old when he entered Peking. His hero was Zungteus, but the actual historical figure died in 1643 and did not enter Peking, either. He could not use Dorgon, the regent-uncle of Shun-chih, since he needed an emperor. Anyway, Palafox y Mendoza supplied the model for a Manchu hero; now Settle only needed to invent a love story. Martini supplied the ideal of a heroine, the historical Ch'in Liang-yü; therefore, Settle

---

15 His other source besides Martini was Juan de Palafox y Mendoza, *Historica de la Conquista de la China por el Tartaro* (Paris: Antonio Bertier 1670). An English translation was published one year later while a second one appeared in 1676, the same year as Settle's play.

16 An example: according to both, Zungteus spent a number of years secretly in China before the conquest. This rumor is not mentioned in Martini's book.

17 Mendoza, *Historia de la Conquista* ... (London: W. Dodbid and M. Pitt 1671), p. 561.

conveniently married the two. Since such a heroine deserves a good and supportive monarch, the Ming emperor was not depicted in a negative light. The author needed a villain and remodelled Lyzungus. Quitazo was created, combining the function of the chancellor Us in Vondel's drama and of his son Wu San-kuei, who asked the Manchus for help in avenging the Ming dynasty. He was also provided with a love story. As far as a heroic play is concerned, all the ingredients are there, and Settle harmonized the antagonistic Ming and Manchu by creating a common enemy. The Manchu emperor became a model monarch, as Palafox y Mendoza intended him to be, for the emulation of European princes, and the perceived effeminacy of the Chinese was saved by the masculinity of Ch'in Liang-yü. It is extraordinary that in the 17th century, China and the Chinese were not stereotyped.[18] There were no Charley Chans and Fu Manchus, they were just normal human beings, i.e., heroes and villains as they should be in any heroic play. It is evident that Europe, except in the matter of the true religion, was receptive to the newcomer in their world. However, this will not remain so in a more Eurocentric ideology.

---

[18] The superstitions enumerated by Vondel constitute an exception.

China in der Qing-Zeit.

WISSENSCHAFTSHISTORISCHE BEMERKUNGEN ZUR STELLUNG VON MARTINIS *NOVUS ATLAS SINENSIS* (1655)

UTA LINDGREN

Martino Martinis Chinakarten, die erstmals 1655 in Amsterdam bei Joan Blaeu[1] verlegt wurden, sollen den Zeitgenossen als besonders zuverlässig gegolten haben. Das kann man bei Bagrow[2] und de Dainville[3] ebenso lesen wie bei Szczesniak[4] und Baldacci,[5] ohne daß einer dieser angesehenen kartographie-historischen Autoren eine Quelle oder Literaturstelle dazu nennt. Ich habe keine Strichliste der diesbezüglichen Stellen angelegt, weil ich nach exakteren Hinweisen auf die Qualität von Martinis Karten suchte. Leider gibt es keine derartigen Hinweise, und meines Wissens ist bislang auch keine EDV-gestützte Fehleranalyse versucht worden. Martinis eigene Äußerungen führen uns nur unwesentlich weiter. Im folgenden sollen daher die Karten selbst genauer analysiert und die zu Beginn des 17. Jahrhunderts möglichen Methoden der Kartographie erläutert werden.

Martini, der im Alter von nur 47 Jahren in China an der Cholera starb, hat etwa zwölf Jahre seines Lebens in Ostasien verbracht[6] und neun auf Seereisen. 1642 landete er zum ersten Mal in Macau; 1651 beendete er sei-

---

1 Martino Martini S.J., *Atlas extremae Asiae sive Sinarum imperii geographica descriptio* (Faksimile mit Kommentar), 2 vols. (Trento 1981).

2 L. Bagrow - R.A. Skelton, *Meister der Kartographie* (Frankfurt a.M. 1985, 5. Aufl.).

3 François de Dainville S.J., *La géographie des humanistes* (Paris 1940).

4 Boleslaw Szczesniak, „The Seventeenth Century Maps of China. An Inquiry into the Compilations of European Cartographers“, in: *Imago Mundi* XIII (1956); ders., „Athanasius Kircher's *China Illustrata*“, in: *Osiris* 10 (1952); ders., „The *Mappa Imperii Sinarum* of Michael Boym“, in: *Imago Mundi* XIX (1965); ders., „Matteo Ricci's Maps of China“, in: *Imago Mundi* XI (1954); ders., „A Note on the studies of longitudes made by M. Martini, A. Kircher, and J.N. Delisle from the observations of travellers to the Far East“, in: *Imago Mundi* XV (1960), S. 89-93.

5 Osvaldo Baldacci, „The Cartographic Validity and Success of Martino Martini's *Atlas Sinensis*“, in: *Martino Martini*, S. 73-88.

6 Siehe den Beitrag von F. Demarchi in diesem Band. Vgl. auch D.E. Mungello, *The Forgotten Christians of Hangzhou* (Honolulu 1994), S. 20 und 25.

nen ersten China-Aufenthalt und landete Ende August 1653 in Amsterdam. Bereits am 1. und 25. März 1654 erhielt er die Druckerlaubnis seines Ordens für den *Atlas Sinensis*. Martini muß also mit ausgezeichnetem Material in Amsterdam angekommen sein, so daß er mit einer der führenden Offizinen innerhalb eines Dreivierteljahres den Druck vorbereiten und in einem weiteren Jahr die Edition fertigstellen konnte. Hierbei wurde ungewöhnliche Eile an den Tag gelegt.

Wie Martini das Material in den acht Jahren seines ersten China-Aufenthaltes zusammenbrachte, ist unbekannt. Bereist hat er nur einen kleinen Teil des Landes.[7] Über seine mathematisch-astronomische Vorbildung ist nicht viel bekannt. Di Simone beurteilt den Anteil der Naturwissenschaften in der *Ratio studiorum* eher gering.[8] De Dainville scheint eine hohe Meinung von den naturwissenschaftlichen Studienmöglichkeiten am *Collegio Romano* gehabt zu haben, geht aber auf sachdienliche Einzelheiten nicht ein.[9] Martini war mit Sicherheit ein Schüler von Athanasius Kircher, aber in den Schriften Kirchers weist nichts auf ein Interesse an den Methoden der Kartographie hin.[10] Auf seiner Fahrt nach China schrieb Martini in einem Brief aus Goa, daß ihm eine Methode, wie man mit dem Magneten die geographischen Längen bestimmen könne, nun theoretisch klar sei, er sie aber in der Praxis erproben müsse. Dieser Euphemismus zeigt, daß ihm der ständige Wandel der magnetischen Deklination kein Begriff war. Wegen dieser Veränderlichkeit ist der Magnetismus nämlich nie ein zuverlässiges Mittel bei der Erstellung von Karten gewesen. Wie weit Martini zu diesen Spekulationen von Kircher angeregt worden ist, bleibt unklar. Kirchers Schrift *Magnes sive de arte magnetica* erschien in mehreren Auflagen 1641, 1643 und 1654. Teil III trägt die Überschrift „Geographia magnetica", enthält aber nichts über die Längenbestimmung. In Kirchers *Ars magna lucis et umbrae*[11] wird auf die Schwierigkeit der Längenbestimmung hingewiesen. Eine leichtere Methode mittels Magneten habe ein gewisser Mo-

---

7 Giuseppe Staluppi, „Problematic Questions on Geography Revealed by an Examination of the *Novus Atlas Sinensis*", in: *Martino Martini*, S. 146-153, bes. S. 148.

8 Maria Rosa di Simone, „The Roman College in the First Half of the Seventeenth Century and the Cultural Formation of Martino Martini", in: *Martino Martini*, S. 318-331, bes. S. 325.

9 Wie Anm. 3, S. 60ff. und *passim*.

10 Baldacci (wie Anm. 5), S. 84 zitiert Kircher: „Martinus Martinius, meus in Mathematicis privatus hic Romae discipulus".

11 Roma 1616, S. 552.

rinus erfunden. Auch die von Galilei propagierte Methode mit den Jupitermonden wird erwähnt, aber für die praktische Anleitung verweist Kircher den Leser auf geplante geographische Schriften. Diese ausführliche Behandlung hat er allerdings anscheinend nie publiziert.[12]

Martinis Brief aus Goa zeigt zweierlei: Erstens hat Martini sich auf den langen Reisen auch mit wissenschaftlichen Fragen beschäftigt und zweitens war ihm bis zu diesem Zeitpunkt das Problem der Längenbestimmung aus der Praxis wohl nicht geläufig.

In China hat Martini sich auch für chinesische geographische Literatur interessiert und diesbezügliche Schriften mit nach Europa gebracht. Die Anzahl der geographischen Texte und ihren Inhalt kann man allerdings nicht mehr rekonstruieren.[13] Es ist oft auf die Möglichkeit hingewiesen worden, daß Martini - und vor ihm Matteo Ricci - entscheidende Hilfe von der chinesischen Kartographie empfangen habe. Besonders ein seit 1555 mehrfach gedruckter Atlas,[14] der auf die von Zhu Siben zu Beginn des 14. Jahrhunderts gezeichneten Karten zurückgeht, mit einer Übersichtskarte und Einzelkarten der Provinzen, wird hier genannt. Diese chinesische Übersichtskarte ist auf ein quadratisches Gitter gezeichnet, dessen einzelne Seiten jeweils 400 *li* (etwa 200 km) Länge haben, bei den Detailkarten zwischen 40 und 100 *li*. Die Lage der geographischen Orte ist durch Entfernungsmessung bestimmt worden. Der geometrische Anschein dieser Karten hat also nichts mit unserem Gradnetz zu tun. Der Stil der chinesischen Karte, insbesondere der Küsten, weicht von dem Martinis stark ab. Der Lauf der Ströme Huanghe und Changjiang entspricht weder den tatsächlichen geographischen Gegebenheiten noch Martinis Darstellung. So sehr Martini wahrscheinlich im Bereich der Landeskunde auf die chinesische Literatur zurückgreifen mochte, so wenig konnte ihm die Kenntnis der chinesischen Kartographie nutzen.

Martinis *Novus Atlas Sinensis* enthält eine Übersichtskarte von ganz China, fünfzehn Karten der einzelnen Provinzen und eine Karte von Japan. In der Einleitung (S. 26 r.) verweist er darauf, daß chinesische Karten stets auf Entfernungsmessungen basieren, er sich aber um die Bestimmung der

---

12 Es wäre interessant, auf genauere Studien über Kirchers naturwissenschaftliche Tätigkeit zurückgreifen zu können.

13 Baldacci (wie Anm. 5), S. 147.

14 Gedruckt bei: P.D.A. Harvey, *The History of Topographical Maps. Symbols, Pictures and Surveys* (London 1980), S. 137. Vgl. Ma Yong, „Martino Martini's Activity in China and his Works on Chinese History and Geography“, in: *Martino Martini*, S. 248-262.

geographischen Längen und Breiten bemüht habe. Zwischen den einzelnen Karten kann man länderkundliche Texte lesen, die z.T. mit statistischen Daten nach dem Vorbild von Plinius angereichert sind. Am Ende befindet sich ein sogenannter „Catalogus", d.h. eine mehrseitige Tabelle, die geographische Orte in der Reihenfolge wie im Text mit ihren Koordinaten enthält. In der Tabelle sind die Längen auf einen durch Beijing laufenden Nullmeridian bezogen, von dem aus sie nach Osten (o) und Westen (p) zu zählen beginnen. Auf den Karten findet man sowohl die Zählung vom Nullmeridian Beijing aus, als auch eine andere Zählung, deren Nullmeridian westlich von Europa liegt und deren 145° durch Beijing läuft, also dem neuen Nullmeridian entspricht.

Kann man nun hingehen, und die Koordinaten prägnanter Punkte auf Martinis Karte in unsere modernen Koordinaten umrechnen, und wenn ja, welche? Sinnvoll erscheint es, die Koordinaten von Beijing, der Hauptstadt des Reiches, und Macau, dem 1557 an Portugal abgegebenen Stützpunkt, der bis 1685 einziger chinesischer Außenhandelsposten war, zu kontrollieren, dazu aus jeder Provinz die Hauptstadt und eventuell andere prominente Städte. Nur in der Provinz Iunan (Yunnan) war die Identifizierung eines großen Ortes zu ungewiß, so daß diese Provinz hier (s. Tabelle) nicht vertreten ist. Natürlich wäre es interessant, eine weit umfassendere Kontrolle der Koordinaten zu haben. Bei der hier erfolgten Kontrolle fallen die Längendaten von zwei Orten, Guchen und Queiyang (Guiyang), völlig aus dem Rahmen. Diese Ausreißer (im statistischen Sinn) werden daher nicht weiter beachtet.

Auf europäischen Karten der Zeit lag der Nullmeridian bei Palma oder Ferro auf den Kanarischen Inseln, d.h. 20° westlich vom heutigen Nullmeridian, der durch Greenwich läuft. Die Differenz zwischen Martinis Beijinger Wert von 145° und dem modernen Wert von 116°25' ergibt jedoch 28°35', also 8°35' mehr als zu erwarten wäre. Da sich diese Differenz bei allen Längen zeigt, muß also der von Martini angenommene Nullmeridian 8°35' weiter westlich gelegen haben, als dies bei den Karten von Blaeu sonst üblich war. Die Überprüfung der Längen und Breiten (s. Tabelle) ergibt, daß die Längen zwischen 27°10' und 28°47' von dem modernen abweichen, d.h. eine Schwankungsbreite von 1°37' aufweisen. Bei den Breiten liegt die Abweichung zwischen +1°35' und –48', d.h. sie weisen eine Schwankungsbreite von 2°23' auf, beachtlich schlechter als die Längen. Die Genauigkeit der Chinakarten Martinis reicht damit zwar nicht an die Genauigkeit der spätmittelalterlichen Seekarten (*Portulane*) heran, aber man kann doch feststellen, daß sich der eingangs erwähnte gute Ruf durchaus bewahrheitet.

Der Verleger Samson hatte versucht, die verschiedenen Chinakarten des 17. Jahrhunderts miteinander zu vergleichen, und stellte zu seiner Verwunderung fest, daß Semedos China halb so groß war wie Martinis, Ruggieris doppelt so groß und Boyms anderthalbmal so groß wie Martinis.[15] Ihn mußten diese Abweichungen noch sehr verunsichern, weil er sie nicht kontrollieren konnte.

Kartographische Methoden des 17. Jahrhunderts

Wenn Kircher und andere Gelehrte abgestoßen waren von der Schwierigkeit, die geographischen Längen zu bestimmen, so war die Technik in der frühen Neuzeit doch nicht neu.[16] Den klassischen frühneuzeitlichen Text hierzu finden wir bei Rainer Gemma Frisius. Er wurde zusammen mit dem *Cosmographicus liber* des Ingolstädter Professors Peter Apian publiziert.[17]

---

15 Boleslaw Szczesniak, „The Seventeenth Century Maps of China. An Inquiry into the Compilations of European Cartographers“, in: *Imago Mundi* XIII (1956), bes. die Übersetzung des ganzen Textes von Samson, S. 133f.

16 Auf diese zu Land nicht immer bekannte, auf See jedoch seit eh und je bestehende Schwierigkeit wies Lt. Commander Rupert T. Gould in seiner Schrift *The Marine Chronometer* (London 1923), S. 7, anläßlich des Vorschlages, die Eklipsen der Jupitermonde für die Längenmessung zu nutzen, mit den Worten hin: „... the ship's motion, in any weather except a flat calm, prevents Jupiter and his satellites from being held in the field of the telescope long enough to observe an eclipse“.

17 Peter Apian, *Cosmographicus liber* (Landshut 1524). Es wurde schon angedeutet, daß Ptolemaeus die Methode der zeitgleichen Uhren kannte, aber man kann sich ihre Anwendung mit den in der Antike üblichen Klepsydren nur in Einzelfällen vorstellen. Ptolemaeus hat auch die Methode mit den Mondfinsternissen empfohlen, selbst jedoch nicht durchgeführt. Daß man aus Mondfinsternissen die Längendifferenz zweier Orte ableiten kann, soll laut Plinius schon Alexander der Große festgestellt haben. Zur Anwendung in größerem Stil kam dies erst bei den Arabern, die durch den Koran verpflichtet waren, die Gebetsnische in ihren Moscheen nach Mekka auszurichten. Um die Bestimmung dieser Qibla-Richtung zu erleichtern, legten arabische Astronomen seit dem 9. Jahrhundert u.a. Listen von Orten mit ihren geographischen Koordinaten an und verbesserten und aktualisierten die Sterntafeln des Ptolemaeus. Seit dem 11. Jahrhundert kamen über Spanien und Süditalien Übersetzungen solcher Schriften ins Abendland. Ende des 11. Jahrhunderts wird zum ersten Mal bezeugt, daß ein englischer Mönch sich für das Bestimmen von Längenunterschieden durch die Beobachtung einer Mondfinsternis interessiert. Eine anonyme Schrift des 12., vielleicht auch erst des 13. Jahrhunderts verrät, daß man auf Finsternisse nicht zu warten brauche, sondern Monddistanzen verwenden könne. Roger Bacon und Albertus Magnus empfehlen nachdrücklich, Längen- und Breitenbestimmungen in großem Stil durchzuführen, um die Menschheit vor großem Schaden zu bewahren. Seit dem 12. Jahrundert gibt es einzelne Ortslisten mit Koordinaten in Europa, die nicht mehr von den ziemlich ungenauen ptolemaeischen Daten ausgehen, im 14. Jahrhun-

Die dort erklärten Methoden wurden nicht von Gemma und Apian erfunden, sondern gehen auf spätantike, arabische und mittelalterliche Quellen zurück.[18] Die Texte von Gemma und Apian wirkten ihrerseits durch die gesamte Neuzeit bis ins 19. Jahrhundert fort.

In Gemmas Schrift *De usu globi* (*astronomici*) von 1533 ist das 18. Kapitel „De longitudine regionum invenienda“ überschrieben. Wie die genaue Mondposition durch Messen des Abstandes von einem nahegelegenen Fixstern im Tierkreis - zum Messen empfiehlt er den Jakobstab, den man nach den Anweisungen von Johannes Werner oder Peter Apian herstellen könne - festzustellen ist, wurde - sagt er - bereits im vorhergehenden Kapitel erklärt. Um die Länge eines Ortes zu finden, braucht man noch die Uhrzeit und eine Ephemeridentafel, an deren Stelle auch die Alphonsinischen Tafeln oder andere astronomische Tafeln dienen können. Die Uhrzeit errechnet Gemma aus dem Sternenstand. Die gesuchte Länge ist dann die Differenz zwischen dem Mondstand während derselben Uhrzeit am Ort der Sterntafel (z.B. Nürnberg bei Regiomontanus' Tafeln) und dem Ort des Beobachters. Leichter, so meint Gemma, sei die Länge mit Hilfe seines *globus*, d.h. hier einer Armillarsphäre, zu finden, denn dort kann man den Mondstand simulieren. Die Position des Mondes und die Uhrzeit muß allerdings auf demselben Wege, wie vorher beschrieben, festgestellt werden. Die Armillarsphäre ist vielleicht anschaulicher.

Sehr viel sicherer sei allerdings, den Längenunterschied zweier Orte zum Zeitpunkt einer Mondfinsternis zu bestimmen, denn diese sei eindeutig erkennbar und geschehe überall „eodem momento“. Eine Graphik mit vorausberechneten Mondfinsternissen enthielt Apians *Cosmographie*, die in den Neuauflagen aktualisiert wurde.[19] Man muß dann in der Tat nur die Ortszeiten feststellen, aus deren Differenz sich die Längendifferenz ergibt (15° = 1 Stunde). In der Praxis allerdings ist es so einfach nicht, daß zwei Beobachter denselben Zeitpunkt des Eintretens oder Endes einer Finsternis

---

dert hat man solche - nun schon umfangreichere - Listen für astrologische Zwecke zusammengestellt. Die Kosmographie von Peter Apian, die 1524 erstmals erschien und denselben Titel wie das berühmte Buch von Claudius Ptolemaeus trägt, sich inhaltlich aber weitgehend verselbständigt hat, enthält völlig neue Ortslisten, bei denen das damalige Bayern mit 50 Eintragungen am stärksten vertreten ist. In ihren Rechenbeispielen geben Apian und Gemma immer an, ob es sich um Koordinaten nach Ptolemaeus - z.B. beim weit entfernten Konstantinopel - oder um moderne Berechnungen handelt. Letztere überwiegen in Mitteleuropa bei weitem.

[18] J.L. Berggren, *Episodes in the Mathematics of Medieval Islam* (New York - Berlin u.a. 1986), S. 182f.

[19] Fol. XIIII ff. in der Ausgabe von 1540; S. 26ff. in der Ausgabe von 1584.

abpassen, da es sich nicht um ein „momentum", sondern um ein Ereignis von mehreren Stunden Dauer und unterschiedlicher Intensität des Erdschattens handelt. Als „novus modus" wird schließlich die von Ptolemaeus schon ersonnene Methode der zeitgleichen Uhren auf demselben Breitengrad erklärt, denn dann kann man die Längendifferenz aus dem Sonnenstand erkennen. Neu ist daran zu Gemmas Zeit nur der Einsatz tragbarer Räderuhren, die aber, da sie es kaum schafften, 24 Stunden zu laufen, noch wenig Vertrauen verdienten. Die Methode beruhte darauf, daß zur gleichen gemessenen Uhrzeit das Gestirn (Sonne oder Mond) an beiden Orten eine verschiedene Position hat und der Unterschied direkt den Längenunterschied angibt. Um die Räderuhren zu kontrollieren, empfiehlt Gemma große Klepsydren, Sonnen- oder Sanduhren.[20]

Am Ende dieses Traktates *De usu globi (astronomici)* hat Gemma eine Fixsterntabelle von 1550 abgedruckt. Es handelt sich im Prinzip um die ptolemaeische Tabelle, die von Johannes Schöner hochgerechnet worden war. Aus dieser Tabelle benötigt man die Sternpositionen des Tierkreises, um den Mondstand zu bestimmen. Peter Apian hatte in der *Cosmographie* im Anschluß an seine Erläuterung der Längenfindung mittels Mondfinsternissen und Monddistanzen eine handlichere Tabelle mit 14 Sternen in Mondbahnnähe, von denen sich vier sehr dicht beieinander im Sternbild des Krebses befinden. Im übrigen wählte Apian auffällige Sterne aus, die keine allzu großen Lücken lassen.

In seiner 1545 erschienenen *Structura Radii Astronomici et Geometrici* schätzt Gemma die drei Methoden zur Längenbestimmung ganz anders ein.[21] Diesmal beginnt er mit der Mondfinsternismethode. Als nachteilig erweist sich bei dieser Methode, daß Mondfinsternisse nur selten stattfinden, noch seltener auch sichtbar sind, und es extrem selten vorkommt, daß zwei Wissenschaftler dies sorgfältig an zwei verschiedenen Orten beobachten. Bei seinem zweiten Vorschlag verweist Gemma ausdrücklich auf die oben schon beachtete Schrift *De usu globi* und auf das, was er dort ausführlich über die Probleme der tragbaren Räderuhren sowie ihre Ergänzung durch Sanduhren ausgeführt hat. Darüber hinaus betont er jetzt, daß die Methode der Längenbestimmung mittels gleichlaufender Uhren für die Schiffahrt von so großem Nutzen wäre, daß man wünschen müsse, sehr exakte Uhren zu konstruieren. Damit formuliert er bereits ein Desiderat,

---

[20] Kap. XIX, in der Ausgabe von 1584, S. 239.

[21] S. 316ff. (Ausgabe von 1584).

daß erst seit dem 18. Jahrhundert auf dem Weg zu einer befriedigenden Lösung war.

Gemmas dritter Vorschlag zur Längenbestimmung ist an dieser Stelle die Monddistanzenmethode,[22] die ihm inzwischen als ganz alltäglich erscheint: „Sed quotidie fere si quis velit longitudinem loci alicuius perquirere, si diligenter consideret *Lunae distantiam* ab aliquo sydere firmamenti per Radium nostruum." Hier wird bei ihm erstmals der Begriff der *Monddistanzen* benutzt, der bis heute in der Navigation eine zentrale Rolle spielt.

In der zweiten Hälfte des 18. Jahrhunderts wurde diese Methode, für die Tobias Mayer 1765 posthum einen Preis des englischen Parlaments erhalten hatte,[23] auch in der englischen Flotte eingeführt, nachdem Mayers Tabellen ins Englische übersetzt worden waren. Gemma hatte bereits im vorausgehenden Kapitel erklärt, wie man die jeweilige Stellung des Mondes im Verhältnis zu den nächstliegenden Fixsternen mit Hilfe des Jakobstabes feststellt. Dabei hatte er astronomische Vorstellungen von Regiomontanus und Kopernikus diskutiert. Um den Mondstand des Beobachtungsortes mit einer Ephemeridentafel zu vergleichen, benutzt er diesmal eine Tabelle mit stündlichen Eintragungen, erklärt denjenigen, die keine so genauen Tafeln zur Hand haben, aber auch bereitwillig, wie sie das Interpolieren bei einer Tafel mit täglichen Eintragungen vornehmen sollen. Und wie die Uhrzeit daraus zu entnehmen ist, daß sich das Firmament stündlich um 15° bewegt, also um ein Grad in vier Zeitminuten, wisse jeder Knabe. Es folgt trotzdem eine ausführliche Erläuterung für diejenigen, die es noch nicht wissen sollten.

Gemmas Ausführungen von 1545 über die Bestimmung geographischer Längen mit astronomischen Methoden zeigen nicht nur seine große persönliche Sicherheit in diesen Beobachtungen und Berechnungen, abgesehen davon, daß er ausgezeichnet erklärt, sondern auch die Vereinfachung der Methode, die nicht mehr zu überbieten ist. Im ersten Schritt, der Bestimmung der Mondposition, hat sich unter den vielen Winkelmeßinstrumenten der Jakobstab durchgesetzt. Er war genügend genau und vor allem leicht zu handhaben. Das war sowohl auf Landreisen als auch ganz besonders auf See wichtig, wo die fast ständig vorhandene Eigenbewegung eines Schiffes den Einsatz von genaueren Instrumenten wie Astrolab und Torquetum und

---

[22] S. 319-320 (Ausgabe von 1584).

[23] Eric G. Forbes, *Tobias Mayer (1723–1762). Pioneer of enlightened science in Germany* (Göttingen 1980), S. 134ff., 191ff.; Peter Boy Andresen, *Die Geschichte der Monddistanzen* (Hamburg 1924, Neuauflage Marbach 1986).

sogar des Fernrohrs für die astronomische Beobachtung nach Ansicht von Seeleuten nur selten zuläßt. Für den zweiten Schritt, die Bestimmung der Ortszeit, konnte man sich am einfachsten des Nocturlabes (s.u.) bedienen, eines Instrumentes, das schon Apian 1524 beschrieben hatte und das ein unmittelbares Ablesen der Uhrzeit aus dem jeweiligen Stand des großen Bären erlaubte. Der dritte Schritt schließlich, der Vergleich der gerade festgestellten Mondposition mit der Tabelle, wurde enorm vereinfacht durch solche Tabellen, die den stündlichen Mondstand verzeichneten. Dadurch wurde nicht nur die Genauigkeit erhöht, sondern auch die Möglichkeit von Fehlerquellen reduziert. Trotzdem bleibt die Längen- und Breitenbestimmung auch nach Gemmas Einschätzung die größte Schwierigkeit, mit der die Geographen zu kämpfen hatten.

Welche Methode Gemma, Apian und andere Geodäten und Kartographen tatsächlich angewendet haben, läßt sich nicht mehr erkennen. In den Texten tritt die Monddistanzenmethode in den Vordergrund, die aber möglicherweise die theoretischste war, solange keine guten Ephemeriden existierten. Leider gibt es über die Qualitäten dieser Tabellen derzeit so gut wie keine Erkenntnisse. Der Historiker muß auch damit rechnen, daß die Methode der gegenseitigen Absprache mehrerer Beobachter in der Praxis Bedeutung behielt. Dazu muß ja nicht ausschließlich eine Mondfinsternis, wie von Ptolemaeus empfohlen, benutzt worden sein, sondern jeder Mondstand, vor allem die Mondhörner, konnten hier nützlich werden, d.h. man bestimmte den Mondstand an verschiedenen Orten zu einer verabredeten Uhrzeit (Ortszeit) an einem verabredeten Tag und konnte aus den unterschiedlichen Beobachtungsdaten die Längendifferenzen der Orte berechnen. Noch im 18. Jahrhundert lesen wir in Lichtenbergs Aufzeichnungen von solchen Absprachen.[24] Von einem Orden wie dem der Jesuiten mit seinen zahlreichen Niederlassungen durfte man annehmen, daß er diese Methode in dem gigantischen chinesischen Reich, dessen Dimensionen den Europäern zu Martinis Zeit noch unbekannt waren, zur Durchführung bringen konnten.

Die Bestimmung der geographischen Länge aus dem Sonnenstand oder der Höhe des Polarsterns resp. des dem Pol nächstgelegenen Zirkumpolarsternes, deren Problematik bereits von griechischen Astronomen erörtert worden war, bereitete den Gelehrten und Seefahrern des 16. Jahrhunderts keine Schwierigkeiten mehr. Entsprechend kurz wird dies bei Gemma und Apian abgehandelt. Allerdings hat man dem Problem der Genauigkeit der

---

[24] Peter Brosche, „Lichtenbergs astrogeodätische Ortsbestimmungen", in: *Lichtenberg-Jahrbuch* 1993 (1994), bes. S. 88.

Breitenbestimmung zu wenig Bedeutung beigemessen, da die verschiedenen Komponenten der Erdbewegung (resp. der scheinbaren Sonnenbewegung) bei zunehmender Genauigkeit nicht vernachlässigt werden dürfen. Gerhard Mercator hat die Zeitbestimmung als die wichtigste Aufgabe aller astronomischen Beobachtungen bezeichnet.[25] Sie konnte prinzipiell mit jedem zur Winkelmessung geeigneten Instrument und einer gültigen Tabelle durchgeführt werden. Einige spezielle Instrumente machten den Beobachter jedoch unabhängig von den Tabellen. Da stehen an erster Stelle Sonnenuhren, die seit dem 15. Jahrhundert systematisch dadurch verbessert worden waren, daß die geographischen Breiten des Beobachtungsortes einbezogen waren. Zahlreiche Traktate des 16. und des beginnenden 17. Jahrhunderts belegen das große Interesse an Sonnenuhren. Christoph Clavius z.B. publizierte seit 1581 Schriften über dieses Thema, und man darf davon ausgehen, daß er darüber in Rom lehrte.[26] Auch der unterschiedlichen Tag- und Nachtlänge und der verschiedenen Dauer von Sommer- und Winterhalbjahr war Rechnung getragen worden. Das komplizierteste und bei richtiger Handhabung genaueste Sonneninstrument war Peter Apians „Folium Populi", bei dem die Skalen in der Form eines Pappelblattes untergebracht waren.[27] Apian hat auch einige Winkelmeßinstrumente für die Zeitmessung mit dem Sonnenstand nutzbar gemacht, indem er sie mit einem Schattenstab (Gnomon) versah; er nannte sie dann „horoscopion" oder „horologium". Für die Zeitbestimmung bei Nacht gab es seit dem 11. Jahrhundert das Nocturlabium, auch Nacht- oder Sternuhr genannt, das es erlaubte, nach Visieren von Polarstern und einem Stern des Großen Bären unmittelbar die Uhrzeit abzulesen. Apian nennt dieses Instrument im *Instrumentbuch* „horometer" und in dem *Cosmographicus liber* „instrumentum sydereale". Die Zeitmessung mit mechanischen Uhren führte im 16. Jahrhundert

---

25 Brief vom 9. Oktober 1544, M. van Durme, *Correspondance Mercatorienne* 1959, S. 28.

26 Christophorus Clavius, *Gnomonices libri octo, in quibus non solum horologium solarium, sed aliarum rerum quae ex gnomonis umbra cognosci possunt, descriptiones geometrice demonstrantur* (Roma 1581); *Horologium nova descriptio* (Roma 1599); *Compendium brevissimum describendorum horologiorum horizontalium ac declinantium* (Roma 1603); *Tabulae astronomicae ad Horologiorum Constructionem maxime utiles. Notae in novam Horologiorum Descriptionem* (Roma 1605).

27 Im *Instrumentbuch* (Ingolstadt 1533). Vgl. Uta Lindgren, „Astronomische und geodätische Instrumente zur Zeit Peter und Philipp Apians", in: Hans Wolff (Hg.), *Philipp Apian und die Kartographie der Renaissance* (Weißenhorn 1989), S. 43-65.

nur in Städten mit guten Turmuhren zu zuverlässigen Ergebnissen.[28] Die tragbaren mechanischen Uhren empfahl Gemma, wie bereits erwähnt, durch Wasser-, Sonnen- und Sanduhren zu kontrollieren, was aber gerade auf Reisen weniger praktikabel ist.

Unter den Instrumenten zum Messen von Winkeln waren im späten Mittelalter und in der frühen Neuzeit der Quadrant, das geometrische (oder nautische) Quadrat und der Jakobstab am weitesten verbreitet. Der Quadrant[29] war ein mit Skalen versehener Viertelkreis, dessen Gradeinteilung am Rande in der Landvermessung und in der Astronomie zur Winkelmessung benutzt werden konnte. Für nächtliche Beobachtungen war er mit einer Visiervorrichtung (Alhidade) und einem Lot versehen, welches die Ablesung vereinfachte. Peter Apian (und andere nach ihm) druckte Papiervorlagen für Quadranten, die dann nur noch auf Holz aufgeklebt zu werden brauchten. Sie waren für bestimmte Breiten berechnet, wodurch eine hohe Beobachtungsgenauigkeit ermöglicht wurde.

Das geometrische Quadrat[30] war seit der Antike bekannt und diente der Bestimmung von Entfernungen durch Winkel und Streckenverhältnisse. Das Instrument durfte nicht zu klein sein, da die Seiten in Verhältnisgleichungen eingingen. Dank entsprechender Skalen konnten mit einer „Regula" auch Winkel gemessen werden. Mit diesem Instrument hatte Al-Biruni seine geniale Erdumfangsmessung am Berg bei Nandana in Indien vorgenommen. Das Instrument war auch in der Küstenschiffahrt von Nutzen, um Entfernungen zu bestimmen, die man nicht abschreiten konnte.

Der Jakobstab,[31] der möglicherweise ebenfalls schon in der Antike (Hipparch) bekannt war, jedoch erst seit dem 14. Jahrhundert weitere Verbreitung fand, diente ausschließlich der Winkelbestimmung. Auf einem mit einer Skala versehenen Längsstab, den der Beobachter vor seine Augen hielt, wurde ein Querstab so verschoben, daß er den gesuchten Winkel abdeckte. Die Skala auf dem Längsstab kann man allerdings nicht, wie die Gradeinteilung am Rand des Quadranten, direkt finden, sondern indirekt

---

[28] E. Zinner, *Deutsche und niederländische astronomische Instrumente des 11.-18. Jahrhunderts* (München 1979, 2. Aufl.), S.164 ff.; K. Maurice - O. Mayr (Hg.), *Die Welt als Uhr. Deutsche Uhren und Automaten 1550-1650* (München 1980). Vgl. auch Wolfgang Kokott, *Die Kometen der Jahre 1531 bis 1539 und ihre Bedeutung für die spätere Entwicklung der Kometenforschung* (Stuttgart 1993), S. 66.

[29] Zinner (wie Anm. 29), S. 203ff.

[30] Ebd., S. 187ff.

[31] Ebd., S. 207.

durch eine Art Projektion, die Peter Apian in dem *Cosmographicus liber* sehr gut erklärte. Er wies den Leser auch genau an, wie die Stäbe zuzuschneiden und zu verbinden seien. Seit Peurbach ist die Schrägteilung der Skala bekannt, wodurch man bessere Beobachtungsergebnisse erzielt.

Johannes Werner hat die Armillarsphäre, die seit der Antike eher als Demonstrationsinstrument diente, für Beobachtungen benutzt. Auch Gemma hat, wie oben erwähnt, dieser Möglichkeit eine Schrift gewidmet. Gemma hat die Armillarsphäre auch zu einem Tascheninstrument reduziert, dem „annulus astronomicus", der sich bis ins 18. Jahrhundert einer gewissen Beliebtheit unter interessierten Laien erfreute. Bei dem astronomischen Ring ist die Breite durch die Aufhängung einstellbar (später nicht mehr nur durch einen Faden wie in Gemmas Abbildung), und die Ringe für Horizont, Äquator und Ekliptik sind drehbar.

Ob das seit der Antike bekannte, von den Arabern entscheidend verbesserte Astrolab in der Beobachtung der Geographen und Seeleute eine große Rolle spielte, ist in letzter Zeit bezweifelt worden, zumal ihm zur sicheren Handhabung eigentlich eine stabile Halterung fehlte. In erster Linie war das Astrolab ein astronomisches Recheninstrument, dessen Nutzen weit über die Bedürfnisse der Geographie und Nautik hinausging.

Ein aus der Antike durch Heron von Alexandria als Diopter[32] bekanntes Instrument, das damals aber wohl noch keine Verbreitung gefunden hatte, wurde seit dem 15. Jahrhundert als „Torquetum" zunehmend beliebt und seit dem 17. Jahrhundert unter der Bezeichnung „Theodolit" - verbunden mit einem Fernrohr - das zentrale geodätische Beobachtungsinstrument der Neuzeit. Regiomontanus hatte es ebenso wie Apian „Torquetum" genannt, Waldseemüller gab ihm in Gregor Reischs *Margarita philosophica* 1515 die Bezeichnung „Polimetrum". Bei diesem Instrument sind zwei mit Gradzeichnungen versehene Scheiben auf verschiedenen Achsen unabhängig voneinander in der horizontalen und vertikalen Ebene drehbar. Außerdem kann die geographische Breite durch Kippen der Basis simuliert werden. Dem Visieren dienten vor der Anfügung des Fernrohres Alhidaden.

Dieser kursorische Überblick über frühneuzeitliche kartographische Methoden und Instrumente sollte darlegen, daß die Jesuiten in China wissenschaftlich kein Neuland betreten mußten, um gute Koordinaten zu finden. Wer aber die gigantische Leistung der tatsächlichen Koordinatenbestimung vollbrachte, auf der Martinis Karten basieren, ist noch unbekannt.

---

[32] Ebd., S. 177f.

Prima pars. Col. 32

De partibus menſurae ſeu Speciebus Geometriae practicae. Caput vndecimum.

Menſura eſt longitudo finita: quae ignotam locorum diſtantiam ſenſibili experimento menſurat. Cuius ptes ſeu famoſe quantitates/quibus Geometer vtitur ſunt Granum hordei/Digit⁹/Vntia/Palmus/Dichas/Spithames Pes/Seſquipes/Gradus/Paſſus ſimplex/Paſſus duplex quē Geometricum appellare libuit/Cubitus ſeu vlna/Pertica quem plures radium vocant/Stadiū/Leuca/Miliare italicum/Miliare germanicum. rc.

Abb. 1: Jakobstab von Peter Apian
mit erläuternder Skizze für die Herstellung der Skala.

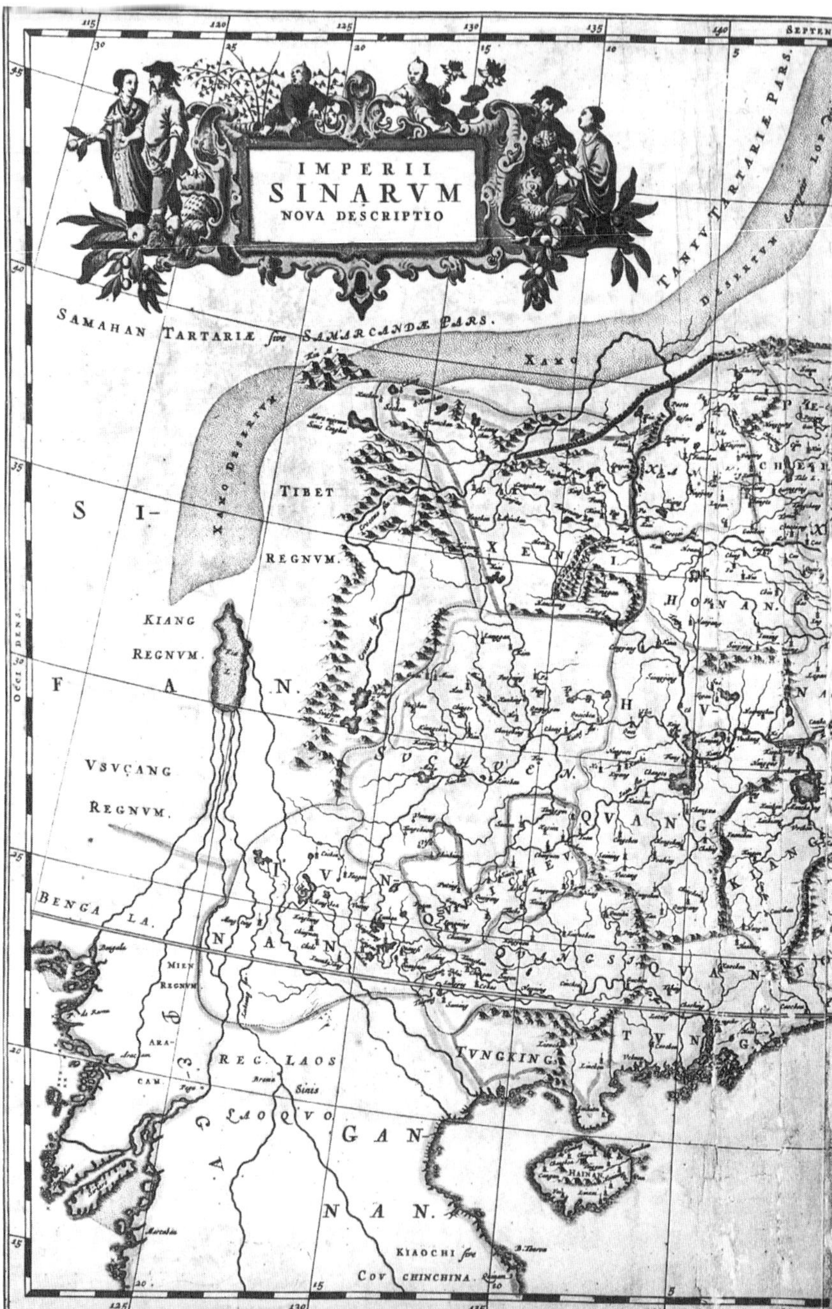

Abb. 2: Übersichtskarte aus dem *Novus Atlas Sinensis* von Martino Martini.

IESO
COREA
IAPAN
Tropicus Cancri.
I. Formola
LIVSVNG
Cum privilegio Sacræ Cæsareæ Majestatis,
& Ordinum Belgicæ Fœderatæ.

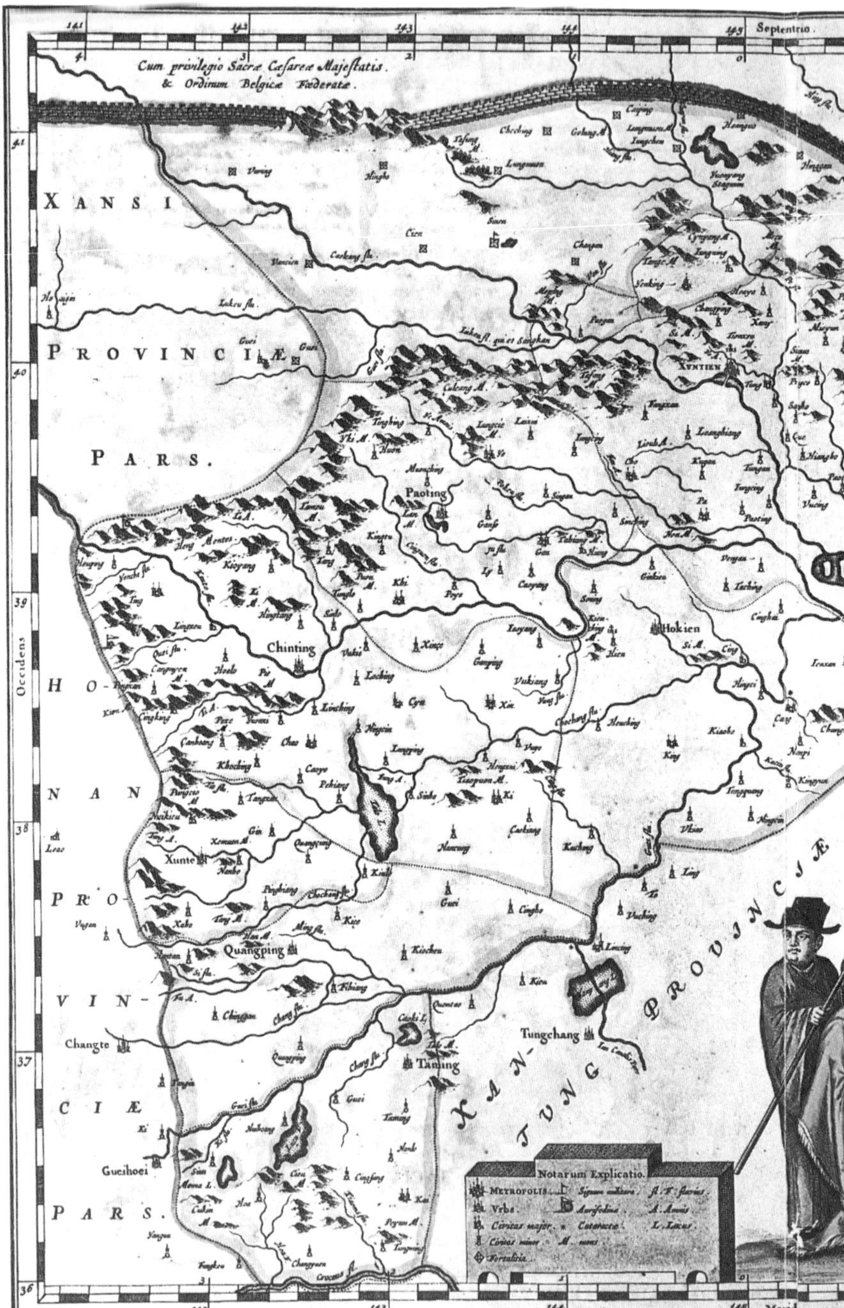

Abb. 3: Karte mit der Provinz Peking aus dem *Novus Atlas Sinensis*.

Septentrio
LEAOTVNG
PARS.
ÇANG SINVS
PARS.
Iungping
Oriens.
PECHELI,
SIVE
PEKING,
IMPERII SINARVM
PROVINCIA PRIMA.

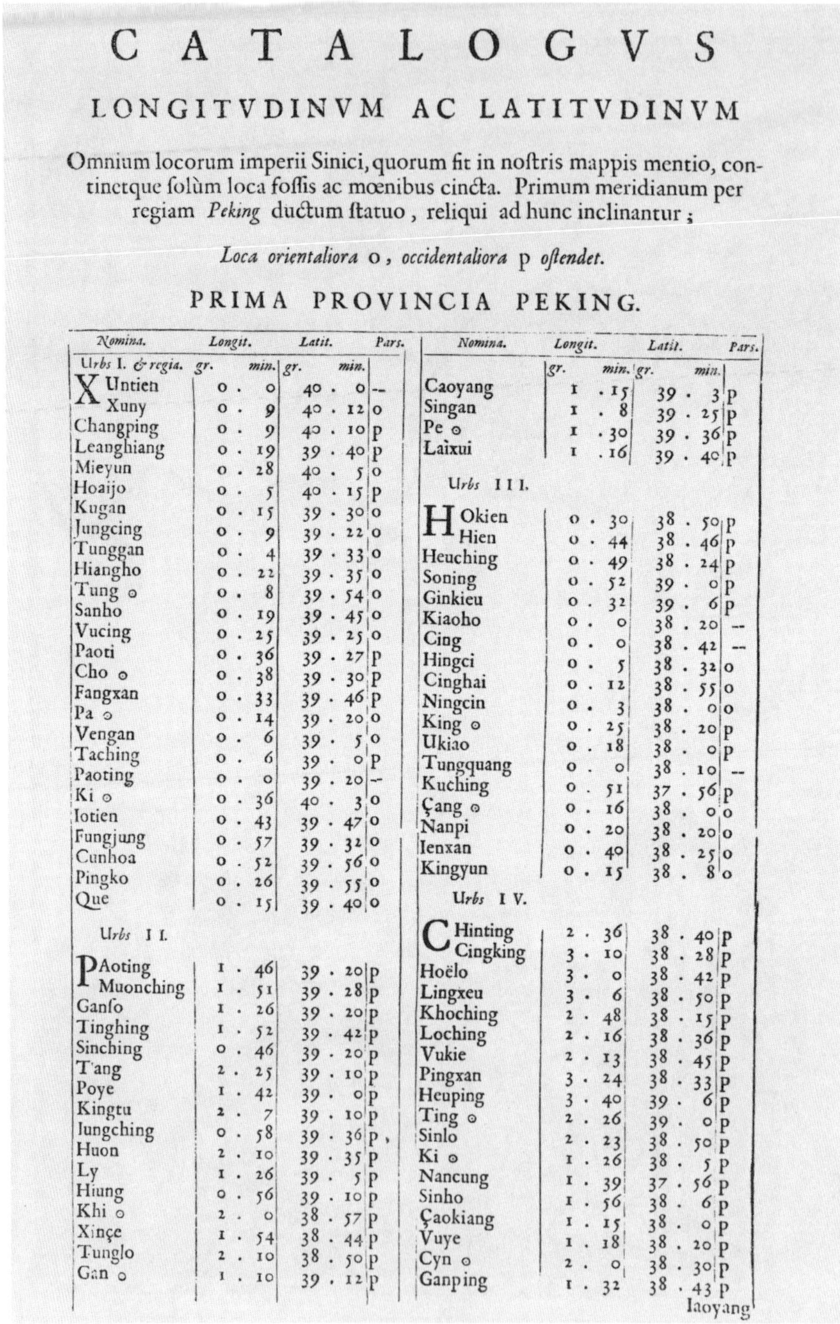

C A T A L O G V S

LONGITVDINVM AC LATITVDINVM

Omnium locorum imperii Sinici, quorum fit in noſtris mappis mentio, continetque ſolùm loca foſſis ac mœnibus cincta. Primum meridianum per regiam *Peking* ductum ſtatuo, reliqui ad hunc inclinantur;

Loca orientaliora o, *occidentaliora* p *oſtendet.*

PRIMA PROVINCIA PEKING.

Nomina.	Longit. gr.	min.	Latit. gr.	min.	Pars.
Urbs I. *& regia.*					
XUntien	0	0	40	0	--
Xuny	0	9	40	12	o
Changping	0	9	40	10	p
Leanghiang	0	19	39	40	p
Mieyun	0	28	40	5	o
Hoaijo	0	5	40	15	p
Kugan	0	15	39	30	o
Jungcing	0	9	39	22	o
Tunggan	0	4	39	33	o
Hiangho	0	22	39	35	o
Tung ⊙	0	8	39	54	o
Sanho	0	19	39	45	o
Vucing	0	25	39	25	o
Paoti	0	36	39	27	p
Cho ⊙	0	38	39	30	p
Fangxan	0	33	39	46	p
Pa ⊙	0	14	39	20	o
Vengan	0	6	39	5	o
Taching	0	6	39	0	p
Paoting	0	0	39	20	--
Ki ⊙	0	36	40	3	o
Iotien	0	43	39	47	o
Fungjung	0	57	39	32	o
Cunhoa	0	52	39	56	o
Pingko	0	26	39	55	o
Que	0	15	39	40	o
Urbs II.					
PAoting	1	46	39	20	p
Muonching	1	51	39	28	p
Ganſo	1	26	39	20	p
Tinghing	1	52	39	42	p
Sinching	0	46	39	20	p
T'ang	2	25	39	10	p
Poye	1	42	39	0	p
Kingtu	2	7	39	10	p
Iungching	0	58	39	36	p
Huon	2	10	39	35	p
Ly	1	26	39	5	p
Hiung	0	56	39	10	p
Khi ⊙	2	0	38	57	p
Xinçe	1	54	38	44	p
Tunglo	2	10	38	50	p
Gan ⊙	1	10	39	12	p
Caoyang	1	15	39	3	p
Singan	1	8	39	25	p
Pe ⊙	1	30	39	36	p
Laìxui	1	16	39	40	p
Urbs III.					
HOkien	0	30	38	50	p
Hien	0	44	38	46	p
Heuching	0	49	38	24	p
Soning	0	52	39	0	p
Ginkieu	0	32	39	6	p
Kiaoho	0	0	38	20	--
Cing	0	0	38	42	--
Hingci	0	5	38	32	o
Cinghai	0	12	38	55	o
Ningcin	0	3	38	0	o
King ⊙	0	25	38	20	p
Ukiao	0	18	38	0	p
Tungquang	0	0	38	10	--
Kuching	0	51	37	56	p
Çang ⊙	0	16	38	0	o
Nanpi	0	20	38	20	o
Ienxan	0	40	38	25	o
Kingyun	0	15	38	8	o
Urbs IV.					
CHinting	2	36	38	40	p
Cingking	3	10	38	28	p
Hoëlo	3	0	38	42	p
Lingxeu	3	6	38	50	p
Khoching	2	48	38	15	p
Loching	2	16	38	36	p
Vukie	2	13	38	45	p
Pingxan	3	24	38	33	p
Heuping	3	40	39	6	p
Ting ⊙	2	26	39	0	p
Sinlo	2	23	38	50	p
Ki ⊙	1	26	38	5	p
Nancung	1	39	37	56	p
Sinho	1	56	38	6	p
Çaokiang	1	15	38	0	p
Vuye	1	18	38	20	p
Cyn ⊙	2	0	38	30	p
Ganping	1	32	38	43	p

Iaoyang

Abb. 4: Beginn der Koordinatentabelle zu *Novus Atlas Sinensis*.

Ort (moderne Schreibweise in Klammern)	Martini (chinesische Zählweise)		Martini (europäische Zählweise)	moderne Zählung		Differenz	
	B	L	L	B (N)	L (E)	B(Mart.) minus B(mod.)	L
Peking	39°59	0	145	39°55	116°25	+4′	28°35
Tiencin (Tientsin Tianjin)	38°52	0°50 o	145°50	39°8	117°12	-16′	28°38
Taiyven (Taiyvan)	38°33	4°35 p	140°25	37°55	112°30	+38′	27°55
Sigan (Xi´an Sian)	35°50	8°18 p	136°42	34°15	108°52	+1°35′	27°50
Cinan (Jinan Tsinan)	37°	0°30 o	145°30	36°40	116°57	+20′	28°33
Caifung (Kaifung)	35°50	2°54 p	142°8	34°51	114°21	+59′	27°47
Chungking (Chongqing Sechvan)	30°23	10°23 p	134°37	29°39	106°34	+44′	28°3
Chingtu (Chengdu Chengtu)	30°47	12°38 p	132°22	30°39	104°04	+8′	28°18
Vuchang (Wuhan)	31°	3°16 p	141°44	30°36	114°17	+24′	27°27
Nanchang (Nanchang)	29°13	1°36 p	143°24	28°41	115°53	+32′	27°31
Kiangning sive Nanking (Nanjing)	32°40	1°26 o	146°26	32°03	118°47	+37′	27°39
Xanghai (Shanghai)	31°32	4°49 o	149°49	31°10	121°30	+22′	28°19
Hangcheu (Hangzhou)	30°27	3°10 o	148°10	31°15	120°10	-48′	28°
Focheu (Fuzhou)	25°58	2°40 o	147°40	26°06	119°17	-8′	28°23
Quangcheu (Guangzhou Canton)	23°15	4°2 p	140°58	23°0	113°16	+9′	27°42
Macao (Macau)	22°19	3°10 p	142°20	22°10	113°33	+9′	28°47
Guchen (Wuzhov Wuchow)	24°2	6°33 p	138°27	23°30	117°27	+32′	21°
Nanning (Nanning)	23°40	9°30 p	135°30	22°48	108°20	+52′	27°10
Queilin (Guilin, Kweilin)	25°54	7°32 p	137°28	25°11	110°09	+43′	27°19
Queiyang (Guiyang Kweiyang)	26°0	11°46 p	132°14	26°35	106°43	-35′	25°31
in Junan kein Ort zu identifizieren							

o= oriente (Osten)
p= ponente (Westen)

Abb. 5: Vergleichende Tabelle
mit den Koordinaten Martinis und modernen Koordinaten.

MARTINI MARTINII
TRIDENTINI
E SOCIETATE JESU
SINICÆ HISTORIÆ
DECAS PRIMA
Res à gentis origine ad Christum natum in extremâ Asiâ, sive Magno Sinarum Imperio gestas complexa.

MONACHII
Typis Lucæ Straubii,
Impensis Joannis Wagneri Civis & Bibliopolæ Monacensis,
Cum Privilegio Cæsareo.
Anno CIↃ. IↃ. CLVIII.

Die Titelseite von Martino Martinis *Sinicæ Historiæ Decas Prima.*

THEOLOGIE UND CHRONOLOGIE IN MARTINIS *SINICAE HISTORIAE DECAS PRIMA* (1658)

CLAUDIA VON COLLANI

China brachte für die Missionare wie für die Europäer des 17. und 18. Jahrhunderts zwei große Herausforderungen, die zu ausgedehnten Kontroversen führten: den chinesischen Ritenstreit und die chinesische Chronologie. In beiden Kontroversen spielte Martino Martini eine überaus wichtige Rolle. Hier soll die traditionelle Chronologie Chinas, Hauptthema in Martino Martinis *Sinicae Historiae Decas Prima* (Monachii 1658), behandelt werden.

1. Einführung: Kalender und Weltgeschichte

Bis zur Kalenderreform im Jahre 1582 herrschte in Europa eine beträchtliche Vielfalt an verschiedenen Kalendersystemen. Schon seit dem Mittelalter, verstärkt aber nach der Entdeckung neuer Kontinente und der Erforschung anderer Kalendersysteme, gab es Bestrebungen zu einer Reform. Doch erst der Renaissancepapst Gregor XIII. ließ sie durchführen, wobei der Bamberger Astronom und Mathematiker Christopher Clavius SJ, später übrigens der Mathematikprofessor Matteo Riccis am *Collegio Romano*, maßgeblich beteiligt war. Mit der Bulle *Inter Gravissimas* vom 24. Februar 1582 wurde die Reform in Kraft gesetzt. Trotzdem gab es noch im 17. Jahrhundert allein im Heiligen Römischen Reich Deutscher Nation mehrere verschiedene Kalendersysteme.[1]

Im 17. Jahrhundert wurden chronologische Fragen zu einem Thema von allgemeinem Interesse. Theologen, Astronomen und Mathematiker erarbeiteten Chronologien der damals bekannten Weltgeschichte und suchten das mutmaßliche Jahr der Erschaffung der Welt zu berechnen.[2] Die ersten

---

1 Vgl. z.B. Rudolf Wendorff, *Tag und Woche, Monat und Jahr. Eine Kulturgeschichte des Kalenders* (Opladen 1993), S. 79-92. Zu Clavius und Ricci siehe Pasquale D'Elia, *Galileo in Cina. Relations through the Roman College between Galileo and the Jesuit Scientist-Missionaries* (Cambridge, Mass. 1960).

2 Um 1600 wurde das Thema der Welt-Chronologie durch zwei Bücher des Philologen Joseph Justus Scaliger überaus populär, nämlich *De emendatione temporum* und *Thesaurus temporum*. Johannes Kepler, *Gesammelte Werke* V. *Chronologische Schrif-*

Werke dieser Art stammten von: Joseph Justus Scaliger, *De emendatione temporum* (Paris 1583, 1598, 2. Aufl.), sowie *Thesaurus temporum* (Leiden 1606, 1608, 2. Aufl.); Dénis Pétau SJ (Dionysius Petavius), *De doctrina temporum* (Paris 1627; Antwerpen 1703; Verona 1734–1736); Giovanni Battista Riccioli SJ, *Astronomia reformata* (Bologna 1665); Seth Calvisius (Seth Kallwitz), *Chronologia, ex authoritate potissimum Sacrae Scripturae et historicum fide dignissimorum* ... (Lipsiae 1605; Frankfurt/Oder 1620; 1630; Frankfurt a.M. 1650); William Beveridge, *Institutionum chronologicarum libri II, una cum totidem arithmetices chronologicae libellis* (London 1669) sowie Aegidius Strauch, *Breviarum Chronologicum* (Wittenberg 1657, 1664).[3] Auch Johannes Kepler befaßte sich mit diesem Thema.[4] Im 17. Jahrhundert kamen zudem gedruckte Volkskalender in Schwang.[5]

Stets wurde das Problem der Chronologie in Zusammenhang mit der Theologie betrachtet, denn die ganze Weltgeschichte sah man als von Gott bestimmt und geleitet. Die Chronologien der ältesten Zeit basierten ausschließlich auf dem Alten Testament. Damit mußte die Weltchronologie in Übereinstimmung stehen. Als Hilfsmittel bediente man sich der alten Chronologien der Kirchenväter, wie Eusebius von Cesaräa und Sextus Julius Africanus, der Texte der Samaritaner und der Masoreten u.a. Sie hatten vor denselben Problemen gestanden wie die Chinamissionare mehr als tausend Jahre später: Sie mußten die Bedeutung der biblischen Chronologie vor der Zeitrechnung der Ägypter und Assyrer hervorheben und mit ihr in Übereinstimmung bringen.[6]

Die Weltgeschichte war zur damaligen Zeit im christlichen Europa nur Teil der Heilsgeschichte. Man bediente sich verschiedener biblischer Chronologien, wobei die bekanntesten auf der Vulgata - der lateinischen Bibelübersetzung - basierten, während andere die der griechischen Septuagintaübersetzung benutzten. Die Vulgata setzte die Erschaffung der Welt auf

---

ten, hrsg. von Franz Hammer (München 1953), S. 397; siehe auch Jacob Bernays, *Joseph Justus Scaliger* (Osnabrück 1965), S. 47-53.

3 Johann Heinrich Zedler (Hrsg.), *Großes vollständiges Universal-Lexicon aller Wissenschaften und Künste* V (Leipzig 1733), S. 2270-2274.

4 *Chronologische Schriften*, in: *Gesammelte Werke* V, S. 397.

5 R. Wendorff, *op. cit.*, S. 79-92.

6 Johann Raska, *Die Chronologie der Bibel im Einklange mit der Zeitrechnung der Egypter und Assyrier* (Wien 1878).

etwa 3483 bis 4000 Jahre v.Chr. an,[7] während nach der Septuaginta die Welt etwa 5000 bis 6984 v.Chr. erschaffen wurde.[8] Der wichtigste Fixpunkt des ältesten Teils dieser Chronologien war die Sintflut. Nach der Aussage der Genesis hatte Gott die gesamte Menschheit ihrer Sünden wegen vernichtet bis auf Noah und seine Familie, die in der Arche die Flut überlebten.[9] Folgerichtig mußten alle Menschen auf Erden von Noah und seinen Söhnen abstammen, deren Nachkommen sich nach der Sprachverwirrung von Babel über die ganze Erde verteilt hatten. Die Sintflut war nach der Vulgatatradition 1656 Jahre nach der Erschaffung der Welt gewesen, nach der Septuaginta jedoch im Jahre 2256.[10] Diese Zahlen sollten auch für die Chronologie der chinesischen Geschichte eine wichtige Rolle spielen.

China und seine Chronologie tauchte erst Ende des 16. Jahrhunderts im europäischen Gesichtskreis auf. Das erste europäische Zeugnis stammte aber nicht von einem Jesuiten - bekanntlich hatte Matteo Ricci 1583 als erster Europäer eine permanente Aufenthaltsgenehmigung für China bekommen - sondern von dem Augustiner Juan Gonzales de Mendoza in seiner *Historia de la cosas más notables, ritos y costumbres del gran reyno de la China* (Roma 1585).[11] Beruhend auf Berichten seines Mitbruders Martin de Rada und des Dominikaners Gaspar da Cruz erwähnt Gonzales in einigen Kapiteln chinesische Mythen vom Ursprung der Welt sowie chinesische

---

7 Scaliger und der Gelehrte Seth Calvisius zählten z.B. 3950 Jahre, Dénis Pétau SJ 3984 Jahre, Bischof James Ussher 4004 Jahre. Vgl. Ludwig Ideler, *Handbuch der mathematischen und technischen Chronologie* II (Berlin 1826), S. 445.

8 So der hugenottische Astronom Alphonse de Vignoles. L. Ideler, *op. cit.*, S. 445; siehe auch Pierre Le Lorrain de Vallemont, *Les elements de l'Histoire* I (Paris 1699), S. 23-34.

9 Genesis 6,18; 8,15ff. Siehe dazu Virgile Pinot, *La Chine et la formation de l'esprit philosophique en France de 1640 à 1740* (Paris 1932), S. 193-226; Claudia von Collani, „Das Problem des Heils der Heiden. Die Apologie des P. Vincentius Mascarell S.J. aus dem Jahre 1701“, in: *NZM* 45 (1989), S. 103f.

10 Man streckte die Reihe, indem man das Zeugungsalter der Patriarchen höher setzte. Nach der Vulgata zeugte Adam seinen Sohn Seth mit 130 Jahren, nach der Septuaginta mit 230 Jahren usw. Siehe Isaak Voss, *Isaaci Vossii de Septuaginta interpretibus eorumque translatione & Chronologia dissertationes* (Hagae-Comitae 1661), S. 187; Paul Heinisch, *Die Genesis* (Bonn 1930), S. 154.

11 Siehe *Bibliotheca Missionum* IV (Freiburg 1928), Nr. 1972, sowie Hartmut Walravens, *China Illustrata. Das europäische Chinaverständnis im Spiegel des 16. bis 18. Jahrhunderts* (Weinheim 1987), S. 85-88. Die neueste deutsche Ausgabe ist *Die Geschichte der höchst bemerkenswerten Dinge und Sitten im chinesischen Königreich des Juan Gonzales de Mendoza*, hrsg. von Margarete Griessler (Sigmaringen 1992).

Kaiser. Gonzales datierte den Beginn der chinesischen Monarchie auf die Zeit zwischen 2250 und 2600 v.Chr.[12] Doch da Gonzales weder der chinesischen Sprache mächtig noch selbst je in China gewesen war, sind seine chinesischen Namen oft kaum identifizierbar. Zudem bringt er keine zusammenhängende Liste von chinesischen Kaisern. So kann man sagen, daß Martino Martinis *Sinicae Historiae Decas Prima* Europa die erste gedruckte und zusammenhängende Geschichte Chinas von den Ursprüngen bis Christi Geburt brachte.[13]

Die ersten Jesuiten in China hatten sich zunächst nicht näher mit dem Problem der chinesischen Chronologie befaßt, sondern, ähnlich wie Gonzales, nur sporadisch Daten erwähnt. Doch bei näherer Beschäftigung mit der chinesischen Geschichte erkannten sie das grundlegende Problem. Schenkte man den chinesischen Geschichtsschreibern Glauben, so mußten die ersten chinesischen Kaiser, z.B. Fuxi, schon vor der Sintflut gelebt haben, was nicht sein durfte.[14] Andererseits aber waren die chinesischen Chronologien aus folgenden Gründen sehr zuverlässig:

1. Die Reihe der Kaiser war fortlaufend im Sechziger-Zyklus angeordnet.
2. Die frühe chinesische Geschichte schien nicht voll von (obszönen) Fabeln zu sein wie die anderer Völker.
3. Die chinesische Chronologie ist belegt durch verschiedene astronomische Beobachtungen, die sich in Übereinstimmung mit neueren astronomischen Beobachtungen befinden.
4. Teile der ältesten chinesischen Geschichte wurden von zeitgenössischen Autoren geschrieben.[15]

---

12 Claudia von Collani, *P. Joachim Bouvet S.J. Sein Leben und sein Werk*. Monumenta Serica Monograph Series XVII (St. Augustin - Nettetal 1985), S. 103; Gonzales, *op. cit.*, S. 68: „Vom König Vitey bis zum König Tzinzom [Qin Shi Huangdi, 221 v. Chr.] ... waren aus demselben Geschlecht 116 Könige dazwischen, 2257 Jahre hindurch." König „Vitey" ist sehr wahrscheinlich Fuxi.

13 Georg Horn, *Arca Noae sive Historia Imperiorum et regnorum a condito orbe ad nostra tempora* (Leiden 1666), S. 388: „Ignota Europaeis fuit series Regum Sinensium anteqvam A. MDCL. Martinus Martinius Annales ipsorum publicasset. Unde Scaliger I I. Canon. *Historia* Sinensis *usquve ad* Tartarorum *tempora nobis* Europaeis *adhuc ignota est.* Nam Catalogus regum qvi extat apud Johannem Consalvum Mendozam lib. III & qvem Scaliger ex *Zaccuth* recitat, nonnisi fabulosum commentum ex ignorantia literaturae Sinensis est."

14 M. Ruggieri schrieb in seinem sogenannten Katechismus: „Vor 5000 Jahren gab es nichts als den Herrn des Himmels ...", in: Pietro Tacchi-Venturi (ed.), *Opere storiche del Matteo Ricci S.I.* (Macerata 1913), S. 510.

15 Cf. Du Halde, *Chou-king* [*Shujing*], Preface XXVI.

Johann Adam Schall von Bell versuchte, die chinesische Geschichte mit zwei damals gebräuchlichen Systemen in Übereinstimmung zu bringen, mit dem des „Samerius“ (Heinrich Samerius SJ) und dem des *Martyrologium Romanum* (Roma 1589). Samerius hatte in seinem Werk *Chronologia sacra ab orbe condito usque ad Christum natum* (Antwerpen 1608) 3950 Jahre zwischen der Erschaffung der Welt bis Christi Geburt, folgte also der Chronologie der Vulgata, womit die chinesische Chronologie nicht in Übereinstimmung zu bringen war. Viel besser paßte die Chronologie des *Martyrologium Romanum*, wonach die Welt 5199 v.Chr. erschaffen worden war, oder die der Septuagintaübersetzung.[16] Nach Beratungen einer Kommission in Rom wurde Schall mit einem Brief vom 20. Dezember 1637 beschieden, daß die Jesuiten in China alle der Septuaginta-Chronologie folgen sollten, die durch das *Martyrologium Romanum* autorisiert sei.[17] Vor diesem Hintergrund nun muß man Martinis Geschichte Chinas betrachten.

2. Allgemeines zur *Sinicae Historiae Decas Prima*

2.1. Übersicht

Martinis frühe Geschichte Chinas zeigt sehr deutlich das Genre der Geschichtsschreibung der Gesellschaft Jesu.[18] Die *Ars Historica* hatte für die

---

[16] Brief Schalls vom 1. September 1634 an P. Busaeus, veröffentlicht in: Henri Bernard-Maître, „L'Encyclopédie astronomique du Père Schall (*Tch'ong-tcheng li-chou* 1629 et *Si-yang sin-fa li-chou*). La réforme du calendrier chinois sous l'influence de Clavius, de Galilée et de Kepler“, in: *Momumenta Serica* III (1938), S. 483-493 (Bernard-Maître setzt dabei allerdings fälschlich Samerius mit Scaliger gleich); *Martyrologium Romanum* (Antwerpen 1689), S. 559 (25. Dezember, Fest von Adam und Eva, d.h. Erschaffung der Welt): „Anno a creatione mundi quinquies millesimo centesimo nonagesimo nono. Ita antiquae tabulae ecclesiarum, secundum supputationem septuagintaduorum interpretum, ex Eusebio chronico: quam quidem tam Occidentalem quam Orientalem Ecclesiam constat esse secutum ...“.

[17] Antoine Gaubil, „Traité de la chronologie chinoise“, in: *Mémoires concernant l'histoire, les arts, les moeurs etc. des Chinois* XVI (Paris 1814); cf. Alfons Väth, *Johann Adam Schall von Bell S.J. Missionar in China, kaiserlicher Astronom und Ratgeber am Hofe von Peking 1592-1666.* Monumenta Serica Monograph Series XXV (Nettetal - Sankt Augustin 1991), S. 110, Nr. 40; C. von Collani, *Bouvet, op. cit.*, S. 103; dies., „Johann Adam Schall von Bell: Weltbild und Weltchronologie in der Chinamission im 17. Jahrhundert”, in: Roman Malek (ed.), *Western Learning and Christianity in China. The Contribution and Impact of Johann Adam Schall von Bell, S.J. (1592-1666).* Monumenta Serica Monograph Series XXXV/1 (Nettetal - Sankt Augustin 1998), S. 79-99.

[18] Allgemeine und einführende Literatur zur *Sinicae Historiae Decas Prima*: V. Pinot, *op. cit.*; Bonifazio Bolognani, *L'Europa scopre il volto della Cina: prima biografia*

Jesuiten des 16. und 17. Jahrhunderts eine besondere Bedeutung im Sinne der Maxime Ciceros: Geschichte ist die *magistra vitae*, die Lehrerin für das Leben. Daher beinhaltete Geschichte für die Jesuitenstudenten dieser Zeit ein breites Spektrum der Ethik, die durch Beispiele veranschaulicht wurde. Orazi Torsellinis *Historiarum ab origine mundi usque ad annum 1598 Epitome* (Roma 1598) ordnet demzufolge die Weltgeschichte seit Adam und Eva in einfacher chronologischer Reihenfolge ohne jedwede systematische Gliederung. Die jungen Jesuiten sollten dann aus diesem Buch Beispiele für Predigten, Reden und Traktate über Moral verwenden.[19]

Auch Martino Martinis Werk, lange Zeit die erste ausführliche Geschichte Chinas, ist nach dieser Maxime aufgebaut.[20] Die *Sinicae Historiae Decas Prima* umfaßt auf 362 Seiten 44 ganze 60er-Zyklen plus 57 Jahre des 45. Zyklus und endet mit dem Jahr 1 v.Chr. Insgesamt behandelt Martini 103 Kaiser. Der Ausdruck *Decas Prima* (erste Dekade) bedeutet, daß Martini noch eine zweite Dekade über die Zeit von Christi Geburt bis zu seiner Zeit geplant hatte.[21] Doch hinter dieser Unterteilung steckt noch

---

di padre Martino Martini, missionario – sinologo – geografo (1614–1661) (Trento 1978), S. 163-174; Claudia von Collani, „L'influsso di Martino Martini sul figurismo di Joachim Bouvet“, in: *Martino Martini*, S. 505-517; Giorgio Melis, „Chinese Philosophy and Classics in the Works of Martino Martini S.J. (1614–1661)“, in: *International Symposium on Chinese-Western Cultural Interchange in Commemoration of the 400th Anniversary of the Arrival of Matteo Ricci, S.J. in China* (Taipei 1983), S. 474-512; David E. Mungello, *Curious Land: Jesuit Accommodation and the Origins of Sinology.* Studia Leibnitiana Supplementa xxv (Stuttgart 1985), bes. S. 124-133.

19 John J. Renaldo, „A Seventeenth Century Jesuit Historian. Daniello Bartoli“, in: *Annali dell'Istituto italiano per gli studi storici* 2 (1969–1970), S. 209f.

20 G. Melis, *op. cit.*, S. 475.

21 D.E. Mungello, *Curious Land, op. cit.*, S. 124. Das Manuskript zu dieser zweiten Dekade scheint zumindest existiert zu haben. Im *Novus Atlas Sinensis* (Amsterdam 1654) bringt Martini einen kurzen Umriß dieser zweiten Dekade. Im Jahre 1672 veröffentlichte Melchisdek Thévenot, der Bibliothekar Ludwigs XIV., im Rahmen einer französischen Kompilation von Reiseliteratur eine Kaiserliste von Fuxi bis zum 15. Jahrhundert, die sehr der Chronologie Martinis ähnelt. Thévenot gibt als Quelle ein persisches Manuskript an, doch sein zweiter Teil heißt *Historiae Sinicae decas secunda*. Zudem taucht einmal der Ausdruck „Societatis nostrae“ auf. Edwin J. Van Kley, „Chinese History in Seventeenth-Century European Reports“, in: *Actes du II-I^e Colloque international de Sinologie, Chantilly 1980* (Paris 1983), S. 198. Knud Lundbæks Meinung nach ist diese Chronologie nicht von Martini; „The First European Translations of Chinese Historical and Philosophical Works“, in: *China and Europe. Images and Influences in Sixteenth to Eighteenth Centuries*, ed. by Thomas H.C. Lee (Hong Kong 1991), S. 41, Nr. 4.

mehr. Auch der belgische Jesuit Philippe Couplet bringt in seiner *Tabula Chronologica Monarchiae Sinicae* (1687) eine knappe, sehr summarische Chronologie Chinas bis zur Gegenwart, die er in zwei Hälften unterteilt: die Geschichte vor und die Geschichte nach Christus.[22] Zeitlich ist dies keineswegs die Mitte, aber Christi Geburt und die Erlösung der Menschheit bedeutete den Wendepunkt der Geschichte, die Mitte oder die „Fülle“ der Zeit. Die Geschichte vorher lief von der Sintflut zur Erlösung hin. Seit der Geburt Christi aber bewegt sich die Geschichte aufs Ende der Zeiten zu.[23] Auch Martini teilte sein Werk nach diesem Grundgedanken auf.

2.2. Die chinesischen Quellen

Vergleicht man Martinis Geschichtsschreibung mit der *Tabula Chronologica* Philippe Couplets, so unterscheidet sie sich sehr deutlich davon. Couplet beginnt seine chinesische Chronologie erst mit dem Regierungsantritt von Kaiser „Hoam ti“ (Huangdi) 2697 v.Chr., mit dem der 60er-Zyklus als sicheres Gerüst der chinesischen Geschichte einsetzt, während er Fuxi und Shennong nur in der Einführung erwähnt.[24] In seiner chinesischen Geschichte vor Christi Geburt, die 101 legitime Kaiser in einem Zeitraum von 2697 Jahren umfaßt, führt Couplet ganz nüchtern und summarisch die wichtigsten Ereignisse aus dem Leben der Kaiser auf, wobei er sich vor allem auf das *Shiji* des Sima Qian stützt. Sima Qian hatte im ersten Teil seines Werkes, genannt „Wudi benji“, „eigene Geschichte der fünf Kaiser *par excellence*“, die Geschichte der fünf Kaiser Huangdi, Zhuanxu, Diku, Yao und Shun behandelt.[25] Auch das Werk des Ming-Historikers Nanxian, welches eine Kombination aus dem *Shiji* und Liu Shus *Tongjian waiji* ist,

---

22 Beigefügt dem Werk *Confucius Sinarum Philosophus* (Paris 1687). Zu Couplet und speziell zu seiner „Tabula chronologica“ siehe *Philippe Couplet (1623–1688). The Man Who Brought China to Europe.* Monumenta Serica Monograph Series XXII (Nettetal - Sankt Augustin 1991), darin besonders David E. Mungello, „A Study of the Prefaces of Ph. Couplet's *Tabula Chronologica Monarchiae Sinicae* (1686)“, S. 183-199.

23 Joseph Stöcklein, *XVI. Theil des Welt-Botts* (Augsburg), Nr. 361, zitiert den alttestamentlichen Propheten Habakuk 3,2 als Beleg dafür: „Domine opus tuum, in medio annorum vivifica illud. In medio annorum notum facies ...“.

24 Auch Couplet erwähnt jedoch in seiner Einführung kurz den ersten Menschen „Puoncu“ (Pan Gu) sowie die Himmels-, Erden- und Menschenkaiser und dann Fuxi und Shennong.

25 Siehe Joseph Amiot, „L'Antiquité des Chinois prouvée par les monuments“, in: *Mémoires concernant les Chinois* II (Paris 1777), S. 1-364, bes. 128f.

war eine seiner Quellen.[26] Martinis Quellen dagegen kennen wir nicht genau. Im Vorwort zur *Sinicae Historiae* schreibt er, er habe sich auf verschiedene chinesische Annalen gestützt, um daraus seine chinesische Geschichte zu verfassen. Wir können annehmen, daß er ebenfalls Sima Qians *Shiji* benutzte, daneben aber auch volkstümliche Kurzausgaben der chinesischen Geschichte.[27] Sicherlich fand auch das *Shujing* und die Bearbeitung von Sima Guang *Zizhi tongjian* durch den Song-Philosophen Zhu Xi Verwendung.[28] Auch Vorarbeiten und Übersetzungen anderer Jesuiten konnte Martini zu Hilfe nehmen. In Giulio Alenis *Wanwu zhenyuan* etwa finden sich als geschichtliche Quellen außer den schon erwähnten das *Tongjian waiji* in zehn *juan*, das dem Liu Shu zugeschrieben wird, das *Gangjian*.[29]

3. *Liber* I: Die chinesische Urzeit

Das erste Buch der Dekade zeigt schon eine weitere Besonderheit von Martinis Werk: es ist nach den einzelnen Kaisern unterteilt, wobei am Rand jeweils die europäische Jahreszahl und der Zyklus mit Jahr stehen. Im Zusammenhang mit den Kaisern werden unsystematisch religiöse, chronologische und kulturelle Themen behandelt. Martini berichtete nicht nur über den Konfuzianismus, sondern über den Daoismus, den Buddhismus und den Neo-Konfuzianismus der Song-Zeit, den die meisten Missionare als atheistisch ablehnten; Martini versuchte, ihn objektiv zu betrachten. Seine „klassische“, vom Renaissance-Humanismus an der Gregoriana

---

26 Ph. Couplet, *Tabula Chronologica*. Siehe Arthur Wylie, *Notes on Chinese Literature* (Shanghai 1867; repr. New York 1964), S. 25f.

27 K. Lundbæk, *op. cit.*, S. 31. Zu diesen kleinen Büchern, die eine Art Volksenzyklopädien waren, siehe Knud Lundbæk, „Dr. Mentzels kinesiske Börnebog“, in: *Danmark-Kina* (Dec. 1982); ders., „Imaginary Chinese Characters“, in: *China Mission Studies (1550-1800) Bulletin* V (1983), S. 7f.

28 Theodore N. Foss, „Chinese Chronology in Jean-Baptiste du Halde, S.J., *Description ... de la Chine (1735)*“, in: *Actes du IVe Colloque international de Sinologie, Chantilly 1983* (Taipei - Paris - Hongkong 1991), S. 154-155.

29 Zu Alenis *Wanwu zhenyuan* siehe John W. Witek, S.J., „Principles of Scholasticism in China: A Comparison of Giulio Aleni's *Wanwu zhenyuan* with Matteo Ricci's *Tianzhu shiyi*“, in: T. Lippiello - R. Malek (eds.), *„Scholar from the West“. Giulio Aleni S.J. (1582-1649) and the Dialogue between Christianity and China*. Monumenta Serica Monograph Series XLII (Nettetal - Sankt Augustin 1997), S. 273-289; Claudia von Collani, „Francisco Luján's 'Annotationes' in Giulio Aleni's *Wanwu zhenyuan*“, in: ebd., S. 291-322.

(*Collegio Romano*) geprägte Bildung konnte Martini dabei nie verleugnen.[30] Zur Veranschaulichung für seine Leser zog er Vergleiche mit der klassischen griechischen und römischen Mythologie. Eine wichtige Rolle spielte für Martini aber auch die Astronomie. Die jeweiligen astronomischen Errungenschaften sind jeweils genau und fachmännisch beschrieben: neue Kalender, Ephemeriden, Eklipsen und Konjunktionen. Das ist nicht verwunderlich, war Martini doch in Rom Privatschüler von Athanasius Kircher in den mathematischen Wissenschaften gewesen. Die Frucht dieses Unterrichts waren Martinis genaue Beobachtungsgabe und seine astronomischen und geographischen Kenntnisse.[31] Es ist nicht auszuschließen, daß Martini auch am Astronomischen Amt in Peking gute Arbeit geleistet hätte, hätte nicht Johann Adam Schall von Bell, der damalige Direktor dieses Amtes, ihn bei seinem Besuch in Peking geschickt abgewimmelt.[32]

3.1. Die chinesische Religion

Martini stellte fest, daß die Chinesen zwar keinen Begriff für Gott hätten, aber sehr wohl von Gott wissen. Sie bezeichneten Gott „Xangti" (*Shangdi*), was Herrscher und Lenker bedeutet. Gott aber würden die Chinesen seit den Zeiten Noahs kennen. Die guten Engel hießen in China „Xin" (*shen*), die bösen „Quei" (*gui*). Außerdem gäbe es in China eine Unmenge von Schutzgeistern, von denen „Chinghoang" (*Chenghuang*), der Stadtgott, der wichtigste sei. Martini erwähnt ihn sicher nicht ohne Grund, war der Stadtgott doch einer der anstößigen Punkte gewesen, die der Gegner der Jesuiten im Ritenstreit, Juan Bautista de Morales OP, im Jahre 1645 der *Propaganda Fide* vorgelegt hatte.[33] In jeder Stadt gebe es Tempel für Schutzgeister, die gewissermaßen einen geistigen Magistrat darstellten. Man errichtete ihnen Tempel, die aber ohne Idole seien, nur mit einer Tafel versehen.[34]

---

30 Maria Rosa di Simone, „The Roman College in the first half of the seventeenth century and the cultural formation of Martino Martini", in: *Martino Martini*, S. 318-331.

31 Athanasius Kircher, „Proœmium ad lectorem", in: *China... illustrata* (Amsterdam 1667).

32 Siehe David E. Mungello, *The Forgotten Christians of Hangzhou* (Honolulu 1994), S. 25.

33 *100 Roman Documents Concerning the Chinese Rites Controversy (1645-1941)*, transl. by Donald F. St. Sure, ed. by Ray R. Noll. Studies in Chinese-Western Cultural History, No. 1 (San Francisco 1992), Doc. # 1.

34 Martini, *Sinicae Historiae*, S. 2-3.

LIBER PRIMUS. 5

Minùs absurdè philosophantur, qui saniorem Sinarum philosophiam secuti, chaos rerum omnium initium faciunt & principium, ex quo materiæ expers seu spiritale summum procreavit id, quod materiâ constat. Sed hoc ipsum adstruunt in duas divisum esse qualitates, quas YN & YANG vocant. YN occultum seu imperfectum sonat; YANG verò patens sive perfectum. Nos duo principia dicemus. Ex his autem in se ductis imagines sive signa quatuor, inde octo formas aut symbola prodiisse. Per imagines ego quidem elementa seu quatuor principes qualitates notari putem. Sinæ verò patens aliud perfectum, aliud imperfectum; occultum itidem aliud perfectum, imperfectum aliud nominant. Ex octo formis quælibet peculiarem sibi modum habet, quo pingitur, & generales quasdam res significat, ex quibus omnium singularium generatio pendet atque corruptio. Eæ porrò ita pinguntur. Prima ☰ cælum, secunda ☷ terram, tertia ☳ fulmina, quarta ☶ montes, quinta ☲ ignem, sexta ☵ nubes, septima ☱ aquas, octava ☴ ventum significat. Hæ formæ ut rectè atque ordine conjugentur, sciendum, Sinas occultum perfectum duplicatis duabus lineis scribere hac figurâ ⚏; imperfectum verò unicâ lineâ divisâ, ut hîc vides, — —; contrà patens perfectum unicâ lineâ continuâ in hunc modum, —; imperfectum duplici continuâ item lineâ parallelâ, ut sequitur, ⚌. Ex his ergo duobus principiis conjugatis octo illæ figuræ prodiere, quibus in se multiplicatis, quatuor constituuntur & sexaginta symbola sive imagines, qui numerus cujusdam universitatis est. Hinc dicunt, ex iis qualitatibus, quas YN & YANG paullò suprà vocari monuimus, formas quatuor; ex his per YN & YANG multiplicatis figuras octo; ex illis demum in se ductis amœnam rerum omnium varietatem effloruisse. Visum est autem ex eorum libris sexaginta quatuor symbola hîc apponere, prout ab ipsis pinguntur, quorum singula nomen habent singulare. Iis tamen recensendis consultò supersedeo, ne ignotis nominibus paginam impleam. Cujusmodi quælibet figura vim habeat, subjecta tabula considerantibus pro campo curiosi laboris esto.

Mira de rerū ortu opinio.

B Habent

Seite 5 aus Martino Martinis *Sinicæ Historiæ Decas Prima* mit der Erklärung der Hexagramme.

6 SINICÆ HISTORIÆ

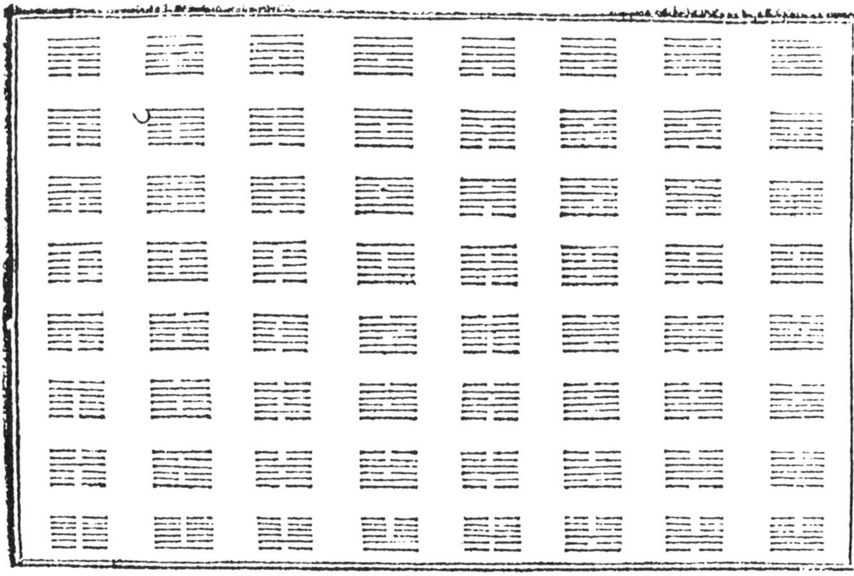

Antiquiſſimus Sinarum liber.

Habent Sinæ librum YEKING dictum, qui totus in his figuris explicandis eſt; magni apud eos pretij ob res arcanas, quas illic latére ſibi perſuadent. Mihi quædam philoſophia myſtica videtur eſſe Pythagoricæque perſimilis, etſi multis ſeculis prior; quippe quæ initium habuit à FOHIO, de quo dicemus infrà. Multa ſunt in eo libro de generatione & corruptione, de fato, de aſtrologiâ judiciariâ, de quibuſdam principijs naturalibus. Sed ea jejunè diſputantur & exiliter, abſque cauſis ac definitione rerum, quas aſſerunt, ad adſtruendam fidem allatis; quales reliqui omnes Sinarum ſunt libri. Idem liber numeros & figuras antè adſcriptas ad rectam reipublicæ adminiſtrationem & morum diſciplinam adhibet. Eo tamen ut plurimùm utuntur hodie ad divinationes & ſortilegia, genuino illius ſenſu aut neglecto, aut ignorato. Mirum quantum ei tribuant ex hoc etiam capite, quòd ex illius intelligentiâ rerum abſtruſarum eventuúmque omnium prænotionem ſibi promittant.

Sinæ numeris arcana tribuunt.

Neque ſolùm in lineis, ſed & in numeris explicant harum arcana figurarum, ita ut unum ſit, primum YANG; duo, primum YN, & ſic deinceps; novem verò ſummum & perfectiſſimum YANG, decem maximè

Seite 6 aus Martino Martinis *Sinicæ Historiæ Decas Prima* mit der Vorstellung von *Yijing* und Darstellung der Hexagramme.

3.2. Die chinesische Kosmogonie

Martini stellt kurz einige Kosmologien Chinas vor. So erklärten die chinesischen Philosophen die Welt als durch Zufall entstanden, die Buddhisten dagegen hielten die Welt für ewig. Es folgt eine weitere Kosmologie, wonach der erste Mensch „Puonzu“ (Pan Gu) aus einem Ei entstanden sei: die Schale wurde zum Himmel, das Eiweiß zur Luft und der Eidotter zur Erde. Als nächstes präsentierte Martini seinen europäischen Lesern die Kosmologie des Song-Konfuzianismus. So gebe es im *Liber ... de Natura* eine Kosmologie, wonach die Weltzeit einem ganzen Tag mit zwölf Stunden gleiche. Jede dieser Stunden währe 10.800 Jahre lang. Beim *Liber ... de Natura*, Martinis Quelle, handelt es sich um das Kompendium des Neo-Konfuzianismus, das *Xingli daquan*, 1415 in 70 *juan* veröffentlicht. Martini stützte sich auf das Buch *Huang ji jing shi shu* (Höchstes Prinzip, das die Welt lenkt), das vom Philosophen und Numerologen der Song-Zeit Shao Yong (Kang Jie) verfaßt worden war.[35] Um Mitternacht, also bei Tagesbeginn, wurde der Himmel erschaffen, in der ersten Stunde die Erde, in der zweiten Stunde der Mensch. Kaiser Yao, „einer der renommiertesten Kaiser Chinas“, wurde in der sechsten Stunde, mittags, geschaffen (d.h. zu seiner Zeit war der Kulminationspunkt).[36] Damit, so meint Martini, müßten die Chinesen älter sein als die Ägypter und Chaldäer. Einige aber glaubten, daß zwischen dem Ursprung der Welt und dem Philosophen Kongfuzi („Confutius“) 3.267.000 Jahre lägen! Martini zeigt mit dieser Zahl, daß er auch daoistisch beeinflußte Chronologien benutzte, aber eine derart hohe Zahl als Weltalter anzunehmen, war für Europäer der damaligen Zeit einfach verrückt. Das Ende der Welt geschehe nach dem *Xingli* in der neunten Tagesstunde (in Europa: sechs Uhr nachmittags), danach kehre die Welt ins Chaos zurück, und eine neue Welt beginne.[37]

Weniger „absurd“ erschien Martini die mehr philosophische Lehre von der Entstehung aller Dinge aus dem Chaos, wonach ein immaterielles gei-

---

[35] Für Shao Yong verläuft die Geschichte im Kreis. Das Universum entsteht aus dem Chaos, nach und nach erscheinen Himmel, Erde und dann die zehntausend Dinge, darunter der Mensch. Die Welt vervollkommnet sich immer mehr bis hin zu ihrem Höhepunkt. Im gegenwärtigen Zyklus war dies unter Kaiser Yao, etwa 2000 Jahre vor Shao Yong. Dann geht es abwärts mit der Welt bis zu einem neuen Chaos, aus welchem eine neue Welt entsteht. Siehe Knud Lundbæk, „Shao Yung et les Jésuites de l'ancienne Mission de Chine“, in: *Actes du Ve Colloque international de Sinologie, Chantilly 1986* (Paris – Taipei 1993), S. 175f.

[36] *Ibid.*, S. 178.

[37] Martini, *Sinicae Historiae*, S. 4; siehe dazu Joseph Stöcklein, Nr. 361 im *Welt-Bott*; cf. Antoine Gaubil, „Traité de la chronologie chinoise“, *op. cit.*, S. 137-139.

stiges höchstes Wesen jedwede Materie hervorbrachte. Diese Materie sei in die beiden polaren Kräfte *yin* und *yang* unterteilt. *Yin* ist das Verborgene, Unvollkommene, *yang* das Offene und Vollkommene. Aus diesen entstehen die vier Bilder und daraus die acht Formen oder Symbole: Himmel, Erde, Blitze, Berge, Feuer, Wolken, Wasser, Wind. Die unterbrochene Linie steht dabei für *yin*, die zusammenhängende für *yang*. Die acht Symbole miteinander multipliziert ergeben die 64 Symbole. Martini vergleicht diese vier Bilder mit den vier (europäischen) Elementen oder Prinzipien.[38]

Diese vom Daoismus beeinflußte Kosmologie führte Martini zum *Yijing*, zum „Buch der Wandlungen“:

> Die Chinesen haben ein Buch *Yeking* genannt, das ganz zur Erklärung dieser Figuren ist. Es steht in hohem Ansehen bei ihnen wegen seiner geheimen Lehren (Arcana), die es ihrer Meinung nach enthält. Mir erscheint diese mystische Philosophie sehr ähnlich der des Pythagoras zu sein, obschon viele Jahrhunderte früher, da sie von dem weiter unten erwähnten Fohi (Fuxi) herrührt.[39] Viel gibt es in diesem Buch über Entstehen und Vergehen, über das Schicksal, über Astrologie, über einige Naturprinzipien ...[40]

Außerdem werde das *Yijing* zur Staatskunst, aber auch zur Wahrsagerei benutzt, seinen wahren Sinn kenne man nicht mehr.[41] Beigefügt ist die erste in Europa gedruckte Tafel der 64 Hexgramme, die der europäische Drukker jedoch auf dem Kopf stehend zeigt.[42] Interessanterweise benutzte Martini hier nicht die übliche Anordnung der Hexagramme, sondern die sogenannte *xiantian*-Anordnung, „Früherer Himmel“. Sie wurde traditionell dem Fuxi zugeschrieben, entstammt tatsächlich aber dem Werk Shao Yongs.[43]

---

38 Martini, *Sinicae Historiae*, S. 5. Cf. „Da zhuan“, Kap. XI im *Yijing*: „Darum gibt es in den Wandlungen den großen Uranfang [*taiji*]. Dieser erzeugt die zwei Grundkräfte. Die zwei Grundkräfte erzeugen die vier Bilder. Die vier Bilder erzeugen die acht Zeichen [*bagua*].“ Siehe *I Ging. Das Buch der Wandlungen*, hrsg. von Richard Wilhelm (München 1989), S. 295.

39 Vgl. dazu auch Fung Yu-lan, *A History of Chinese Philosophy* II (Princeton 1983), S. 93f.

40 Martini, *Sinicae Historiae*, S. 6.

41 *Ibid.*, S. 6f. Das bedeutet, daß Martini zumindest die Figur *xiantian* kannte.

42 Cf. dazu die Tafel in *Confucius Sinarum Philosophus* (Paris 1687), S. XLIV.

43 K. Lundbæk, „Shao Yung et les Jésuites“, *op. cit.*, S. 178f.

12 SINICÆ HISTORIÆ

atque Romani aquilam in insignibus ostentant. Illud tamen admiratione dignum, in regij Draconis pedibus digitos quinos pingi à Sinis: si qui alij eo symbolo utantur, nefas & capitis pœnâ cautum est, ne quis plures in pede ungues effingat quàm quaternos. Sed infrà plura de Sinarum circa Draconem superstitione dicam.

Characterum initium & figura.

Idem Imperator Sinicos characteres reperit, quos loco nodorum adhibuit, sed ipsis nodis intricatiores. In quolibet enim charactere sunt observanda sex; Figura, Sonus, Usus, Significatio, Compositio, Explicatio. Literæ tamen illæ à FOHIO inventæ, ab his, quæ nunc in usu versantur, olim diversæ, ad Ægyptiaca hieroglyphica accedebant, ut figura rem significandam ipso adspectu exhiberet. Ut exemplis res magis in aperto sit, hæc litera, 1. quæ montem significat, olim ita, 2. pingebatur. Sic solem eo modo exprimebant, quo Mathematicis hodie circulo medióque puncto, 3. describitur; nunc istâ formâ, 4. effingunt. Draconis hæc 5. olim figura erat; hodie ita 6. formatur. Regis litera, seu nomen sceptrum cum oculo, 7. referebat; nunc ita, 8. pingunt. Volucrem, gallinam, vel gallum, suâ, hoc est, nativâ specie, 9. 11. repræsentabant; nunc his ductibus 10. 12. explicantur. Habeo penes me librum literis Sinicis ad sex diversos modos conscriptum, opus antiquissimum & rarum, Sinis ob vetustatem raritatémque magno semper in pretio habitum. In eo libro antiquæ literæ formam utcunque referunt earum, quas Romæ in obeliscis sæpe me videre memini. Et hæc de literis Sinarum; nunc cetera persequamur.

Ad hoc usque temporis, mares inter ac feminas nullum erat apud Sinas in moribus ac veste discrimen, nulla connubia lege firmata; sed belluarum more temerè & vagâ libidine jungebantur. Utrinque

Connubia instituta.

FOHIUS discrimen invexit. Nam & viros à feminis cultu distinxit, & conjugia instituit, tantâ etiam propinquitatis reverentiâ, ut lege vetuerit

Seite 12 aus Martino Martinis *Sinicæ Historiæ Decas Prima* mit den chinesischen „Hieroglyphen“.

16 SINICÆ HISTORIÆ

prehendi queant. At LIXEUS arithmeticæ Sinenſis author facili methodo ſex genera numeros tractandi complexus, Algebræ arcana, regulas falſi aut ſocietatis non attingit. Ea ſupputandi ratio globulis conſtat filo ferreo inſertis, cujus quindenæ vel vicenæ ſeries è ſummâ tabulâ deorſum æquali intervallò factæ, per medium ductâ tabellâ ita dividuntur, ut in ſuperiori ordine ſingula fila duos globulos capiant, quorum ſinguli quinarium valent; in inferiori verò, cujus ſpatium laxius in altitudinem patet, ſingula quinos habeant, non ejuſdem æſtimationis. Quævis enim ſphærula pro monade tantùm putatur. Numerus autem apud Sinas quoque ſiniſtram verſùs more noſtro in numeris creſcit. His ergo globulis huc illuc, ſurſum deorſúmque, ſicut uſus poſtulat, permutatis, magnâ facilitate dexteritatéque rationes ſuas expediunt. Quem computandi modum perquam expeditum, in calculò præſertim ſexagenario, non ſemel optimo ſucceſſu ipſemet uſurpavi; tantóque magis probavi, quòd abſque calamo & chartarum lituris omnia, non aſpernando compendio, poſſunt ad calculum revocari. Ejus tabellæ formam hîc utcunque lectori exhibeo.

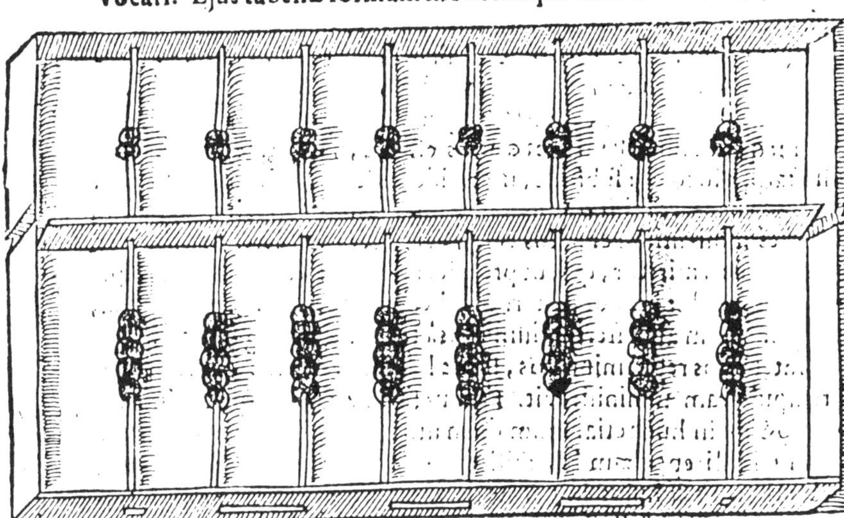

Quartus è Præfectis LIMLUNIUS leges civiles, reique publicæ ritè gubernandæ præcepta ſcripſit. YUMHIUS autem duodecim vaſa pro totidem anni menſium numero ex ære cyprio, mirabili artificio,

Seite 16 aus Martino Martinis *Sinicæ Historiæ Decas Prima* mit der Abbildung des Abakus.

Später wurde diese Anordnung der Hexagramme übrigens von Joachim Bouvet an den deutschen Philosophen Gottfried Wilhelm Leibniz geschickt.[44]

3.3. Chronologie

Martini erwähnt chinesische Traditionen über eine große Überschwemmung in China, was wohl auf Ereignisse anspielt, von denen das *Shujing* berichtet. Ob diese Überschwemmung identisch mit der Flut des Noah sei, könne er nicht entscheiden, vielleicht sei es nur eine lokale Überschwemmung gewesen. Aber auf jeden Fall habe sie etwa zur gleichen Zeit wie die des alttestamentlichen Patriarchen Noah stattgefunden, d.h. etwa 3000 v. Chr. (Genesis 6,5–8,22). Das Thema der alten Chronologie taucht immer wieder in der *Sinicae Historiae Decas Prima* auf, Martini weist verschiedene Lösungsvorschläge auf, ohne sich jedoch für einen zu entscheiden.

3.4. Die chinesischen „Hieroglyphen"

Die ersten chinesischen Zeichen in Europa wurden in der schon erwähnten spanischen Originalausgabe von Juan Gonzalez de Mendoza *Historia de la cosas ... de la gran reyno de la China...* von 1585 abgedruckt, doch sind sie kaum als solche erkennbar.[45] In der *Sinicae Historiae Decas Prima* finden sich chinesische Zeichen erstmals richtig abgedruckt. Martini bezeichnet diese Zeichen als *characteres*, wie sie auch Matteo Ricci genannt hatte.[46] Nach chinesischer Überlieferung wurden sie von Kaiser Fuxi (Thronbesteigung trad. 2952 v.Chr.) anstelle der früheren Knotenschrift verwendet. Die alten chinesischen Zeichen ähnelten in Martinis Augen den ägyptischen Hieroglyphen, die er auf Obelisken in Rom gesehen hatte. Daher vertrat Martini die These, daß beide Hieroglyphen seien, da sie die Dinge nur durch ihre Figur bezeichneten.[47] Bis zur Entzifferung der ägyptischen Hieroglyphen zu Beginn des 19. Jahrhunderts wollten manche Gelehrte die ägyptischen mittels der chinesischen deuten, da sie die Abstammung der

---

[44] C. von Collani, *Bouvet*, *op. cit.*, S. 31-44; *Leibniz korrespondiert mit China. Der Briefwechsel mit den Jesuitenmissionaren (1689–1714)*, hrsg. von Rita Widmaier (Frankfurt 1990), S. 147-163 und 170.

[45] Gonzalez, *op. cit.*, S. 93-94; H. Walravens (Hrsg.), *op. cit.*, S. 87.

[46] Pasquale D'Elia, *Fonti Ricciani* I (Roma 1942), Nr. 50, S. 36: die chinesischen „lettere, o più tosto caratteri, als modo degli hieroglifichi ...".

[47] Martini, *Sinicae Historiae*, S. 12.

Chinesen von den Ägyptern postulierten.[48] Diese These wurde von dem Jesuiten-Polyhistor Athanasius Kircher vertreten, der in Rom der Mathematikprofessor Martinis gewesen war.[49] Von China aus war dann wiederum Martini einer der Informanten seines ehemaligen Lehrers für dessen berühmtes Buch *China … illustrata* (1667).[50]

3.5. Die alten chinesischen Kaiser

Im ersten Buch behandelte Martini die geschichtlich unsichere Zeit der chinesischen Urgeschichte bis zu Kaiser „Xunus" (Shun). Nach „Puoncuo" (Pan Gu) folgte „Thienhoanagus" (Tianhuang), wobei Martini in Folge alle chinesischen Namen mit „us" am Ende latinisierte; damit folgte er dem Geschmack der damaligen Zeit, die chinesischen Namen wohlklingender für europäische Ohren zu machen.[51] Auf Kaiser Tianhuang folgten wiederum dreizehn Nachfolger seiner Dynastie.[52] Tianhuang habe die Zeichen erfunden, mit deren Hilfe der 60er-Zyklus zusammengestellt werde. Daher war die Mathematik, die die Chinesen von den Nachkommen des Noah lernten, ihre erste Übung.[53] Auf „Tihoangus" (Dihuang) geht Martini nicht näher ein. Unter „Ginhoangus" (Renhuang) und seinen neun Nachfolgern erlebte China sein goldenes Zeitalter.[54] Die Felder wurden kultiviert, die Könige herrschten mit väterlicher Güte. Außerdem wurde die Geometrie erfunden.

---

48 Verfechter dieser Theorie waren z.B. Jean-Jacques Dortous de Mairan in seiner Korrespondenz mit dem französischen Chinamissionar Dominique Parrenin SJ und Joseph de Guignes mit seiner Schrift *Mémoire dans lequel on prouve que les Chinois sont une colonie égyptienne* (Paris 1759). Siehe dazu David E. Mungello, „Aus den Anfängen der Chinakunde in Europa 1687–1770", in: H. Walravens (Hrsg.), *op. cit.*, S. 74f.

49 Francis Yates, *Giordano Bruno and the Hermetic Tradition* (Chicago 1964), S. 416f.; D.E. Mungello, *Curious Land*, *op. cit.*, S. 143-157.

50 D.E. Mungello, *Curious Land*, *op. cit.*, S. 131; zur Geschichte der chinesischen Schriftzeichen, wie man sie zur damaligen Zeit in Europa betrachtete, siehe Knud Lundbæk, *The Traditional History of the Chinese Script* (Aarhus 1988).

51 Siehe Antonio Foresti, *Der Historischen Welt-Carten... zweyte Fortsetzung oder fünffter Theil …* (Augspurg 1721), S. 515: „Ich habe mich bemühet die Harte Chinesische Nahmen und Wörter in einen angenehmern Laut zu bringen / welcher der Italienischen Außsprach etwas ähnlicher kommet."

52 Tianhuang ist der Titel von 13 Herrschern, bei Martini sind es 14.

53 A. Gaubil, „Traité de la chronologie chinoise", *op. cit.*, Teil 2, S. 2.

54 Renhuang gilt als Name von neun Brüdern, die zusammen 45.600 Jahre regiert haben sollen. A. Gaubil, *op. cit.*, S. 3.

Zur Zeit des nächsten Herrschers „Yeus" (Youchao) lebten die Menschen wieder in Höhlen. Youchao lehrte sie, stattdessen Hütten aus Holz zu erbauen. Von seinem Nachfolger „Suius" (Suiren), nach Martini eine Art zweiter Prometheus, lernten die Menschen den Gebrauch des Feuers und des Kochens. Suiren lehrte die Menschen die Knotenschrift als Gedächtnisstütze, und er brachte erstmals die Lehre von den fünf chinesischen Elementen auf: Metall, Holz, Wasser, Erde und Feuer. Diesen Elementen entsprechen die fünf Planeten: Saturn der Erde, Jupiter dem Holz, Mars dem Feuer, Merkur dem Wasser, Venus dem Metall. Doch der näheren chronologischen Fixierung wich Martini hier aus, da er befürchtete, sich sonst in Europa lächerlich zu machen.[55]

Die eigentliche Chronologie beginnt bei Martini mit „Fohius" (Fuxi), denn er sei der erste gewesen, den die Chinesen „Thiensu" (Tianzi), Himmelssohn, nannten.[56] Fuxi wurde der Legende nach in der Provinz Shaanxi von seiner Mutter ohne Vater geboren, nachdem seine Mutter auf die Fußstapfen eines Riesen getreten war. 2952 v.Chr. sei Fuxi zum Begründer des chinesischen Reiches geworden, was nach Meinung Martinis darauf schließen ließ, daß die ersten Einwohner des Fernen Ostens noch vor dem Turmbau zu Babel bis dorthin gekommen waren.[57] Zudem war Fuxi ein großer Astronom, der die Gestirne beobachtete und astronomische Tafeln verfertige.[58] Er erfand von neuem die Schriftzeichen. Außerdem habe Fuxi die 64 Hexagramme des *Yijing* entdeckt, die er auf dem Rücken eines aus einem See auftauchenden Drachen gesehen hatte. Er habe diese Fiktion be-

---

55 Cf. A. Gaubil, *op. cit.*, S. 4f. Gaubil erklärt auch die Schriftzeichen der Herrschernamen: „yeou" (*you*) bedeute „es gibt", "Tchao" (*chao*) bedeutet ein Vogelnest auf einem Baum oder eine Holzhütte. „Soui" (*sui*) ist das Zeichen für ein Gerät zum Feuermachen, während „gin" (*ren*) Mensch heiße.

56 Couplet beginnt, im Gegensatz zu Martini, seine Chronologie mit Huangdi, weil erst mit diesem der 60er-Zyklus einsetzt.

57 Martini, *Sinicae Historiae*, S. 11. Gaubil setzt das erste Regierungsjahr Fuxis auf das Jahr *Kouey-yeou* (*guiyi*) an, d.h. 3468 v.Chr. Gaubil erkärt, er habe wohl eine andere chinesische Quelle als Martini gehabt. A. Gaubil, *op. cit.*, S. 6, Nr. 1.

58 Martini, *Sinicae Historiae*, S. 10-11: „His Imperator magnis virtutibus eluxit, et Astrologiae cumprimis peritus, coelestium juxta humanarumque rerum curam exacte habuit." „Astrologie" wurde zur damaligen Zeit als synonym für Astronomie verwendet. Siehe dazu *Yijing*, II. Abteilung, Kap. II.: „Als in der Urzeit Bau Hi [Baoxi] (Beiname Fuxis) die Welt beherrschte, da blickte er empor und betrachtete die Bilder am Himmel, blickte nieder und betrachtete die Vorgänge auf Erden. Er betrachtete die Zeichnungen der Vögel und Tiere und die Anpassungen an die Orte. Unmittelbar ging er von sich selbst aus, mittelbar ging er von den Dingen aus. So erfand er die acht Zeichen ..." (Wilhelm, *I Ging*, S. 304).

nutzt, um seinen neuen Gesetzen im Geist seines Volkes Furcht und Respekt zu verschaffen, denn der Drache gelte in China als äußerst glückbringendes Wesen und sei Zeichen der Kaiser.[59] Außerdem intitutionalisierte Fuxi die Ehe und brachte den Chinesen weitere Kulturgüter bei. Seine Regierungszeit betrug 115 Jahre.[60] War aber die Astronomie unter Fuxi schon so weit entwickelt, dann bedeute das, daß in China schon vor der Sintflut Menschen wohnten.[61]

Nach Fuxi folgte Kaiser „Xinnungus“ (Shennong, trad. 2837–2698 v.Chr.) mit 140 Jahren Herrschaft. Sein Name bedeute „spiritueller Ackerbauer“ (*spiritualis agricola*, in der französischen Übersetzung *laboureur Celeste*). Ihn feiert Martini als Erfinder des Ackerbaus. Unter seiner Herrschaft habe es den ersten Krieg auf Erden gegeben.[62]

Der dritte Kaiser „Hoangtius“ (Huangdi, trad. 2697–2598 v.Chr.) mit einer Regierungszeit von 100 Jahren spielte eine besondere Rolle, da er den 60er-Zyklus einführen ließ, der die genaue chinesische Chronologie ermöglicht. Couplet läßt mit ihm als erstem Herrscher Chinas seine Chronologie beginnen, während er Fuxi und Shennong nur im Vorwort kurz behandelt.[63] Bei seiner Person zeigt es sich, wie völlig unbekümmert Martini mit den Geschichtsfakten umging, weder schönte er noch versuchte er, eine systematische oder logische Ordnung in die Ereignisse zu bringen. Huangdi kam nämlich durch Waffengewalt an die Macht, was Couplet nicht erwähnt.[64] Trotzdem war er ein ausgezeichneter Herrscher. Huangdi setzte sechs Minister oder Präfekten ein, die große Erfindungen machten. Der erste schuf den 60er-Zyklus. Der zweite beobachtete die Sterne und schuf nach ihrem Abbild eine Himmelssphäre. Der vierte Präfekt konstruierte den ersten Abakus, den *suanpan*. Der fünfte ließ zwölf Kupfervasen anfer-

---

59 Martini, *Sinicae Historiae*, S. 11f.

60 *Ibid.*, S. 11-13; cf. Couplet, „Præfatio ad Tabulam Chronologicam Sinicae Monarchiae“, S. XX; A. Gaubil, *op. cit.*, S. 5.

61 Martini, *Sinicae Historiae*, S. 10: „Hanc enim qua de scribo, extremam Asiam ante diluvium habitatam fuisse pro certo habeo.“

62 *Ibid.*, S. 13-14; *Histoire de la Chine* (Paris 1688), S. 33. Cf. *I Ging*, *op. cit.*, S. 305: „Als der Bau-Hi-Klan vorüber war, kam der Klan des göttlichen Landmanns auf.“ Gaubil bringt als Fuxis Nachfolger im Herrscheramt noch dessen Schwester (und/oder Gattin) Nüwa, deren Wirken 3333 v.Chr. begann und 130 Jahre währte. Nach Gaubil begann Shennongs Herrschaft 3218 v.Chr. Außerdem habe er sieben Nachfolger gehabt, die zusammen 380 Jahre herrschten. Somit kommt Gaubil wieder zu den gleichen Daten wie Martini und Couplet. A. Gaubil, *op. cit.*, S. 6f.

63 Couplet, *Tabula chronologica*, S. XX bzw. 1.

64 *Ibid.*, S. 1; Martini, *Sinicae Historiae*, S. 14.

tigen, die mit einem Pulver gefüllt waren. Zu Ende eines jedes Monats war das Pulver einer Vase verflüchtigt. Der sechste Präfekt erfand Musikinstrumente. Von Huangdi aber heiße es in China, daß er nicht gestorben sei, sondern entrückt zu einem Unsterblichen, *shenxian*, wurde.[65] Was Martini aber nicht erwähnt, ist die überaus wichtige Erfindung der Seidenraupenzucht durch Huangdis Gattin „Luy su" sowie das glückbringende Erscheinen des Einhorns.[66]

Huangdis Sohn und Nachfolger „Xaohauus" (Shaohao, 2597–2514 v. Chr.) herrschte 84 Jahre und stellte Ordnung im Reiche her, indem er den Beamten und Offizieren bestimmte Farben und Tiere als Insignien zuteilte. Er war eigentlich ein guter Herrscher, doch als er schon alt war, verführte ihn ein Bösewicht namens „Kieulius" mit Wahrsagerei und Täuschung zu entsetzlichem Aberglauben. Deshalb schickte der Himmel schreckliches Unglück auf das Volk herab.[67]

Shaohaos Nachfolger war sein Neffe „Chuenhious" (Zhuanxu, trad. 2513–2436 v.Chr.), der insgesamt 78 Jahre herrschte und sich vor allem um die Religion verdient machte. Er führte wieder die Frömmigkeit seiner Vorgänger ein, die nur einen Höchsten Herrn des Himmels anerkannt hatten. Er fügte der kaiserlichen Würde die Priesterwürde bei. Nur noch der Kaiser durfte nun Opfer (an Gott) darbringen. Martini führte diesen Gedanken nicht näher aus, doch beim europäischen, mit den biblischen Geschichten vertrauten Leser mußten sogleich Assoziationen geweckt werden zu Melchisedech, der König von Salem und Priester des Höchsten Gottes zugleich war und als „Figur" oder Vorbild für Jesus Christus angesehen wird (Genesis 14,18-20). Unter Zhuanxus Herrschaft waren Mathematik und Astronomie hochentwickelt, der Herrscher selbst verfaßte Ephemeriden.[68] Eine Konjunktion aller fünf Planeten, die wahrscheinlich älteste dokumentierte überhaupt, wurde in der Konstellation „Xe" (*shi*) beobachtet. Am selben Tag habe auch eine Konjunktion von Sonne und Mond stattgefunden. Zhuanxu verlegte daraufhin den Jahresanfang auf diesen Tag.[69]

---

65 Martini, *Sinicae Historiae*, S. 14-19.

66 Siehe Couplet, *Tabula Chronologica*, S. 1f.

67 Martini, *Sinicae Historiae*, S. 20f.

68 *Ibid.*, S. 21-23.

69 Martini, *Sinicae Historiae*, S. 21. Martini, astronomisch keineswegs unbewandert, lokalisierte die Konstellation näher: sie erstrecke sich nun vom 18° (europäisch) Fische bis zum 4° im Widder; cf. Couplet, *Tabula chronologica*, *op. cit.*, S. 2: „5. Planetarum conjunctio tum ab eo observata eo ipso die, quo Solis & Lunae conjunc-

Vom Enkel und Nachfolger Zhuanxus, „Cous“ (Gaoxin, bzw. Diku, trad. 2435–2358 v.Chr.), der 70 Jahre herrschte, berichtet Martini vor allem, daß er mit seinen vier Frauen die Polygamie in China einführte. Jede der Frauen hatte einen Sohn von Diku, und zwei davon hatten nach anfänglicher Unfruchtbarkeit auf ihre Bitten an *Shangdi*, den Höchsten Himmelsherrn, den erwünschten Sohn erhalten.[70]

Der siebte Kaiser „Yaus“ (Yao, 2357–2259 v. Chr.), der 90 Jahre regierte, gilt nach Martini als frömmster und heiligster der alten Kaiser, weshalb er stets als Beispiel eines Idealherrschers dargestellt werde.[71] Mit ihm beginnt das *Shujing*, das kanonische Buch der Urkunden, das Martini hier mehrmals wörtlich (in eigener Übersetzung?) als Quelle zitiert. Martini lobte sehr Yaos Bescheidenheit und Anspruchslosigkeit, wodurch er für Konfuzius zum Modell für alle Herrscher wurde. Die Kaiserin verbesserte die bis dahin noch recht kunstlose Seidenraupenzucht und lehrte die Frauen das Weben. Yao ordnete den Kalender. Zur genauen Himmelsbeobachtung und -verehrung setzte er berufsmäßige Astromomen ein, die Gebrüder „Hius“ und „Hous“ (Xi und He). Sie sollten den Lauf der Gestirne genau berechnen, damit die Riten zur rechten Zeit durchgeführt würden. Unter Yao gab es eine große Überschwemmung in China, die nach Martini der biblischen Sintflut sehr ähnelte. Gründe dafür bringt er jedoch nicht, doch Martinis Ansicht nach könnten sich ja die Wasser der biblischen Sintflut bis nach China erstreckt haben.[72] Dann aber kommt Martini zu einem erstaunlichen Schluß: da diese Überschwemmung zur Zeit des Noah gewesen sein

---

tio fuit.“ Siehe auch Joseph Anne Marie de Moyriac de Mailla, *Histoire générale de la Chine* I (Paris 1777, Nachdruck Taibei 1969), S. CLIII: „Lorsque l'mpereur Tchu-en-hio, fit le calendrier, il établit le commencement de l'année au commencement du printemps. Cette année le premier jour de la première lune on étoit entré dans le printemps, cinq planètes s'assemblèrent au ciel: on avoit passé la constellation *Che*, alors vint le dégel, les vers cachés se remurèrent ...“. Mailla datierte diese „conjunctio maxima“ nach dem *Tongjian gangmu* auf das Jahr 2461 v.Chr.

70 Martini, *Sinicae Historiae*, S. 23f.

71 Martini (oder der Drucker) verrechnete sich, Yao regierte, wie aus Martinis Daten ersichtlich, nicht 90 sondern 100 Jahre, wie Couplet auch anführt.

72 Martini begibt sich damit auf ein gefährliches Terrain, denn nach der Lehre der Bibel war die Sintflut auf der ganzen Erde. De Mailla (*op. cit.*, S. 53) präzisiert das Datum der Sintflut nach dem *Tongjian gangmu* auf das 61. Jahr Kaiser Yaos, also 2295. Yu beseitigte die Folgen dieser Flut (De Mailla, *op. cit.*, S. 63ff.). Gaubil datiert die Flut in seiner Übersetzung des *Shujing*, *Le Chou-king, un des livres sacrés des Chinois* (Paris 1770, S. 4) auf das 60. Jahr Yaos. Couplet erwähnt im 40. Jahr des VII. Zyklus eine neunjährige Sintflut („Diluvium“), stellt aber keinerlei Beziehung zur biblischen her. Vgl. Couplet, *Tabula chronologica*, *op. cit.*, S. 3.

muß, könne man leicht annehmen, daß die ganze Geschichte Chinas bis zu dieser Zeit nur eine Fabel ist. Außerdem könne man ohne Skrupel glauben, daß Yao wegen der Namens- und Zeitähnlichkeit identisch sei mit dem römischen Gott Janus. Einige aber glaubten, so schließt Martini, daß Janus und Noah identisch seien![73]

Damit hat Martini zur Lösung des Problems, die chinesische und die biblische Chronologie miteinander in Einklang zu bringen, einen Weg eingeschlagen, der nach ihm von den sogenannten Figuristen, aber auch von europäischen Historikern eingeschlagen wurde: die alten chinesischen Kaiser waren nur andere Namen für die ersten Patriarchen aus dem Alten Testament, die ja nach christlicher Anschauung die Stammväter der gesamten Menschheit sind. Als Beleg dafür schien Martini die Tatsache zu dienen, daß auch die biblischen Patriarchen stets ein sehr hohes Alter erreichten.[74] Durch die Identifizierung der chinesischen Kaiser mit den Stammvätern der Menschheit schien das große Problem gelöst, die chinesische mit der biblischen Chronologie in Einklang zu bringen.[75] Als seinen Nachfolger bestimmte Yao nicht seinen Sohn, sondern einen einfachen Mann aus dem Volke, dem er seine beiden Töchter als Ehefrauen gab, nämlich Shun.[76]

Mit dem nächsten Kaiser, dem achten Kaiser „Xunus“ (Shun, trad. 2258–2208 v.Chr.) mit einer Regierungszeit von 33 Jahren, beschließt Martini das erste Buch seiner Dekade.[77] Shun verfertigte eine „Sphaera“ der sieben Planeten aus Edelsteinen und rechnete jedem Planeten einen Stein zu.[78]

---

73 Martini, *Sinicae Historiae*, S. 26f.; siehe dazu Johann Heinrich Zedler (Hrsg.), *op. cit.*, S. 217-221; cf. D.E. Mungello, *Curious Land*, *op. cit.*, S. 127f.

74 Siehe dazu von C. von Collani, „Martino Martini“, *op. cit.*; dies., *Bouvet*, *op. cit.*, S. 189-199, wo Fuxi nur ein anderer Name für den alttestamentlichen Stammvater Henoch ist (Genesis 5,21-24).

75 Siehe dazu Claudia von Collani, „La chronologie chinoise, base de la méthode missionnaire du P. Joachim Bouvet, S.J.“, in: *Actes du IVe Colloque international de Sinologie, Chantilly 1983* (Paris 1991), S. 107-124.

76 Martini, *Sinicae Historiae*, S. 24-29; Cf. die Übersetzung von James Legge, *The Chinese Classics* III. *The Shoo King* (Taibei 1985), part I (S. 16-27).

77 Tatsächlich sind es nach Martinis Zahlen 50 Jahre Regierung!

78 Martini, *Sinicae Historiae*, S. 30-33. Diese Anspielung entstammt dem *Shujing* I.II.5: „Inspexit margaritis ornatam machinam, iaspideum tubum transversum, ut componeret septem Rectores“ (*Chou King. Les Annales de la Chine*, par Séraphin Couvreur [Paris 1950], S. 11f., 15). Cf. die Übersetzung von Legge: „He examined the gem-adorned turning sphere, and the gem transverse tube, that he might regulate the seven Directors“ (II.i.III.5, S. 33). Die sieben „Direktoren“ sind dabei wohl die sieben Planeten. Martini stellte sich dabei wahrscheinlich eher eine Sphäre vor, wie

4. *Liber* II: Die Xia-Dynastie (2207–1766 v.Chr.)

Das zweite Buch behandelt die Geschichte der Dynastie „Hiaa“ (Xia), die von 2207–1766, also 441 Jahre, mit 17 Kaisern über China herrschte und die die erbliche Monarchie einführte. Unter der Geschichte ihres ersten Kaisers „Yuus“ (der Große Yu, trad. 2207–2198 v. Chr.), der nur 10 Jahre herrschte, ist ein wichtiger theologischer Exkurs eingezeichnet, der unsere Theorie, daß Martini jedwede Weltgeschichte als Heilsgeschichte ansah, untermauert. Martini kommt noch einmal darauf zurück, daß bis zum heutigen Tag nur der Kaiser *Shangdi* Opfer darbringen darf, also auch der Hohepriester seines Reiches ist. Was zu seiner, Martinis Zeit, verehrt würde, wisse er nicht recht, doch früher sei es der wahre Gott gewesen, und diese Tradition stamme von Noah. Martini glaubte sogar, daß einst viele Chinesen unter dem Naturgesetz (*lex naturae*) nach ihrem Tode errettet wurden (*salutem post mortem consecutos*). Damit stand Martini ganz in der Tradition vieler christlicher Theologen, die eine Dreiteilung der Weltgeschichte annahmen. Diese drei Weltzeiten waren das Naturgesetz (*lex naturae*), das Gesetz des Mose und das Gesetz Christi oder das Gesetz des Evangeliums. Aber das hieß keineswegs, daß alle Menschen, die nicht unter dem Gesetz Christi lebten, verloren gewesen wären. Auch die Menschen, die unter dem Naturgesetz lebten, konnten durch Gottes Gnade errettet werden, ohne daß sie explizit Christen gewesen wären. Zu diesen Menschen gehörten die Patriarchen aus dem Alten Testament, aber häufig auch „heidnische“ Philosophen wie Sokrates und Platon. Wer der inneren Gewissensstimme, die jeder Mensch hat, gehorchte, der konnte gerettet werden. Nach all dem Positiven, das Martini und andere Jesuiten von den alten chinesischen Herrschern berichteten, muß man annehmen, daß sie auch an die mögliche Errettung der Chinesen früherer Zeiten glaubten, falls diese ein Leben nach ihrem Gewissen geführt hatten.[79] Martini war je-

---

er sie in Rom beim Mathematikunterricht Kirchers gesehen hatte. Das Vorbild war das Werk *De Sphaera* des englischen Mathematikers Ioannes de Sacrobosco (John of Holywood, 13. Jahrhundert). Christopher Clavius, der Lehrer Matteo Riccis, hatte es neu kommentiert herausgegeben als *In Sphaeram Ioannis de Sacro Bosco commentarivs* ... (Roma 1585; 1606, 6. Aufl.), S. 24. Siehe auch Claudia von Collani, „Theologie und Wissenschaft in China“, in: *Naturwissenschaftliches Weltbild und Evangelisierung*, hrsg. von Karl Müller SVD. Veröffentlichungen des Missionspriesterseminars St. Augustin bei Bonn, Nr. 43 (Nettetal - Sankt Augustin 1992), S. 90.

79 Siehe dazu Claudia von Collani, „Das Problem des Heils der Heiden“, *op. cit.*, bes. S. 105. Auch Franz Xaver war der Überzeugung gewesen, daß nicht getaufte Japaner Rettung hatten finden können. Siehe Georg Schurhammer, *Franz Xaver. Sein Leben und seine Zeit*. II, 3: *Japan und China* (Freiburg i.Br. 1973), S. 249f. sowie

denfalls fest davon überzeugt, daß die Chinesen einst unter dem Namen „Höchster Kaiser" (*Shangdi*) den einzigen, wahren Gott gekannt und verehrt hatten. Sie kannten keine Götterbilder und dergleichen, denn sie glaubten, durch Bilder könne er den Augen der Sterblichen nicht verdeutlicht werden.[80]

Unter dem vierten Herrscher der Xia-Dynastie, „Chumkangus" (Zhongkang, trad. 2153-2147 v.Chr.) mit dreizehnjähriger Regierungszeit fand ein weiteres wichtiges astronomisches Ereignis statt, nämlich eine Sonnenfinsternis in der Konstellation „Fang" (*fang* liege jetzt im 28° des Skorpions). Die saumseligen Reichsastronomen (Xi und He) sagten sie nicht voraus, was mit dem Tode bestraft wurde. Das sei bei gravierenden Fehlern des Reichsastronomen auch heutzutage noch so. Martini fand für diese Eklipse verschiedene Daten in den chinesischen Annalen, manchmal 2158 v.Chr., bisweilen 2156 v.Chr.[81]

5. *Liber* III: Die Shang-Dynastie (1665–1122 v.Chr.)

Von den vielen, von Martini behandelten hervorragenden Herrschern können hier nur wenige behandelt werden. Kaiser „Tangus" (Cheng Tang, bzw. Tian Yi, trad. 1766–1753 v.Chr.) soll als Ideal eines chinesischen Kaisers gezeigt werden. Mit Cheng Tang begann die Shang-Dynastie (1765–1122 v.Chr.). Seine Herrschaft wird im *Shujing* beschrieben. Martini bringt in diesem Zusammenhang verschiedene Zitate aus diesem Werk, von dem zu dieser Zeit noch keine gedruckte Übersetzung in einer europäischen Sprache existierte.[82] Cheng Tang zeichnete sich durch Bescheidenheit

---

Domenico Grasso, „Il pensiero di S. Fr. Saverio sulla salvezza degli antichi pagani", in: *Studia Missionalia* (1953), S. 111-123; hierzu siehe auch die Meinung von Johann Adam Schall von Bell: „Man erkennt, wie verkehrt es ist, gegen die alten Weisen, die vielleicht das Naturgesetz beobachtet haben und gerettet wurden, ins Feld zu ziehen, wie einige Missionare es gegenwärtig tun. Man sticht nur in ein Wespennest und schadet der Glaubensverbreitung" (Alfons Väth, *op. cit.*, S. 108, Nr. 35).

80 Martini, *Sinicae Historiae*, S. 35; J. Legge, *op. cit.*, II.ii.-iv.

81 Martini, *Sinicae Historiae*, S. 43f. Über diese Eklipse hatte auch Schall in seinem *Gujin jiaoshi kao* (Erforschung der alten und modernen Eklipsen) von 1633 geschrieben und das Jahr 2155 v.Chr. dafür berechnet. Siehe Antoine Gaubil, Brief vom 20. Oktober 1723 an Etienne Souciet, Correspondance, 62; cf. Louis Pfister, *Notices biographiques et bibliographiques sur les Jésuites de l'ancienne Mission de Chine 1551–1773* (Chang-hai 1932), S. 179.

82 Die erste gedruckte Übersetzung des *Shujing* in Europa stammte von Antoine Gaubil SJ, *Le Chou-king, un des livres sacrés des Chinois* (Paris 1770).

und Zurückhaltung aus. Vor allem aber hebt Martini eine besonders fromme Tat Cheng Tangs hervor. In China herrschte eine siebenjährige Trokkenheit und das Volk drohte zu verschmachten. Da bot sich der Kaiser selbst dem Himmel als Opfer an, denn er als Herrscher fühlte sich verantwortlich für das Unglück seines Volkes. Der Himmel solle ihm und nicht dem Volk seinen Zorn erweisen. Der Himmel ließ sich erweichen und schickte dem Land den lang ersehnten Regen.[83] Später diente Kaiser Cheng Tang den Figuristen als Beispiel für die Selbstaufopferung des Erlösers Jesus Christus.[84]

6. Die chinesischen Philosophen

6.1. Laozi

Mitten unter den chinesischen Kaisern behandelt Martini die wichtigsten chinesischen Philosophen. Zuerst Laozi („Laotanus"), der nach Martini im 3. Jahr der Regierungszeit von Kaiser „Tingus" (Ding wang), also 604 v.Chr. geboren wurde (35. Zyklus, 52. Jahr). Zum besseren Verständnis für seine Leser verglich Martini die Daoisten mit der „Sekte der Epikuräer". Das bedeutet, daß mit dem Tode alles zu Ende sei. Daher trachteten die Daoisten danach, ihr Leben möglichst zu verlängern. Die Daoisten waren eine der drei chinesischen „Sekten", wie für gewöhnlich die Missionare die Religionen Chinas nannten. Außer dem „Taokiao" (*daojiao*) gibt es noch das „Jukiao" (*rujiao*), nämlich die Gelehrtensekte (d.h. den Konfuzianismus), und das „Foekiao" (*fojiao*), den Buddhismus. Wie tief Martinis Kenntnisse über die Daoisten waren, wissen wir nicht. Er nimmt an, daß es den Taoisten vor allem um das Vergnügen (*voluptas*) ging. Doch Laozi beurteilt er recht günstig, wenn er ihn nach dem *Daodejing* zitiert (ohne es jedoch beim Namen zu nennen):

> *Dao*, oder die große *Ratio*, hat keinen Namen. Den Himmel erschuf sie und die Erde; (sie) ist ohne Gestalt. Die Gestirne bewegt sie, selbst unbeweglich. Da ich ihren Namen nicht kenne, sage ich *Dao* oder höchste *Ratio* ohne Gestalt.[85]

Das ist offensichtlich eine Paraphrasierung des 25. Kapitels des *Daodejing*, meines Wissens das erste übersetzte und gedruckte Zitat aus diesem Werk

---

[83] Martini, *Sinicae Historiae*, S. 58f; cf. Couplet, *Tabula Chronologica*, S. 6.

[84] C. von Collani, *Bouvet*, *op. cit.*, S. 160.

[85] Martini, *Sinicae Historiae*, S. 117: „Tao, sive magna ratio non habet nomen. Caelum creavit ac terram; expers figura; sidera movens, ipsa immota. Hujus quia nomen ignoro; Tao, sive summam sine figura rationem dixerim."

in Europa. An anderer Stelle habe dieser Philosoph bekannt, er sei vom Himmel erschaffen worden. Der Beurteilung Laozis durch Martini folgten übrigens im großen und ganzen einige Jesuiten in China: Laozi ist ein Philosoph, der offensichtlich Gott anerkannte. Seine Nachfolger allerdings hätten seine guten Lehren völlig verdorben.[86]

6.2. Der große Philosoph „Confutius"

Fraglos war Kongfuzi oder „Confutius", wie ihn Martini latinisiert nennt, der für China, aber auch für die Chinamissionare wichtigste Philosoph. Seine Geburt setzt Martini ins 21. Regierungsjahr Kaiser „Lingus" (Ling wang, 571–545 v.Chr.), d.h. 551 v.Chr.[87] Seine Wirkung entfaltete Konfuzius unter König „Kingus" (Jing wang, 519–476 v.Chr.) im Königreich Lu, wo er die Sitten und Gesetze entscheidend verbesserte. Seine Bemühungen wurden jedoch durch das Geschenk eines neidischen Nachbarkönigs zunichte gemacht, der dem König von Lu eine schöne Sängerin schenkte, die dieser zur Konkubine nahm – damit endeten alle Reformbemühungen.[88] Dazu bemerkte Martini lakonisch: „Raro enim virtus & Venus sociantur."[89]

Für Martini war Konfuzius nicht nur ein Verkünder des Naturgesetzes, sondern ein direkter Prophet des Christentums mit einer Rolle, die der von Johannes dem Täufer frappierend ähnelt.[90] Zunächst stellt Martini fest:

> Es ist sehr wahrscheinlich, daß er den wahren Gott kannte. Denn zu dieser Zeit gab es bei den Chinesen noch keine Idole noch ihre Verehrer. Sie verehrten den einen Himmel. Da uns dessen Ratio vom Himmel eingeflößt wurde, versichert Konfuzius, sei der Himmel ohne Gestalt und das Vollkommenste und Höchste. Der Himmel belohnt die Guten und bestraft dementsprechend die Bösen.

Und weiter:

> Die große Lehre (*doctrina*) der großen Männer liegt darin begründet, daß, da jeder sich selbst vervollkommnet, er auch die anderen vervollkommnet, so daß alle dem Einen, nämlich dem höchsten Guten folgen. Aber die Vollkommenheit eines Jeden besteht darin, daß ein jeder das natürliche Licht (*lumen naturale*) in sich entzündet und rein hält, so daß

---

86 Cf. Couplet, *Tabula chronologica*, S. 13: „Lao kiun, auctor sectae immortalium, quin & Epicuraeae; Deum videtur agnovisse, sectarii ejus dogmata depravarunt ...".

87 Martini, *Sinicae Historiae*, S. 120.

88 *Lunyu* XVII/4, bzw. XVIII/4.

89 Martini, *Sinicae Historiae*, S. 126.

90 Siehe auch „Confucii vita" in: *Confucius Sinarum Philosophus* (Paris 1687), S. CXX.

> er nie vom Naturgesetz und von den von der Natur eingepflanzten Vorschriften abirrt ...[91]

Dieser erste Satz aus dem *Daxue* (wovon es zur damaligen Zeit noch keine Übersetzung in Europa gab) weist Konfuzius klar als einen Sokrates vergleichbaren Philosophen aus, der die sogenannte „Goldene Regel" vertrat („Was du nicht willst, das man dir tu', das füg' auch keinem andern zu").[92]

Eine besondere Geschichte über Konfuzius, die ihm ein chinesischer christlicher Philosoph erzählte, möchte Martini seinen Lesern nicht vorenthalten, bestärkt sie doch seine Darstellung von Konfuzius als Propheten des Christentums. Der Kern dieser Geschichte wird zu Ende des den Schülern des Konfuzius zugeschriebenen „Chuncieu" (*Chunqiu*) berichtet. Konfuzius habe nämlich vorausgesehen, daß Gott Mensch werden würde, ja er habe sogar das Jahr des Zyklus gekannt, wann dies geschehen würde. Im 39. Jahr von Kaiser „King" (das 57. des 37. Zyklus), „Xengxin" genannt, töteten Jäger aus Lu am Westtor der Stadt ein sehr seltenes Tier, das nur die Chinesen kennen, das Kilin (*Qilin*). Es heißt, daß sein Anblick Glück bringt, und es würde ihm ein Held von großer Heiligkeit folgen. Als Konfuzius davon erfuhr, rief er aus: „Wer hat dich kommen geheißen, Kilin? Wer hat dich kommen geheißen, Kilin? Schon neigt meine Lehre sich dem Ende zu, schon ist sie zu Ende, wenn du kommst." Und Martini fügt erläuternd hinzu, daß das *Qilin* bei den Chinesen das liebenswürdigste und sanfteste Tier sei, das niemanden verletze, nichts Böses tue und niemandem schade. Jener Christ habe das *Qilin* mit dem Namen benannt, mit dem die Christen das „Lamm Gottes" im Chinesischen bezeichnen, denn das Wort „Lamm" sei für chinesische Ohren beleidigend. So wie das *Qilin* im Jahre 57 des betreffenden Zyklus getötet wurde, so sei der Erlöser 475 Jahre später, also ebenfalls im 57. Jahr des betreffenden Zyklus, geboren worden, auch im Jahre mit Namen „Xengxin". Konfuzius aber sei ob des Ereignisses in Freudentränen ausgebrochen, denn daß seine Lehre ihrem Ende zuneige, bedeute, daß der wahre Gesetzgeber geboren werde, mit dem

---

91 Siehe dazu die spätere Übersetzung im *Confucius Sinarum Philosophus*, *liber primus*, S. 1, wo der Gedanke von dem inneren Licht, das der Himmel selbst eingepflanzt hat, noch mehr betont wird: „Magnum adéoque virorum Principium, sciendi institutum consistit in expoliendo, seu excolendo rationalem naturam à coelo inditam, ut scilicet haec, ceu limpidissimum speculum, abstersis pravorum appetituum maculis, ad pristinam claritatem suam redire possit."

92 Cf. *Lunyu* XII/2, bzw. XIII/2.

alle Sekten und Philosophen endeten. Der Tod des *Qilin* bedeute auch den Tod des Erlösers, der wie ein Opferlamm vor das Westtor geführt wurde.[93]

7. *Liber* X: Kaiser Han Aidi (6–1 v. Chr.)

Martinis chinesische Geschichte, die wie jede Weltgeschichte auch eine Heilsgeschichte ist, läuft auf ihr Ziel, die Geburt Jesu Christi hin. Diesem Ziel ordnet Martini die Geschichte unter, denn Kaiser „Ngayus" (Han Aidi), mit dem er seine *Decas Prima* enden läßt, war nur der vorletzte Han-Kaiser. Der letzte entfällt bei Martini, da nach seiner Geschichte unter ihm Christus schon geboren war. Philippe Couplet dagegen hört sehr viel folgerichtiger mit Xiao Pingdi (1 v.Chr. - 5 n.Chr.) auf.

Zunächst bringt Martini eine weltliche Anekdote über Aidi. Dieser wurde in einem Wildgehege plötzlich von einem wilden Bären bedroht. Eine seiner Hofdamen warf sich mutig zwischen die Bestie und den bedrohten Kaiser und erdrosselt den Bären mit Hilfe von Kleidern. Daraufhin liebte der Kaiser sie zärtlich, doch die eifersüchtige Kaiserin trieb sie in den Selbstmord.

Im 5. Regierungsjahr gab es eine Sonnenfinsternis, und im Palast wurde eine außergewöhnliche Stimme vernommen, begleitet von Trommeln. Sie war so laut, daß man sie bis ans äußerste Palasttor vernahm. Der Kaiser fürchtete sich und verlangte eine Erklärung. Es bedeute, so hieß es, große Rebellion und Umwälzung im Reiche.

Mit den „Tartaren" befand sich China zu dieser Zeit im Krieg, doch ihr König Tang schickte im selben Jahr eine Friedensgesandtschaft an den chinesischen Kaiserhof, und die beiden Mächte schlossen Frieden. Im Jahr darauf starb der Kaiser. Es war dasselbe Jahr, in dem Christus geboren wurde. Der Kaiser aber wollte seinen Namen ändern in „Pingus", der Friedensstifter.[94] Hier muß man Martini jedoch eine Ungenauigkeit vorwerfen, denn erst Aidis Nachfolger Xiao Pingdi war der „Friedensstifter".

---

93 Martini, *Sinicae Historiae*, S. 131f; James Legge, *The Chinese Classics*. V. *The Ch'un Ts'ew with the Tso Chuen* (Taipei 1985), Book 12 (14. Jahr): „In the (duke's) fourteenth year, in spring, (some) hunters in the west captured a *lin*" (S. 833). Hierzu muß angemerkt werden, daß das Einhorn im Mittelalter Symbol für den Erlöser war. Der Legende nach kann es nur von einer reinen Jungfrau gefangen werden. Damit wird es zum Symbol für die Menschwerdung des Sohnes Gottes durch die Jungfrau Maria. Das Horn wird Sinnzeichen des heilsstarken Kreuzes, das Einhorn Symbol für Christus und die Reinheit. In geistlichen Dichtungen galt die Einhornjagd zumeist als Bild für die Empfängnis. Jürgen Einhorn, *Spiritalis Unicornis* (München 1976), S. 197; cf. C. von Collani, *Bouvet* , S. 163f.

94 Martini, *Sinicae Historiae*, S. 360-362.

Martini hatte nicht bedacht, daß die Regierungszeit eines neuen Kaisers immer erst im folgenden neuen Jahr begann.[95]

8. Der Einfluß der *Sinicae Historiae Decas Prima* auf Europa

8.1. Die europäische Geschichtsschreibung nach Martini

Martino Martinis Werk über die frühe Geschichte Chinas, in verschiedenen Auflagen und ins Französische übersetzt,[96] machte erstmals die alte chinesische Geschichte zusammenhängend in Europa bekannt. Sein Einfluß auf die europäische Welthistoriographie und Chronologien über China kann gar nicht überschätzt werden. Nach der *Sinicae Historiae Decas Prima* mußte China in jeder europäischen Chronologie seinen Platz erhalten.[97] Einer ganzen Reihe von chronologischen Werken über China und ganzen Weltgeschichten diente Martini zusammen mit Philippe Couplet direkt als Vorlage.[98] Martini hatte es vermieden, sich für eine der biblischen Chronologien zu entscheiden und somit das Problem offengelassen. Die meisten Europäer blieben trotz aller Widersprüche auf der ihnen vertrauteren Chronologie der Vulgata-Übersetzung der Heiligen Schrift, denn im Zweifelsfall war doch die Bibel vorzuziehen.[99] Aber die chinesische Chronologie sollte als Hilfswissenschaft für verschiedene Ereignisse der biblischen oder europäischen Geschichte Fixpunkte liefern, denn es schien keine andere, ebenso sichere Geschichte zu geben:

> Ein jeder aus beyden [d.h. Martini und Couplet] wie der Leser bald wahrnihmt, hatte wenigstens zum theil seine besondere Jahrbücher, derer sich der andere nicht bedienete; und dennoch kommen sie in denen Wirbeln und ihren Jahren so genau übereins, daß aus eben diser Einträchtigkeit erwisen wird, was nicht allein sie, sonder alle in Sinischen Büchern

---

[95] Cf. Couplet, *Tabula Chronologica*, S. 20: „Eodem anno (57.) SALVATOR MUNDI luna 11. qua regnabat successor dictur Pacificus, etsi more Sinico annus 6. totus attribuetur decessori."

[96] Siehe *Bibliotheca Missionum* V, Index; Van Kley, „Europe's 'Discovery' ...", S. 371.

[97] V. Pinot, *op. cit.*, S. 209.

[98] John W. Witek, „Chinese Chronology: a Source of Sino-European Widening Horizons in the eighteenth Century", in: *Actes du Colloque International de Sinologie, Chantilly 1980* (Paris 1983), S. 223-252. Theodore Nicholas Foss, „Chinese Chronology in Jean-Baptiste du Halde, S.J., *Description ... de la Chine (1735)*", in: *Actes du IVe Colloque international de Sinologie, Chantilly 1983* (Taibei - Paris - Hongkong 1991), S. 153-192.

[99] Pierre Le Lorraine de Vallemont, *Les elements de l'Histoire* II (Paris 1699), S. 190.

erfahrene Missionarii, ja alle gelehrten Sineser ohne Ausnahm versichern, daß seit drey biß viertausend Jahre in ihrer Jahr-Rechnung nicht der geringste Fehler zu finden seye, mithin sich keiner besorgen dörffe, als hätten sie nur ein Jahr entweder überflüssig eingeschoben oder durch versehen ausgelassen.[100]

8.1.2. Die alte chinesische Astronomie

Von Anfang an spielten die astronomischen Kenntnisse der Jesuiten eine wichtige Rolle in der Missionsarbeit. Dank der zu dieser Zeit besseren westlichen Mathematik und der neuen astronomischen Instrumente aus dem Westen, wie z.B. des Teleskops, machten sich die Jesuiten am Astronomisch-Mathematischen Amt unentbehrlich. Seit Johann Adam Schall von Bell war der Vorsitz dieses Amtes in den Händen der Jesuiten.[101] Doch zumindest seit Nicolas Trigault wurden auch die recht genauen und ausführlichen chinesischen Annalen auf astronomische Ereignisse hin erforscht.[102] Auch Johannes Schreck (Terrenz) hatte sich gleichzeitig mit chinesischer Geschichte und Astronomie befaßt und beschrieb in seinem Brief aus „Changtseu“ von 1623 an die „Mathematiker von Ingolstadt“, der an Johann Kepler weitergeleitet wurde, daß die geschichtlich unsichere Zeit in China von Fuxi bis Yao sechs Kaiser umfasse. Außerdem berichtet er von den ältesten Sonnwenden und Eklipsen, eine davon kurze Zeit nach Yao.[103]

Martini erwähnte als Astronom unter den Regierungszeiten der verschiedenen Kaiser eine ganze Reihe astronomischer Ereignisse. Sie dienten im Zusammenhang mit dem 60er-Zyklus als Fixpunkte, um Zusammenhänge zwischen der chinesischen und der biblisch-europäischen Geschichte herzustellen. Eines der frühesten astronomischen Ereignisse war die Planetenkonjunktion unter Kaiser Zhuanxu. Ohne sie zeitlich näher zu bestimmen, meinte Martini, es könnte vielleicht die berühmte Planetenkonjunktion sein, die nach den europäischen Chronologen zur Zeit des Noah

[100] Stöcklein, *Welt-Bott*, *op. cit.*, Nr. 358, S. 60.

[101] C. von Collani, „Theologie und Wissenschaft in China“, *op. cit.*, S. 83-94.

[102] *Annales Regni Sinensis*, 4 t. in-fol. (1627?). Trigault soll eine Geschichte Chinas in 120 Bänden erforscht haben. Ob seine *Annales*, bzw. zumindest Bd. 1, tatsächlich gedruckt wurden und irgendwo erhalten sind, konnte ich bis jetzt leider nicht in Erfahrung bringen. Bd. 1 soll jedenfalls 1628 in Europa angelangt sein. Vgl. L. Pfister, *op. cit.*, S. 119, Nr. 14.

[103] Wahrscheinlich die Eklipse 2155 v.Chr. unter Zhuanxu. Siehe *R.P. Ioannis Terrentii à Societate Jesv Epistolivm ex Regno Sinarvm ad Mathematicos Evropæos missvm: cum commentatiuncula Joannis Keppleri Mathematici …* (Sagani Silesiæ 1630).

stattfand.[104] Diese „Conjunctio aurea“ der fünf Hauptplaneten Saturn, Jupiter, Mars, Venus und Merkur hatten chinesische Astronomen etwa 2500 v.Chr. in der Konstellation „che“ (*shi*, europäisch: Fische) am 1. Tag des chinesischen Frühlings und Jahresanfangs beobachtet. Bei verschiedenen chinesischen Autoren tauchten Berichte darüber auf. Der Chinamissionar Joseph Anne Marie de Moyriac de Mailla setzte die Konjunktion auf 2449 v.Chr. an, der französische Astronom Jean Dominique Cassini nahm 2012 v.Chr. an, womit er die chinesische Chronologie um 500 Jahre verkürzte.[105] Der deutsche Astronom Christfried Kirch dagegen hielt das Jahr 2249 v.Chr. für richtig.[106] Antoine Gaubil hielt die Diskussion für überflüssig, da alle chinesischen Berichte darüber unhistorisch und daher unzuverlässig seien und sie nicht auf den *Shujing*, sondern nur auf den Kommentaren beruhten.[107]

8.1.2. Philippe Couplet (1686)

Sehr wahrscheinlich beeinflußte Martini auch Philippe Couplets *Tabula Chronologica* (Paris 1686). Sie besteht aus zwei Teilen, die übersichtlich gegliedert sind. Der erste umfaßt in summarischer Form die chinesische Geschichte bis etwa zur Geburt Christi, der zweite Teil die Geschichte Chinas bis zu Couplets Zeit. Couplet zählte dabei neben dem 60er-Zyklus als historisches Gerüst sehr sorgfältig die astronomischen Ereignisse auf. In der Folgezeit bildeten Martini und Couplet zusammen die wichtigsten europäischen Quellen für die chinesische Geschichte.

8.1.3. Antonio Foresti (1690)

Direkten Einfluß übten Martini und Couplet zusammen mit Juan Gonzalez de Mendoza auf Antonio Forestis *Mappamondo istorico, overo descrizione di tutti imperi del mundo, delle vite dei pontifici, e i fatti piu illustri dell'antica e moderna storia* (Parma 1690) in sechs Bänden aus (deutsch:

---

[104] Martini, *Sinicae Historiae*, S. 21.

[105] Joseph Brucker, „Correspondance d'un Missionar français à Pékin au dix-huitième siècle. Le P. Antoine Gaubil, d'après les documents inédits“, in: *Revue du monde catholique* LXXVI (1883), S. 222; V. Pinot, *op. cit.*, S. 222.

[106] Christfried Kirch, „Annotationes breves in antiquissimam Observationem Astronomicam, scilicet, notabilem illam Conjunctionem Planetarum, quae sub Chuen-hio, Sinarum Imperatore, facta perhibetur“, in: *Miscellanea Berolinensia ad incrementum scientiarum* II (Berlin 1727), S. 165-168.

[107] Antoine Gaubil, *Correspondance de Pékin 1722–1759*, hrsg. Renée Simon (Genève 1970), S. 323; siehe auch S. 62, 195, 378, 444, 491, 502, 747; J. Brucker, *op. cit.*, S. 222.

Der historischen Welt-Karten anfänglich in italiänischer Sprach beschrieben durch P. Antonium Foresti … zweyte Fortsetzung oder fünffter Theil … [Augspurg 1721]).[108] Foresti zählte, im Gegensatz zu Martini oder Couplet, jedoch seine Jahre nach Erschaffung der Welt und nicht vor Christus. Als strikter Anhänger der Vulgata bemerkte er sehr wohl die Schwierigkeit, die chinesische Chronologie damit in Einklang zu bringen. Er löste das Problem, indem er für die älteste chinesische Geschichte ein Jahr mit einem Monat gleichsetzte und so pro Zyklus nicht 60, sondern nur fünf Jahre bekam. Nachher wechselte er zu drei Monaten pro Jahr über, und endlich ging er auch zu Jahren über.[109]

8.1.4. Christian Mentzel (1696)

Der frühe deutsche Sinologe und Leibarzt des Großen Kurfürsten, Christian Mentzel war ebenfalls der Verfasser einer chinesischen Chronologie. Mentzel hatte autodidaktisch auf mühevollste Weise einige Kenntnisse der chinesischen Sprache erworben, konnte etwas Chinesisch lesen und betreute die „chinesische Büchersammlung" des Großen Kurfürsten.[110] Neben Martini und Couplet gibt er als Quelle eine Art Schulfibel an, das *Xiao er lun*, „Kleiner Kinder Unterweisung".[111] Seine Chronologie nannte Mentzel *Kurze Chinesische Chronologia oder Zeit-Register Aller Chinesischen Käyser/ Von ihrem also vermeinten Anfang der Welt bis hieher zu unseren Zeiten/ des nach Christi unsers Seligmacher Gebuhrt …* (Berlin 1696); sie behandelt alle chinesischen Kaiser bis hin zu Kam Hi (Kangxi), dem zweiten Kaiser der Qing-Dynastie. Das Büchlein berichtet zu jedem Kaiser einige wissenswerte Tatsachen und bringt die chinesischen Schriftzeichen seines Namens. Damit wird belegt, daß Mentzel tatsächlich eine kleine Chronologie mit Schriftzeichen in der Hand gehabt haben muß.

---

108 Forestis *Mappamondo*, vor allem der Teil über China, wurde nach seinem Tode von Silvio Grandi fortgeführt.

109 A. Foresti, *op. cit.*, V. Theil, S. 505.

110 Walter Artelt, *Christian Mentzel. Leibarzt des Grossen Kürfürsten, Botaniker und Sinologe* (Leipzig 1940); Eva Kraft, „Die chinesische Büchersammlung des Großen Kurfürsten und seines Nachfolgers", in: *China und Europa. Chinaverständnis und Chinamode im 17. und 18. Jahrhundert* (Berlin 1973), S. 18-25; David E. Mungello, *Curious Land*, *op. cit.*, S. 238-241; Knud Lundbæk, *T.S. Bayer (1694–1738). Pioneer Sinologist* (London - Malmö 1986), S. 77-83.

111 Eva Kraft hält die Existenz eines solchen Büchleins für fiktiv, siehe Eva Kraft, „Frühe chinesische Studien in Berlin", in: *Medizinhistorisches Journal* 11 (1976), S. 115, während Lundbæk solche Büchlein gefunden hat - siehe *op. cit.*, S. 134-139, sowie ders., „Dr. Mentzel's kinesiske Börnebog", in: *Danmark-Kina*, December 1982.

8.1.5. Pierre Le Lorrain de Vallemont (1699)

Bei Pierre Le Lorrain de Vallemonts *Les elemens de l'histoire* (Paris 1699) handelt es sich um eine allgemeine Einführung und Übersicht und chronologische Probleme sowie eine kurze Beschreibung von Chronologien verschiedener Völker, darunter auch der Chinesen. Vallemont bezeichnet China als ältestes Reich der Welt. Er hält es nicht für gut, sich chronologisch den Chinesen anzupassen, denn die Chronologie der Heiligen Schrift sei der chinesischen allemal vorzuziehen. Aber es gibt eine Lösung des Problems: man kann den ersten Kaiser Chinas, Fuxi, mit Noah identifizieren, denn seine Lebensumstände ähneln denen des Noah, der 2944 v. Chr. geboren wurde.[112]

8.1.6. Joseph Stöcklein (1730)

Auch die überaus interessante Chronologie des Jesuiten Joseph Stöcklein basiert auf Martini und Couplet. Stöcklein war der Herausgeber von 24 der 40 Teile von *Der Neue Welt-Bott* (1726–1736) in drei Bänden.[113] Den gesamten 16. Teil dieses *Welt-Botts* widmete Stöcklein dem Versuch, die chinesische Chronologie mit anderen orientalischen und mit der europäischen in Übereinstimmung zu bringen. Der Traktat heißt: *Eine Astronomische Ausgleichung der Sinischen Jahr-Wirbeln mit den Mosaischen, Syrischen, Egyptischen, Jüdischen, Griechischen und Römischen Jahr-Rechnungen* (Augspurg und Gräz 1730).[114] Stöcklein entscheidet sich jedoch für eine Chronologie, nämlich die der Vulgata, wonach die Welt ca. 4000 Jahre vor Christi Geburt erschaffen wurde. Den Kalender soll nach Meinung der Chinesen Yao erfunden haben, den Stöcklein, dabei Martini folgend, mit Noah gleichsetzt.[115] Sodann geht Stöcklein ausführlich auf die „Große Weltstunde“ des Song-Philosophen Shao Yong ein, wovon Martini kurz berichtet hatte. Stöcklein hält diese Theorie für durchaus mit dem christlichen Weltbild vereinbar:

> Nichtsdestoweniger reden sie meines Erachtens in einer so diese zwölff grosse Welt-Stund betrifft nicht übel da sie bekennen, daß wir dermal

---

112 P. L.L. de Vallemont, *op. cit.*, II, S. 190.

113 Siehe *Bibliotheca Missionum* I, Nr. 838 und a.a.O. Der Titel lautet genau: *Allerhand so lehr- als geistreiche Brief, Schriften und Reis-Beschreibungen* (Augsburg und Gräz, seit 1726). Der *Neue Welt-Bott* ist bekanntlich eine teilweise Übersetzung der *Lettres édifiantes et curieuses*, der durch weitere Briefe und Berichte ergänzt wurde, die nur in deutscher Übersetzung erschienen.

114 *Bibliotheca Missionum* I, Nr. 845.

115 Stöcklein, *Welt-Bott*, Nr. 358, S. 60.

uns zwischen der achten und neunten Stund des Welt-Alters befinden. Denn so fern ich einerseits die Worte des Propheten Habacuc im 3. Capitel zweiten Vers mit bewährten Schrifftweisen dahin ausdeute, daß Christus der Herr in der Mitten des ganzen Welt-Alters seye geboren worden; andrerseits aber aus dem Folg diser Jahr-Rechnung soll erwisen werden, daß er im viertausendesten Jahr der Welt unser menschliche Natur angenommen habe: ist kein Zweifel mehr sondern ein ausgemachte Wahrheit, daß die Welt vor seiner Geburt Vier-Tausend Jahr gestanden und nach seine Geburt andere Vier-Tausend Jahr also in allem Acht-Tausend Jahr biß zum letzten Gericht stehen werde. Dann falls ich Acht Tausend mit zwölff theile, kommen auf jeden Theil Sechs-Hundert sechs- und sechzig Jahr samt acht Monathen folgsamlich auf acht Theil oder acht grosse Welt-Stunden = 5333. Jahr vier Monath: auf neun Theil hingegegen grad 6000 Jahr. Nun leben wir jetzt im Fünff-Tausend-sibenhundert-ein-und-dreysigsten Welt-Jahr, mithin in der zum End neigenden neunten grossen Welt-Stund; wovon sie in ihrem Buch von der Natur (wie Martinius bezeugt) also schreiben: in der neunten Welt-Stund da solche wird zu Ende gehen (verstehe um das Jahr Christi 2000. der Welt aber 6000) wird in der ganzen Welt entsetzliche Krieg, Empörungen und hieraus erfolgende allgemeine Drangsaln alles unter-über-sich gekehrt werden: biß endlich alle Dinge auf ihren ersten Fuß, wohin sie gehören, erstattet werden.[116]

8.2. Die europäische Theologie

Martinis Einfluß in theologischer Hinsicht war immens. Er war es, der den Chinesen einen festen Platz in der Heilsgeschichte zuwies. Matteo Ricci hatte in seiner *De christiana expeditione apud Sinas suscepta* (Augsburg 1615) noch recht nüchtern festgestellt, daß die Chinesen von Konfuzius glaubten, er habe alle anderen Sterblichen an Heiligkeit übertroffen.[117] Martini ging viel weiter, indem er Konfuzius in eine Reihe mit den *prisci theologi* stellte. Dazu gehörten neben den Philosophen Zoroaster, Platon, Pythagoras und Sokrates auch mysteriöse Gestalten wie die Sibyllen, die Druiden, Orpheus, Hermes Trisgemtistos und die Königin von Saba.[118] Sokrates und andere sogenannte „heidnische" Philosophen aber waren es, die zu allen Zeiten bei ihren Völkern das „Licht der Natur" oder die Uroffen-

---

[116] J. Stöcklein, *Welt-Bott*, *op. cit.*, Nr. 361, S. 62f.

[117] Matthieu Ricci – Nicolas Trigault, *Histoire de l'expédition chrétienne au Royaume de la Chine 1582–1610* (Paris 1978), S. 94.

[118] C. von Collani, „Das Problem des Heils der Heiden", *op. cit.*, S. 106f.

barung wach hielten. Deswegen betrachtete man sie als von Gott errettet.[119] In Europa erregte vor allem die Geschichte von Konfuzius als explizitem Verkünder des künftigen Erlösers großes Aufsehen und wurde von verschiedenen Autoren aufgegriffen.

8.2.1. Paul Beurrier (1663)

In seinem Buch *Speculum christianae religionis in triplici lege naturali, mosaica et evangelica* (Paris 1663) benutzte der französische Weltpriester Paul Beurrier ausschließlich Martinis *Decas Prima* als Beleg für seine Theorie, wonach sich u.a. bei den Chinesen Spuren der Uroffenbarung erhalten hätten.[120] Wichtigster Prophet des Naturgesetzes in China war für Beurrier Konfuzius.[121] In seinen Büchern habe er geschrieben, der Heilige würde im Westen geboren werden, denn Jerusalem liegt für China ja im Westen. Konfuzius habe sogar das genaue Jahr vorhergesehen, in dem das Wort Fleisch werden würde, woraufhin Beurrier Martini mit der Einhorngeschichte zitiert. Außerdem werde das Einhorn von den Chinesen als sanftestes aller Tiere betrachtet. Sein Tod am Westtor zeige, daß der Erlöser, das „Lamm Gottes", später außerhalb des Westtores getötet werden würde. Auf die Nachricht vom Tode des *Qilin* habe Konfuzius seine Bücher beendet und geweint, ob aus Freude über die künftige Erlösung oder aus Trauer über die künftige Passion des Erlösers, das wisse er, Beurrier, nicht zu sagen.[122] Aber Beurrier konkretisierte Martinis Andeutungen. Für ihn hatten die Chinesen nicht nur Erinnerungen an die Uroffenbarung, sondern auch Kenntnis von den zukünftigen Glaubensgeheimnissen:

> Wie dem auch sei, es ist sicher, daß die Chinesen dieselben Wahrheiten über die Schöpfung der Welt, die Erschaffung des ersten Menschen, seinen Fall, über die Sintflut, die Trinität, die Erlösung der Menschen, über Engel und Dämonen, das Fegefeuer, die ewige Belohnung der Guten und die Bestrafung der Bösen und anderes hatten wie die Patriarchen des heiligen Bundes ...[123]

---

[119] Einer dieser Philosophen war La Mothe Le Vayer mit seinem Werk *De la vertu des Payens* (Paris 1642), ebenfalls ein Vertreter der Lehre vom „Heil der Heiden". V. Pinot, *op. cit.*, S. 103 und 285-288; S. Etiemble, *L'Europe chinoise*. I. *De l'Empire romain à Leibniz* (Paris 1988), S. 266-279.

[120] C. von Collani, *Bouvet*, *op. cit.*, S. 120-121.

[121] P. Beurrier, *op. cit.*, S. 266-270.

[122] *Ibid.*, S. 270f.

[123] *Ibid.*, S. 260; cf. C. von Collani, *Bouvet*, *op. cit.*, S. 121.

8.2.2. Pierre-Daniel Huet

Direkten Einfluß übte Martini auch auf das seinerzeit weitbekannte Werk von Pierre-Daniel Huet aus: *Demonstratio Evangelica* (Amsterdam 1679).[124] Auch zu den Chinesen seien die „Orakel" des Alten Testamentes gelangt, denn „Confutius" habe in seinen Büchern schon die Geburt Christi und das genaue Jahr vorhergesagt.[125]

8.2.3. Die Figuristen

Besonders wichtig wurde Martini mittels Paul Beurrier jedoch für die sogenannten Figuristen. Diese könnte man als Urheber oder Vorläufer einer „chinesischen Theologie" ansehen.[126] Sie sahen die kanonischen chinesischen Bücher in der selben Rolle wie das Alte Testament, das als Vorbereitung zum Neuen Testament diente. Vor allem Martinis Hinweise auf das *Yijing* und das *Daodejing* aber wurden von ihnen aufgegriffen und zu einer neuen und sehr eigenwilligen Theologie verarbeitet. Für sie wußten die alten Chinesen nicht nur vom einen wahren Gott - eine Erinnerung an die Uroffenbarung der Menschheit - sondern hatten auch Hinweise auf die künftige Heilsgeschichte.

Die älteste in den chinesischen Annalen berichtete Geschichte war für sie nur eine Erinnerung an die in der Genesis im Alten Testament geschilderten Ereignisse. Um dem Dilemma der nur schwer zueinander passenden Chronologien zu entfliehen, folgten sie der Linie Martinis und sahen in Kaiser Yao nur einen anderen Namen für Noah, während Kaiser Fuxi mit dem Patriarchen Henoch identifiziert wurde. Im übrigen waren all diese

---

[124] *Demonstratio Evangelica* (Amsterdam 1679), S. 126. Pierre-Daniel Huet, französischer Gelehrter und Bischof von Avranches, vertrat in seinem Werk die These, daß alle Götter und Göttinnen der verschiedenen „heidnischen" Religionen nur Nachahmungen von Moses und dessen Schwester Sephora seien. Siehe dazu Claudia von Collani (Hrsg.), Joachim Bouvet, *Eine wissenschaftliche Akademie für China. Briefe des Chinamissionars Joachim Bouvet S.J. an Gottfried Wilhelm Leibniz und Jean-Paul Bignon über die Erforschung der chinesischen Kultur, Sprache und Geschichte.* Studia Leibnitiana, Sonderheft 18 (Stuttgart 1989), S. 17, Nr. 41.

[125] *Demonstratio Evangelica*, S. 326. Eine weitere Quelle für Huet war die erste lateinische gedruckte Übersetzung des „Chum Yum" (*Zhongyong*) durch Prospero Intorcetta *Sinarvm Scientia politico-moralis* (1667).

[126] Siehe hierzu Claudia von Collani, „Figurismus - Anfang und Ende einer kontextuellen Theologie in China", in: Roman Malek (Hrsg.), *„Fallbeispiel" China. Ökumenische Beiträge zu Religion, Theologie und Kirche im chinesischen Kontext* (Sankt Augustin - Nettetal 1996), S. 89-127.

alten Kaiser und Patriarchen vor allem „Figuren" für den künftigen Erlöser Jesus Christus und seine Taten.[127]

[127] Claudia von Collani, „La chronologie chinoise, base de la méthode missionnaire du P. Joachim Bouvet", in: *Actes du IVe Colloque international de Sinologie, Chantilly 1983* (Taipei - Paris - Hongkong 1991), S. 107-124.

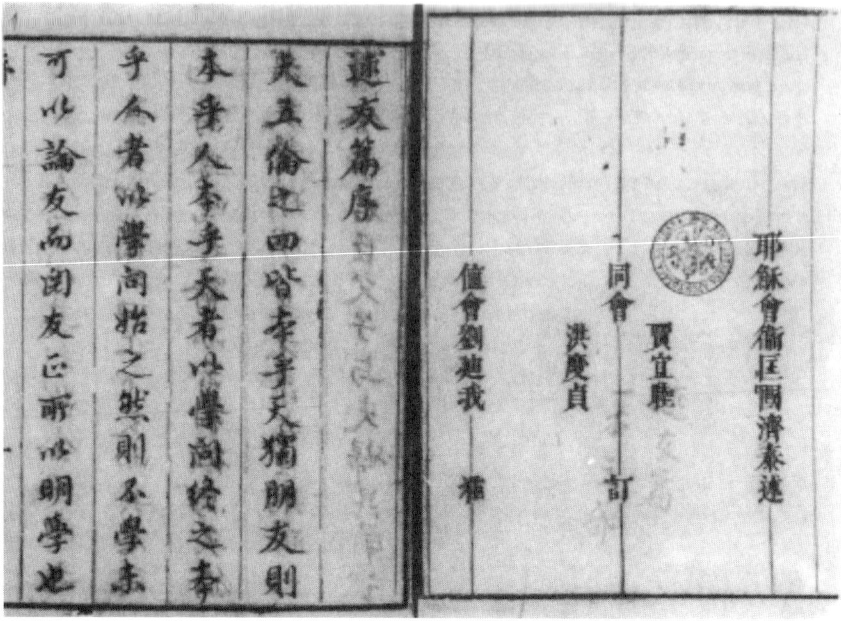

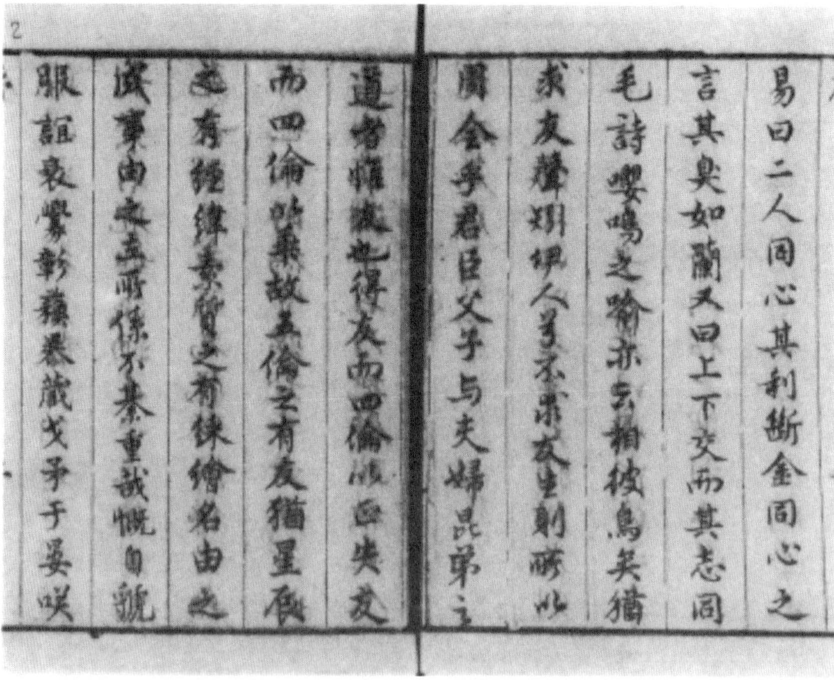

Die ersten Seiten des *Traktates über die Freundschaft (Qiuyou pian)*.

MARTINO MARTINIS *TRAKTAT ÜBER DIE FREUNDSCHAFT* (1661)

LUCIA LONGO

Martino Martinis *Traktat über die Freundschaft* nimmt im Rahmen seines wissenschaftlichen Werkes[1] einen besonderen Stellenwert ein, weil es dem Autor gelungen ist, die traditionsreiche abendländische Konzeption von Freundschaft mit den Gedanken der konfuzianischen Lehre zu verknüpfen. Martini hat den Traktat in den vierziger Jahren des 17. Jahrhunderts auf chinesisch geschrieben, in der Absicht, damit zur weiteren Verbreitung des Christentums in China beizutragen. Ich stütze mich in meinen Ausführungen auf die Übersetzung von Giuliano Bertuccioli, erschienen 1992 bei Bardi in Rom.[2]

Martinis Traktat trägt der Tatsache Rechnung, daß das Thema der Freundschaft den Zugang zu den Gebildeten des Fernen Ostens erleichterte. Damit steht er bereits in einer Tradition, die Matteo Ricci in den Jahren

---

1 Unter seinen lateinischen Werken seien hier genannt: *De Bello Tartarico* (Roma 1654); *Novus Atlas Sinensis* (Amsterdam 1655); *Sinicae Historiae Decas Prima* (München 1658). Hinzu kommen seine chinesischen Werke, die erst 1994 ins Italienische übersetzt wurden: *La traduzione delle opere di Francesco Suarez (1548-1617)*; *Il saggio sulla metempsicosi*; *Discorrendo degli errori dei Buddhisti*; *Le prove razionali della esistenza di un vero Dio e della immortalità dell'anima*. Siehe Giuliano Bertuccioli, „Le opere minori di Martino Martini (1614–1661). I. Le opere cinesi", in: *RSO* LXVII (1994), fasc. 1-2, S. 143-170. Vgl. auch Bonifacio Bolognani, *L'Europa scopre il volto della Cina* (1978), S. 152-195; Franco Demarchi, „Martino Martini S.J. protagonista della missione dei gesuiti in Cina nel XVII secolo", in: *Studi Trentini di Scienze Storiche* LXXIV (1995), Sez. I-4, S. 413-446. [Siehe auch die „Bibliographie" am Anfang dieses Bandes. (R.M.)]

2 Giuliano Bertuccioli, „*Il trattato sull'amicizia* di Martino Martini (1614–1661)", in: *RSO* LXVI (1992), S. 79-120, 331-380. Bertuccioli übersetzte die Ausgabe von 1661, die 1972 in Taibei fotografisch neu ediert wurde. Vom selben Autor ist in Vorbereitung die Übersetzung zweier weiterer Vorworte (von Shen Guangyu und Liu Ning), die in handschriftlicher Kopie in der Bibliothek von St. Petersburg in Rußland zu lesen sind und Bertuccioli erst 1993 bekannt wurden. Ein Vorwort ist nicht datiert, das andere entstand 1667 in Beijing (Giuliano Bertuccioli, „Il *De Amicitia* di Martino Martini e altre opere cinesi", in: F. Demarchi - R. Scartezzini, S. 209-217, hier 213).

1595 1599 mit seinem Werk über die Freundschaft begründet hatte.[3] Beide Werke haben ein von berühmten chinesischen Gelehrten verfaßtes Vorwort, das jeweils darauf verweist, daß die Texte aus der Perspektive von Reisenden geschrieben wurden. In ihren persönlichen Kontakten mit diesen Gebildeten hatten sie die Rolle des Freundes gespielt, der, aus der Ferne kommend, mit großer Höflichkeit empfangen wird und dessen Besuch alle glücklich macht.[4] Beide Texte stellen so eine geglückte Verbindung von fernöstlicher Kultur und abendländischer Tradition dar. Als deren wichtigste Vertreter seien hier vor allem die Denker der klassischen Antike, wie Platon und Aristoteles,[5] Cicero[6] und Seneca genannt, daneben aber auch Livius, Horaz und Ovid sowie Phaedrus und Aesop.[7]

---

3 Pasquale M. D'Elia, „Testo cinese del *Trattato sull'Amicizia*" (di Matteo Ricci), in: *Studia Missionalia* 1952, S. 425-515.

4 Bertuccioli 1992, I, S. 81.

5 Platon beschäftigte sich als erster mit dem Thema der Freundschaft, das Aristoteles und die auf ihm basierende philosophische Schule weiter vertieft haben. Aristoteles unterscheidet drei wesentliche Konstituenten der Freundschaft: Wohlbefinden, gegenseitige Anteilnahme und Tugend. Der Hellenismus weitet diese Position aus durch die Betonung der gesellschaftlichen Wichtigkeit einer auf Tugend basierenden Gegenseitigkeit der Gefühle und eines ehrenhaften Verhaltens (F. Demarchi, *Presentazione del «Trattato sull'Amicizia» di Martino Martini al Centro „Bernardo Clesio" di Trento il 22.03.1994*, S. 3).

6 Cicero schrieb ein Jahr vor seinem Tod (44 v.Chr.), das heißt in einer Zeit, in der die Römer Gallien eroberten und Trient erreichten, sein noch heute bedeutendes Hauptwerk *Laelius de Amicitia.* Dieses wichtige Werk Ciceros wurde von Seneca und weiteren bedeutenden Denkern der Antike kommentiert; es wirkte vor allem in die frühchristlichen Denkschulen hinein. Cicero anerkennt die Unsterblichkeit der Seele sowie Lohn und Strafe in der Ewigkeit. Er beginnt mit der Apotheose einer Berühmtheit seiner Zeit, Scipio Africanus, dessen hohe Moral ihn – so Cicero – den „oberen Gottheiten" gleichstellt. Freundschaft, wenn sie echt ist, ist „allen menschlichen Dingen voranzustellen: nichts ist der menschlichen Natur so gemäß und entsprechend, im Guten und im Bösen". Freundschaft ist nichts anderes als eine große Harmonie „aller menschlichen und göttlichen Angelegenheiten", überragt vielleicht nur von der Weisheit, den Menschen von den Unsterblichen gewährt. „Das *summum bonum* der Tugend bringt die Freundschaft hervor und macht sie dauerhaft, und Freundschaft kann es auch nicht geben ohne Tugend", vorausgesetzt, daß in ihr „kein Falsch und keine Täuschung ist, sondern daß sie wahr und ungekünstelt ist". „Sie wird durch die Geldgier, den Wettstreit um öffentliche Ämter und Ruhm gefährdet, welche unter großen Freunden häufig größte Feindseligkeiten aufkommen ließen." Des weiteren zieht Laelius die Bedingungen, die Freundschaft dauerhaft machen oder in Frage stellen können, in Betracht. Es sei vor allem darauf zu achten, daß keine unwürdigen Menschen Freundschaft schließen und daß sie es nicht zu früh tun. Trotz alledem gebe es Freundschaft im Leben aller und in jedem Alter. Ehrlichkeit und Standhaftigkeit müßten eng mit der Freundschaft verknüpft sein. Es sei-

Freundschaft ist in China seit langem ein Thema.[8] Daß diese auch für das Abendland wichtig war, erfuhren die Chinesen durch Matteo Riccis Werk. Die 1991 in München gezeigte Ausstellung über „Die Jesuiten in Bayern 1549–1773" rückte die Persönlichkeit Riccis sowie seine Tätigkeit ins Licht, während sie Martino Martini überhaupt nicht erwähnt.[9]

Ricci verfaßte seine Abhandlung auf chinesisch, nachdem er sich 1595 in der Provinz Jiangxi niedergelassen hatte. Er hatte sich damals bereits dem Studium der konfuzianischen Lehre zugewandt. Es handelt sich bei dem Text um eine Reihe von 75 Sentenzen zum Thema Freundschaft, die verschiedenen Nachschlagewerken entnommen wurden und wesentlich von Cicero inspiriert sind. Mit außergewöhnlichem Erfolg fügte Ricci weitere 25 Sentenzen hinzu. Die Abhandlung wurde sogleich vervielfältigt und weit verbreitet. Es wurde auch Brauch, Riccis Sentenzen als Gastgeschenk zu überreichen. Die Übereinstimmung der Lehre, die er in seinen Schriften verkündete, mit seinem tugendhaften Verhalten trug dazu bei, daß seine Gedanken in China als eine „göttliche Botschaft" aus dem Abendland verstanden wurden.

Den chinesischen Text übersetzte Ricci 1598 ins Italienische. Die jüngste Übersetzung, über die wir verfügen, stammt von Pater Pasquale D'Elia aus dem Jahr 1952.[10] Der Text beginnt mit der Verknüpfung einer Maxime aus den *Bekenntnissen* des hl. Augustinus mit einer Sentenz des Aristoteles aus der *Nikomachischen Ethik*: „Mein Freund ist nichts anderes als meine eigene Hälfte, vielmehr ein zweites Ich; also muß ich mich um ihn kümmern wie um mich selbst." Unter den Autoren der Antike und des Christentums, auf die sich Matteo Ricci bezieht, erscheinen Cicero und Plut-

---

en also Eintracht, Festigkeit und Beständigkeit, die zu Freundschaft führten und diese bewahrten (F. Demarchi 1994, S. 3).

7 G. Bertuccioli 1992, II, S. 354.

8 Siehe hierzu u.a. Helwig Schmidt-Glintzer, „Anmerkungen zum Begriff der Freundschaft im älteren China", in: Ingrid Krüßman u.a. (Hrsg.), *Der Abbruch des Turmbaus. Studien zum Geist in China und im Abendland. Festschrift für Rolf Trauzettel* Monumenta Serica Monograph Series XXXIV (Sankt Augustin – Nettetal 1995), S. 59-75. [R.M.]

9 *Die Jesuiten in Bayern 1549–1773*, Ausstellung des Bayerischen Hauptstaatsarchiv und der Oberdeutschen Provinz der Gesellschaft Jesu (Weißenhorn 1991), S. 229-230, 230-236 (Kat. Nr. 206), 237-239 (Kat. Nr. 208, 209), 240-241 (Kat. Nr. 211), 242-244 (Kat. Nr. 214, 215), 249-250 (Kat. Nr. 221).

10 Siehe Anm. 3 [und Fang Hao, „Notes on Matteo Ricci's *De Amicitia*", in: *Monumenta Serica* XIV (1949–1955), S. 574-583; Pasquale M. D'Elia, „Further Notes on Matteo Ricci's *De Amicitia*", in: ebd. XV (1956), S. 356-377. (R.M.)]

arch je 16mal, Augustinus elfmal und Seneca sechsmal. Vor allem ging es dem Autor darum, die Parallelität des abend- und morgenländischen Denkens hervorzuheben, um so die Aufrichtigkeit seines Bemühens um wahre Freundschaft mit Chinesen zu unterstreichen. Das Erstlingswerk Riccis wurde ins Japanische und ins Koreanische übersetzt.[11]

Die Maximen sind nicht in logischer Reihenfolge angeordnet. Für 24 der Maximen sind keine Quellen bekannt; es könnte sich bei ihnen um einfache Umformulierungen zusammengetragener Gedanken handeln. Die am häufigsten wiederkehrenden Themen betreffen die Einheit und die Gegenseitigkeit der Freundschaft, die notwendigen Vorsichtsmaßnahmen zu Beginn, die Häufigkeit von unechten Freundschaften, die Notwendigkeit der Tugend als Basis für die Erhaltung des Vertrauens, das Vermeiden von Schmeichelei und das Akzeptieren echter Kritik.[12]

Mit seinem Buch wurde Ricci so berühmt, daß Niccolò Longobardo schreiben konnte, er „werde so geschätzt, daß er 'der Heilige' genannt" werde. Über den Text wurde nach vielen Abschriften noch ein halbes Jahrhundert später von christlichen Mandarinen diskutiert.

Wie Zhu Shi, der Arzt aus Lanqi, berichtet, verfaßte Martino Martini seinen Traktat in fünf Tagen.[13] Martini greift auf Riccis Lehre zurück und

---

[11] Siehe hierzu Joseph Dehergne, *Répertoire des Jésuites de Chine de 1552 à 1800* (Roma - Paris 1973), S. 166f.

[12] Einige der markantesten Aussagen will ich im folgenden zitieren: „Die Freundschaft ist wie die Behandlung einer Krankheit, die der Arzt sicherlich haßt, wenn er den Kranken wirklich liebt" (20); „Die Freundschaft nützt der Welt mehr als aller Reichtum" (37); „Selbst Diebe, die der niedrigsten Gesellschaftsschicht angehören, verbünden sich als Freunde, um dann ihre Arbeit auszuüben" (42); „Bereits einfaches Zweifeln am Freund ist in Bezug auf die Gesetze der Freundschaft ein schwerwiegender Mangel" (55); „Wenn der Freund besser ist als ich, werde ich versuchen, ihn nachzuahmen; wenn ich besser bin, werde ich versuchen, ihn zu bekehren" (69); „Der Freund ist der Reichtum des Armen, die Kraft des Schwachen und die Arznei des Kranken" (76); „Eine Nation kann auf ihr Staatsvermögen verzichten, nicht aber auf Freunde" (77); „Eine Welt ohne Freunde wäre wie ein Himmel ohne Sonne oder wie ein Leib ohne Augen" (79) (P.M. D'Elia 1952, S. 478, 483-485, 490, 497-498, 500-501; F. Demarchi 1994, S. 5).

[13] Zhu Shi erzählt wie folgt: „Im fünften Mondmonat des Jahres *dinghai* kam Herr Wei Jitai, der Jesuit Martino Martini, durch Lingyan. Es war Regenzeit und die Periode des Jahres, in der man sich in die Berge zurückzieht. Als im Gespräch auf Riccis Abhandlung angespielt wurde, sagte er: 'Es gibt nicht nur diese!' Und er deutete mir täglich zehn, ja sogar hundert Maximen. Einmal, er klatschte sich dabei in die Hände, rief er aus: 'Tiefe Gedanken! Leider nehmen die Wörter keine Gestalt an, wenn man die Sprache nicht beherrscht!' Nach langem Überlegen wandte er sich mir wieder zu und sagte: 'Aber da gibt's ja dich!' Und dann deutete er mir nochmals während fünf Tagen alles genau" (G. Bertuccioli 1992, I, S. 91).

entwickelt sie weiter. Die erste Fassung von 1647 wurde nach seiner Rückkehr von einem Europaaufenthalt (1653–1657) - wahrscheinlich 1659 - überarbeitet, stellt aber noch nicht die endgültige Fassung dar. Es ist zu vermuten, daß Martini - wie auch Ricci - verschiedene Nachschlagewerke und Handbücher benutzte. In der Jesuiten-Bibliothek von Beijing standen immerhin die wichtigsten abendländischen Standardwerke vom Ende des 16. Jahrhunderts zur Verfügung, wie z.B. das *Theatrum humanae vitae*, gedruckt in Basel 1586.[14] Im Unterschied zu Ricci sind bei Martini nur 68 Quellen nachweisbar, und zwar beziehen sich 48 davon auf Autoren der klassischen Antike, dreizehn auf die Bibel und vier auf christliche Autoren, nämlich auf Tertullian, Isidor von Sevilla und Bernhard von Clairvaux. Die restlichen bekannten Quellen sind Autoren des Spätmittelalters und der Renaissance wie Beccadelli, Guevara und Pietro d'Alfonso.[15] Indem Martini gerade Autoren der klassischen Antike bevorzugt, trägt er auch zur Vermittlung der abendländischen antiken Kultur im Fernen Osten bei.

Martinis Traktat über die Freundschaft ist in zwei Teile gegliedert. Ersterer umfaßt neun Abschnitte, die der wahren Freundschaft als Ausdruck der „Tugend“ gewidmet sind. Fünfzehn der Maximen dieses ersten Teils greifen zurück auf Ciceros *Laelius*. Im zweiten Teil werden die Laster aufgezählt, die die Freundschaft in Gefahr bringen.

Dem Traktat sind zwei Geleitworte von chinesischen Gelehrten vorangestellt; es folgt eine Einleitung des Arztes Zhu Shi, an die sich ein kurzes Vorwort Martinis anschließt. Das Werk schließt mit dem „Brief des großen Römischen Königs [sic!] Marc Aurel an seinen Freund Pyramus“. Es handelt sich dabei um eine freie Zusammenfassung, deren primäre Quelle nicht das Schreiben Marc Aurels an Pyramus (falls es überhaupt existiert hat) ist, sondern das erfolgreiche und mehrfach übersetzte Buch von Antonius Guevara: *Libro Llamado Relox de Principes o Libro aureo del emperador Marco Aurelio*, erschienen in Valladolid 1529.[16]

Die Geleitworte bezeugen die Hochschätzung, die Martini für seinen Traktat zuteil wurde. Martini verdiene, so der angesehene Zhang Anmao

---

14 Theodor Zwinger, *Theatrum humanae vitae* (Basel 1586–1587). In der Jesuiten-Bibliothek von Beijing standen auch folgende Werke zur Verfügung: S. Bellengardus, *Volumen Sententiarum* (Lyon 1559); L.D. Brusoni, *Facetiarum Exemplorumque Libri VII* (Basel 1559); Theodor Zwinger, *Morum philosophia poetica* (Basel 1575); A. Eborensis, *Sententiae et exempla* (Paris 1590). Siehe G. Bertuccioli 1993, I, S. 84.

15 G. Bertuccioli 1992, II, S. 354-355.

16 G. Bertuccioli 1992, I, S. 83.

im ersten Geleitwort, hohe Anerkennung, weil er von den fünf Hauptbeziehungen, die die konfuzianische Lehre kennt – zwischen Herr und Knecht, zwischen Vater und Sohn, zwischen Ehemann und Ehefrau, zwischen älterem und jüngerem Bruder – als wichtigste die fünfte, die zwischen Freunden, ansehe. Diese, so Zhang Anmao, stamme als einzige vom Menschen, während die anderen vier Beziehungen himmlischen Ursprungs seien. Nur durch die Freundschaft werde das gesellschaftliche System der Beziehungen vervollständigt und vervollkommnet. Wie die Sterne der Weite des Himmels und das Rohmaterial der Farbe und der Form bedürften, so bedürften die gesellschaftlichen Beziehungen der „Tugend" der Freundschaft,[17] die als einzige ihnen den rechten Wert verleihen kann.

Zhang Anmao fährt fort: Wo unter gebildeten Menschen Freundschaften geschlossen werden, in denen Leben und Tod wie auch Gewinn und Verlust geteilt werden, können die Tugenden der Redlichkeit, der Barmherzigkeit, der Standhaftigkeit und der Gerechtigkeit gelebt werden.[18] Zhang Anmao beendet sein Geleitwort mit dem Hinweis darauf, daß Martinis Werk besonders geeignet sei, die Freundschaft zu erforschen. Es sei zu studieren wie die weiße Jadescheibe, die Nan Rong dreimal las, ohne zu ermüden, so daß sich sogar die Lederbindung löste.[19]

Shunzi aus Songjiang lenkt im zweiten Geleitwort die Aufmerksamkeit auf die Tatsache, daß Martinis Traktat die Freundschaft in allen Facetten behandle, wie es die Weisen Chinas seit alters her nie getan hätten. Und er betont die Vorteile für das Staatswesen und die glücklichen Folgen für ein friedliches Zusammenleben aller im Reich, falls es den Weisen gelingen sollte, das Buch zur Handlungsmaxime für alle zu machen, d.h. daß der Souverän danach regieren und daß die Untertanen sich in ihrem Familienleben danach richten sollten.

In der Einleitung Zhu Shis, Martinis Gesprächspartner von 1647, verweist ersterer auf die fruchtbare Wirkung der Freundschaft für Leib und Seele. Wir haben vernunftmäßig zu unterscheiden zwischen Gefühlen, die nicht sein dürfen und denjenigen, die sein müssen. Die Liebe ist ein Not-

---

[17] G. Bertuccioli 1992, I, S. 87.

[18] Ebd.

[19] G. Bertuccioli 1992, I, S. 88 mit Fußnoten 10 und 11. Es handelt sich offensichtlich um einen Hinweis auf folgende Strophe aus dem *Buch der Lieder*: „Wird ein Zepter aus weißer Jade beschmutzt, / so kann man den Fleck wegreiben. / Beschmutzt man in der Rede sich, / so wird der Schmutzfleck bleiben", die Nan Rong, der berühmte Schüler von Konfuzius, dreimal täglich wiederholte und damit die Nichte seines Meisters zur Frau gewann. Vgl. *Lunyu* XI/5.

wendiges: ein Gefühl von Menschlichkeit, das uns von Gott eingeflößt wurde. Es sind entweder Anpassungsbereitschaft oder Liebe, die die Menschen dazu bewegen, nach dem Gerechten zu streben.

Martini faßt in seinem kurzen Vorwort die Entstehungsgeschichte des Traktats zusammen und begründet den Text mit seiner persönlichen Suche nach aufrichtiger Freundschaft in einem fremden Land. Zudem formuliert er klar seine eindeutig religiöse und missionarische Absicht. Er wünsche

> nichts anderes als vom Morgen bis zum Abend zu beten, damit diejenigen, die Freunde werden wollen, den verehrenswertesten wahren Herrn als unseren großen Vater erkennen und ihm fleißig dienen mögen, so daß eines Tages wirklich Friede auf Erden werde. Das ist der wahre Grund, weshalb ich aus 90.000 Meilen Entfernung in den Orient gekommen bin. Nachdem ich nun erreicht habe, daß alle edlen Männer dieses Landes Freundschaft mit mir schließen, wünsche ich mir nur noch, daß meine Freunde keine falschen, sondern wahre seien. Deshalb habe ich eine ausführliche Freundschaftslehre entwickelt.[20]

In einer Art *captatio benevolentiae* verweist Martini auf seine unvollständigen Sprachkenntnisse und hofft, daß die Leser den Inhalt seines Textes verstehen können, ohne durch dessen Form beeinträchtigt zu werden. Er schreibe zum erstenmal auf chinesisch. Und er hoffe, so schreibt er, daß diejenigen, die sein Werk verstanden haben, ihm die Fehler ehrlich zu korrigieren helfen würden. Auf diese Weise wolle er mit ihnen Freundschaft schließen und diese aufrichtig pflegen, um die Sitten und Gebräuche zu verbessern und zu bewirken, daß die Freunde sich dem Guten nähern und das Böse meiden, sich gegenseitig ermutigen und ermuntern, ihre Schwächen ablegen und sich anstrengen, besser zu werden. Dann, fügt Martini hinzu, werde vielleicht sein leuchtendes Ideal verwirklichbar, denn „wer in der Lage ist, eine wahre Freundschaft in ihren Grundfesten zu erkennen, nähert sich dem Himmelreich".[21]

Deutlich zeigt sich hier die Methode der Jesuiten, die schrittweise vorgeht und keine überraschenden oder spektakulären Konversionen anstrebt, sondern danach trachtet, christliches Denken vernunftgemäß zu erklären und durch tugendhaftes Handeln zu bezeugen.[22] Deswegen konnte auch der Arzt Zhu Shi von Lanqi, mit dem Martini während des „Tartarenkriegs" Freundschaft geschlossen hatte, ihn folgendermaßen beschreiben:

---

[20] G. Bertuccioli 1992, I, S. 92.

[21] Ebd., S. 93.

[22] Siehe hierzu die Beiträge von K. Schatz und S. Vareschi in diesem Band. [R.M.]

> Er ist außergewöhnlich in seinem Verhalten: Er ist eine große Persönlichkeit, von erleuchtetem Geist und strahlender Mildtätigkeit. Er sieht aus wie ein Engel. Er ist, wie man sagt, ein vollkommener Mensch.[23]

Obwohl Martini sich einer reichen Bildersprache bedient und seine Bezüge auf Naturphänomene die Lektüre seines Traktats äußerst angenehm machen, ist es für uns Heutige doch schwierig, den chinesischen Stil des Autors zu beurteilen. Meer, Wellen, Stürme, Schiffe, Wind, Sonne, Bienen, Feld, Hund, Löwe, Pferd, Ziege, Honig werden von ihm genannt. Doch sind diese Erscheinungen der Natur in ihrer Gesamtheit dem europäischen Gebildeten wohl vertraut, kennt er doch die ganze Bilderwelt aus der zeitgenössischen Ikonographie, Druckkunst und Emblematik.

Ein Beispiel, an das ich in diesem Zusammenhang erinnern möchte, ist Cesare Ripas[24] weit verbreitete *Iconologia* mit ihren zahlreichen, seit 1603 illustrierten Ausgaben und Übersetzungen in fast alle Sprachen Europas.[25] Ich zeige daraus eine Darstellung der „Amicitia", Personifikation des abstrakten Begriffs dieser Tugend: eine Frauenfigur, gekleidet in Weiß, Farbe der Reinheit der Seele (Abb. 1).

---

[23] G. Bertuccioli 1992, I, S. 91.

[24] Über das Leben des 1560 geborenen und vor 1625 gestorbenen Cesare Ripa ist wenig bekannt; möglicherweise ist der Name sogar ein Pseudonym. Die gesicherten Tatsachen ergeben sich aus vereinzelten Anmerkungen Ripas in der *Iconologia*: er stammte aus Perugia und stand, während er die *Iconologia* verfaßte, im Dienst des Kardinals Anton Maria Salviati; nach dessen Tod im Jahre 1602 übernahm ihn der Erbe des Kardinals, Lorenzo Salviati, in seinen Dienst. Die *Iconologia* ist ein Sammelwerk, das überlieferte antike Bilder, von Zeitgenossen geschaffene Bilder und eigene Erfindungen des Autors enthält. Es wurden nicht alle allegorischen Darstellungsformen, sondern nur Personifikationen aufgenommen für Dinge, nach Ripas eigenen Worten, die man eigentlich nicht sehen, sondern nur wissen kann. Vgl. Gerlind Werner, *Ripa's Iconologia. Quellen - Methode - Ziele*. Bibliotheca Emblematica VII (Utrecht 1977), S. 9-10. Über Cesare Ripa vgl. Emile Mâle, „La clef des allegories peintes et scultées au 17e et au 18e siècle", in: *Revue des deux Mondes*, serie VII, XXXIX (1927), S. 106ff., 375ff.; Erna Mandowsky, *Untersuchungen zur Ikonologie des Cesare Ripa*, Dissertation (Hamburg 1934); italienische Bearbeitung: *La Bibliofilia* XLI (1939), S. 7-27, 111-124, 204-235, 279-327.

[25] Cesare Ripa, *Iconologia overo Descrittione di diverse Imagini cavate dall'antichità, & di propria inventione ... Opera non meno utile che necessaria a poeti, pittori, scultori, & altri, per rappresentare le Virtù, vitij, Affetti, & Passioni humane* (Roma 1603).

AMICITIA

Links sind Schulter und Brust frei. In der rechten Hand hält sie das Herz mit dem Spruchband LONGE ET PROPE, weil der wahre Freund, sei er nahe oder entfernt, sich vom Geliebten nie trennen würde. Er ist sogar bereit, für ihn in allen Zeiten, auch wenn sich das Glück wenden sollte, zu leben und zu sterben, entsprechend dem Motto am unteren Saum seines Kleides: MORS ET VITA. Der Gedanke wiederholt sich in Ripas Beschreibung im Spruch auf der Stirn der Frauenfigur: HYEMS, AESTAS. Die Personifikation der Freundschaft umarmt eine vom grünen Weinstock umrankte, ausgetrocknete Ulme, die auf die Dauerhaftigkeit der in guten Zeiten geschlossenen „Amicitia“ anspielt. Ripa fügt weitere wichtige allegorische Attribute hinzu: einen Kranz, geflochten aus Myrten und Granatapfelblüten, den die Frau auf dem Kopf trägt.[26] Die Granatapfelblüten spielen an auf harmonische Liebe und auf die daraus entstehenden ehrenhaften menschlichen Handlungen, ohne *vanitas* und die oft dahintersteckende Schmeichelei, den Feind der wahren Freundschaft. Die falsche Freundschaft wird in ungünstigen Zeiten wie feinster Nebel in der Sonne verschwinden.[27]

---

[26] Der kostbare rote Granatapfel spielt auf die Schönheit der Braut des Hohen Liedes (4,3) an, als Symbol der Kirche, entstanden aus dem Blut des Erlösers.

[27] C. Ripa 1603, S. 15-16.

Zu den fünf Beschreibungen der Freundschaft zählt für Ripa auch die „Amicitia senza giovamento“ [Freundschaft, die nicht auf Nutzen aus ist]: eine Frauenfigur mit einem Schwalbennest und einigen Vögeln. Die Schwalben kommen zur Frühlingszeit gerne in die Häuser der Menschen und verlassen sie im Winter wieder, wie falsche Freunde, die nur zu guten Zeiten präsent sind.[28]

Aus der Druckkunst und Emblematik zeige ich eine andere, mit dem Begriff „Freundschaft“ zusammenhängende Darstellung. Es ist das gleichfalls weit verbreitete, vielfach erweiterte und in zahlreiche Sprachen übersetzte Buch von Alciati, dem Erfinder der Emblematik.[29] Seine *imago* der über den Tod hinaus dauernden Freundschaft ist der Natur entnommen: der Weinstock, der die tote Ulme umrankt (Abb. 2).[30]

Martinis metaphorisch reiche Sprache, mit der er die wahre Freundschaft verherrlicht, scheint also kein Zufall zu sein. Sie steht im Kontext des bildhaften Denkens des 17. Jahrhunderts. Schon in der Einleitung zum Traktat verschlüsselt er seinen leicht kämpferischen Geist durch entsprechende Bilder: Die Freundschaft „ist ein Meer der Liebe, auf dem die Schiffahrt äußerst schwierig ist“. Das erste Hindernis ist „die Schmeichelei, die Pest der Freundschaft“. Andere Hindernisse sind Unbeständigkeit, Habsucht und Mißtrauen.

---

[28] C. Ripa 1603, S. 17-18.

[29] Er wurde schon von Bohuslaus Balbinus so genannt: *Verisimilia hvmaniorvm disciplinarvm sev jvdicivm privatvum de omni literarvm (quas hvmaniores appellant) artificio* (Augsburg 1710), S. 232 [zuerst Prag 1666]. Vgl. Ingrid Höpel, *Emblem und Sinnbild. Vom Kunstbuch zum Erbauungsbuch* (Frankfurt a.M. 1987), S. 39.

[30] Andrea Alciati, *Clarissimi Viri D. Andreae Alciati Emblematum Libellus …* (Parisiis 1542), S. 40-41.

In der Tat, wenn das Vertrauen fehlt, ist die Freundschaft nicht von Dauer. Bei der Wahl der Freunde ist mit Vorsicht vorzugehen: Nur der gute Mensch kann mit dem Guten Freundschaft schließen, wohingegen der Schlechte zu Freundschaft nicht fähig ist - weder mit guten noch mit schlechten Menschen. Die wahre Freundschaft ist das höchste Gut auf der Welt. Man kann sagen, daß der wahre Freund über den Tod hinaus liebt und daß es ohne Freunde auf der Welt kein Glück gibt: Man ist sogar bereit, um dieses Glück zu bewahren, Lohn, Stellung und Leben zu opfern. Diesen Gedanken wiederholt Martini häufig, fügt aber hinzu, daß wahre Freundschaft nur bei außergewöhnlicher Liebe gelingen könne. Wenn man einen Menschen wahrhaft liebe, halte man mit Kritik nicht zurück, weil sich nur dadurch die menschlichen Tugenden entfalten können.[31]

Im zweiten Teil des Traktats geht Martini von einer Typenlehre aus, in der er vier folgende Typen von Freundschaft unterscheidet: „den natürlichen Freund", d.h. den Blutsverwandten; den Gewohnheitsfreund, d.h. den Menschen, mit dem man zusammenlebt; den Nachbarn, d.h. den Dorfgenossen, sowie den „Himmelsfreund, mit dem wir eine Seelenverwandtschaft empfinden".[32] Vermutlich wird hier auf eine mögliche Zugehörigkeit aller zur gleichen Kirche angespielt.

Es folgt eine heftige Kritik am Jähzorn als „einer Trübung des Geistes", dann die Kritik der Rache, des Grolls und des Neids, eines Lasters, das nicht nur die Berühmtheiten, sondern auch die niedrigen Stände und sogar die verschiedensten Handwerker kennen.[33] Diese Laster zerstören jede freundschaftliche Beziehung, auch wenn sie sich nur in Form von Verdächtigungen äußern. Des weiteren werden Verleumdung und Prahlerei kritisiert, vor allem aber die Falschheit, der Meineid, Betrug und Schwindeleien, in erpresserischer Absicht ausgeführt.[34] Martini zeigt wenig Achtung für die Gesellschaft seiner Zeit.

> O weh! Dies ist eine Epoche, in der niemand sich auf die Schönheit der Tugendhaftigkeit versteht. Auch wenn man Verdienste hat, aber keine Geschenke macht, kann man nicht auf die Hilfe des anderen hoffen. Natürlich darf man zu Beginn einer Freundschaft mit dem Schenken nicht übertreiben, aber man muß doch immer ein bißchen geben, um so die Erinnerung des anderen an einen selbst lebendig zu erhalten. Leider wird wegen der heute verbreiteten Korruptheit, wer begabt und tugendhaft ist,

---

31 G. Bertuccioli 1992, I, S. 104-107.

32 G. Bertuccioli 1992, II, S. 332.

33 Ebd., S. 337.

34 Ebd., S. 339-341, 342-344.

> seine Ziele nicht verwirklichen können, wenn er nicht über finanzielle Mittel verfügt. Was wird nicht derjenige alles erreichen können, der Geschenke anzubieten hat, obwohl er unbegabt und untugendhaft ist! Wer begabt ist, aber arm und vollständig im Elend lebt, und sich trotzdem die Tugendhaftigkeit bewahrt, bleibt doch immer ein armer Teufel. Wann je wird ein armer Gebildeter, wenn er sich nicht gut kleidet und in die Paläste der vornehmen Familien geht, noch dazu mit einem ansehnlichen Gefolge und reichen Geschenken ausgestattet, das erreichen, was er sich wünscht? So schlecht sind die Sitten, daß nicht einmal die Guten sich dem entziehen können! Wenn solche Menschen ihre Beziehungen nicht mit Anmut und Schönheit pflegen, werden sie trotz ihrer Begabung und Tugendhaftigkeit nackt und hungrig bleiben. Nicht die Vernunft hat dieses verursacht, sondern eben diese schlechten Sitten.[35]

Der Brief des Großen Königs (Marc Aurel an Pyramus),[36] der das Werk beschließt, erscheint hier als Musterbeispiel der Tröstung und moralischen Unterstützung für einen Freund, der in einer traurigen Welt leidet, um ihn in seiner Tugendhaftigkeit zu bestärken. Er kann verstanden werden als ein Versuch des „Himmelsfreunds", dem Menschen dieser Welt in seinem Elend zu Hilfe zu eilen. Liest man ihn als göttliche Antwort auf das Gebet einer bedrückten Seele, so fragt man sich, ob mit dem leidenden Menschen hier nicht Martini gemeint sein könnte, der Trentiner Jesuit, ein Opfer von Verständnislosigkeit, Feindseligkeiten und niederträchtigem Neid. Durch seinen Erfolg in Rom mit der Methode der toleranten Akkommodation schuf sich Martini zunehmend Feinde, wie Bolognani und Sebes nachgewiesen haben.[37]

Dieser letzte Teil in Martinis Werk enthüllt sein Denken, selbst wenn es fiktiv einer antiken Persönlichkeit zugeschrieben wird. Einige wichtige Gedanken seien im folgenden zitiert: „Eine der Pflichten der Freundschaft ist es, sich um Klarheit zu bemühen, und wenn die Freundschaft eng ist, muß man die konstruktive Kritik der Freunde akzeptieren." „Ein aufrichtiger Freund kann in Momenten der Trauer von großer Hilfe sein." „Glück und Traurigkeit müssen auch zwischen einem Herrn und seinem Untergebenen geteilt werden, wenn sie seit langem Freunde sind." „Du bist geboren, um mein Glück mit mir zu genießen, ich bin geboren, um dein Leid mit dir zu tragen." „Dort, wo du bist, gibt es viel Traurigkeit; hier, bei mir, ist nur mein großes Herz." „Von Natur aus ist die Zunge schnell bereit, ein Ver-

---

35 Ebd., S. 346.

36 G. Bertuccioli 1992, I, S. 82-83; *id.* 1995, S. 212.

37 F. Demarchi 1994, S. 7.

sprechen zu machen, das die Hand nur langsam einlöst." „Wenn sie die Hoffnung nicht verlieren, gelingt es den Unglücklichen, die augenblicklichen Schwierigkeiten zu ertragen und ihre Charaktereigenschaften zu verstärken." „Wenn du nicht verstehst, daß Neid allüberall ist, bist du wirklich unerfahren."[38]

Es handelt sich hierbei um Ratschläge, die sich an hohe Beamte und leitende Angestellte des gesellschaftlichen Umfelds, in dem Martini lebte, richten. Sie sind Opfer von Neid und Feindseligkeiten in den Jahren der Übergangszeit von einer Herrschaft zur anderen. Wer, wie der große abendländische König, d.h. er selbst, Martini, Glück gehabt hat, darf sie nicht im Stich lassen, sondern er muß sie moralisch unterstützen. Wenn dieses Prinzip integrativer Bestandteil der Missionsmethode des Trentiner Jesuiten Martini in China ist, ist zu sagen, daß hier über die Verkündigung eines fremden Glaubens hinaus ein Beitrag zur moralischen Erziehung der lokalen führenden Klasse geleistet wird; ein Beitrag, der damals galt und noch heute und in jedem Lande gültig ist. Andererseits ist zu fragen, ob Martinis Beharren auf der Traurigkeit als einer Folge der Mißgunst seinem Siegesgefühl über den römischen Entscheid in der Frage der chinesischen Riten nicht entsprechen könnte.[39] Martini mag seine bitteren Ausrufe, mit denen er den Traktat abschließt, sowohl auf die historisch-soziale Situation im fernen Abendland wie auch auf die neue Welt, in die er eingedrungen war, bezogen haben.

Die oben genannten Werke über die Freundschaft bauen gedanklich aufeinander auf, unterscheiden sich jedoch in ihrer Struktur und auch in ihrem Tenor. Ciceros Dialog ist von unvergleichlichem literarischem Wert, aber auch bedeutend als Werk der Trostliteratur. Riccis Auflistung von Maximen zielt auf Information, aber auch auf finanzielle Unterstützung. Martinis Traktat ist der Versuch einer Systematisierung der Gedanken zum Thema der Freundschaft mit Lehrdichtungscharakter. Der spirituelle Hintergrund bei Martini ist sicherlich der am intensivsten erlittene: Freundschaft ist notwendig, wichtig und äußerst selten. Ihre Ansprüche zu erfüllen grenzt ans Heroische: Es scheint, als ob der Verfasser dem Leser eine Bitte um göttliches Eingreifen nahelegte.

Der Traktat behandelt ein grundlegendes und letztlich nicht zu ersetzendes Problem der Menschen, das von den Ufern des Atlantik bis zum Gelben Meer gleich bleibt, nämlich das Bedürfnis nach starker und dauerhafter

---

38 G. Bertuccioli 1992, II, S. 348-350.

39 F. Demarchi 1994, S. 7.

Freundschaft. Um ihm entsprechen zu können, bedarf es der göttlichen Gnade. Hierüber konnten sich sowohl die toleranten wie auch die rigoristischen Theologen des 17. Jahrhunderts einigen. Sie unterscheiden sich in der Einschätzung der göttlichen Barmherzigkeit und im Umfang der Freiheit der menschlichen Zustimmung.[40]

Martini gesteht die Armseligkeit menschlichen Seins ein, wenn er sagt, daß „viele Menschen von heute die Leuchtkraft der Tugendhaftigkeit und der Begabung nicht anerkennen und nur dem Schein des Geldes nachrennen". Trotzdem ist er voller Hoffnung, die er von großer Weisheit und von vielen Erlebnissen bestätigt glaubt. Er hat seine Belege gesammelt, um zu beweisen, daß Freundschaft seit Jahrhunderten ein begehrtes Gut war, das die verschiedensten Denker vernunftmäßig gedeutet haben und das sie, selbst wenn sie die christliche Offenbarung nicht kannten, als ein Modell für menschliches Zusammenleben empfahlen. Weil es aber so wenig wirkliche Freundschaft gibt, sind die Sitten des Volks im Verfall begriffen. Das ferne Abendland empfiehlt also Tugendhaftigkeit, Weisheit, Ehrenhaftigkeit und Freundschaft. Sind aber diese Tugenden wirklich zu exportieren?

Die Geschichte des Abendlands ist bis 1540 ein verwirrtes Knäuel von Intrigen, Hinterhältigkeit, Spionage, Verschwörungen und Anschlägen. Mazzarinos „Brevier der Politiker" stammt aus dieser Zeit und enthüllt, wie Menschen, die Erfolg haben wollten, sich durchlavieren mußten, um sich über Wasser zu halten. Eine solcherart verdorbene Gesellschaft war nicht durch die offizielle Verkündigung der Erlösung zu bekehren, höchstens durch eine auf Ehrlichkeit aufbauende bürgerliche Ordnung, die durch die Entwicklung exemplarischer sozialer Beziehungen konstruiert werden sollte, basierend auf dem Grundgedanken der Tugendhaftigkeit. Über die bereits erwähnte Frage der Riten hinaus, womit die Jansenisten die Jesuiten in bezug auf Schnelligkeit und Rigorosität der Methoden schlagen wollten, erscheint also Religiosität als ein Ferment, das die Verwirklichung des Gottesreiches über die moralische Erziehung zu den bürgerlichen Tugenden und zur Verherrlichung der wahren Freundschaft anstrebt, um so die christliche Botschaft in die Tat umzusetzen.

Martinis Traktat ist in einem historischen Kontext zu sehen, in dem Liebe wenig galt. Er kann verstanden werden als Beleg für eine Methode,

---

[40] Nebenbei ist zu bemerken, daß die Ehe, seit der Unterricht auch für Mädchen obligatorisch geworden ist, als Ergebnis einer Freundschaftsbeziehung zwischen Mann und Frau betrachtet wird, im Gegensatz zu älteren Gebräuchen, nach denen die Wahl der Ehefrau von den Eltern getroffen wurde. In China waren sie bis in unser Jahrhundert gültig (F. Demarchi 1994, S. 8).

die der Verbreitung einer weisen Friedensvision diente. Mit einer überaus alten philosophischen Kultur im Hintergrund entfaltet sich diese Friedensvision für Gläubige wie für Heiden im Spannungsfeld zwischen Europa und Asien, wo das Christentum mehr durch humanistisches Gedankengut denn durch dramatische Revolten sich einzumischen bemüht war.

Die Jesuitenmethode mißfiel offensichtlich den kulturellen Kreisen, die den religiös inspirierten Gedanken der guten Staatsregierung oberflächlich fanden, wie auch denjenigen, die sie für durchdringend und autoritär hielten (Jansenisten). Sie wurde im 18. Jahrhundert verpönt und dann wieder rehabilitiert, als Pius XII. sie 1939 als wertvoll und sinnvoll für die Mission anerkannte, ohne daß neue Feindseligkeiten entstanden wären.

Trotz der guten Vorstellungen in den Geleitworten hatte der Traktat keine Breitenwirkung. Es gab einen einzigen Nachdruck gegen Ende des 17. Jahrhunderts. Der Text geriet in Vergessenheit, weil die Opposition gegen die Jesuiten immer mehr zunahm. Heute aber kann die italienische Übersetzung des Traktats, der die Methode der Versöhnung, genannt „Methode der Anpassung bzw. Akkommodation oder Inkulturation", illustriert, Anspruch auf Gültigkeit erheben.

Die Tätigkeit der Jesuiten in China ermöglichte den ersten kulturellen Kontakt des chinesischen Volkes mit Europa; über sie lernten die Chinesen die europäische Methode, Freundschaft zu schließen, kennen. Große Anerkennung und Dank verdienen die ersten Jesuitenpatres, weil sie sich in unermüdlicher Weise die fernöstliche Sprache und Kultur, die dortigen Sitten und Gebräuche angeeignet haben.

Wie gezeigt werden konnte, war Martino Martini ein Universalgelehrter, der als Vermittler zwischen der Welt, aus der er kam, und der Welt, die ihn aufnahm, fungierte. Die Verknüpfung von konfuzianischer Lehre und abendländischem Gedankengut verleiht dem Begriff von Freundschaft bei Martino Martini Dimensionen, die durch neuere Deutungsansätze erst noch auszuleuchten sind.

Martino Martini, Ölbild von Urthaler Videsott.

VERWANDTSCHAFT TROTZ FREMDHEIT?
EINE HYPOTHESE ZU DEN BEDINGUNGEN DER VERSTÄNDIGUNG ZWISCHEN JESUITEN-MISSIONAREN UND LITERATEN-BEAMTEN

ARNOLD ZINGERLE

Die Mission der Jesuiten im China des 16. und 17. Jahrhunderts stellt ein Phänomen des Kontakts und des Austausches zwischen Hochkulturen dar, dessen Faszination sich Kulturwissenschaftler nur schwer entziehen können: handelt es sich doch um das abgebrochene Experiment der zielgerichteten Veränderung einer fremden Kultur, bei der Wege beschritten und Mittel eingesetzt wurden, die in ungewöhnlich hohem Maße aus eben dieser fremden Kultur und nicht aus der eigenen stammten - ein Modus also, der nicht nur von den damals und noch lange Zeit danach verbreiteten Missionsmethoden radikal abwich, sondern ebenso sehr von der dominierenden, oft sich „triumphal“ und „imperial“ äußernden Selbstgewißheit und dem durchschnittlich unterstellbaren Selbstverständnis abendländischer Kultur. Gerade weil diese Selbstgewißheit und dieses Selbstverständnis der Europäer in jener Epoche angesichts fremder und andersartiger Möglichkeiten so fest gegründet und ausgestaltet waren,[1] ist der abweichende Weg der Jesuiten so faszinierend; in dieser Hinsicht ist er nicht - wie das manchmal (so in Dunnes verklärendem Buch über die *Generation of Giants*)[2] geschieht - mit der spätantiken Situation zu vergleichen, weil dort der kulturelle Kontext „im Rücken“ der Christen, die mit ihrem Glauben gleichzeitig in voneinander sehr verschiedenen Kulturen Fuß zu fassen versuchten, eben noch kein bestimmter, mit ihnen fest verbundener war.

Vor diesem Hintergrund erscheint uns Heutigen an den Jesuiten im damaligen China vor allem das Ausmaß bemerkenswert, in dem sie das

---

1 Vgl. dazu die Arbeiten von Historikern wie Wolfgang Reinhard (für den hier zur Sprache gebrachten Zusammenhang insbesondere: „Gelenkter Kulturwandel im siebzehnten Jahrhundert. Akkulturation in den Jesuitenmissionen als universalhistorisches Problem“, in: *Historische Zeitschrift* 223 [1976], S. 529-590) oder Urs Bitterli (bes.: *Die „Wilden“ und die „Zivilisierten“* [München, 2. Aufl. 1982; Alte Welt - neue Welt, München 1986]).

2 George H. Dunne, *Generation of Giants. The Story of the Jesuits in China in the Last Decades of the Ming Dynasty* (Notre Dame, Indiana 1962). Dt.: *Das grosse Exempel. Die Chinamission der Jesuiten* (Stuttgart: Schwabenverlag 1965).

Selbstverständliche ihrer kulturellen Vorprägung, ihr habituelles „Denken – wie – üblich“[3] hinter sich ließen, und in dem sie die perspektivischen Grenzen, die ihnen ihre Herkunft als Europäer und Missionare gesetzt hatte, zu sprengen vermochten. Und umgekehrt erscheint das Ausmaß nicht weniger erstaunlich, in dem sie imstande waren, mit der chinesischen Sprache auch auf chinesische Weise zu denken und mit dem Wissen um die Traditionen des chinesischen Denkens auch Elemente chinesischer Weltsicht zu übernehmen. Bemerkenswert erscheint uns ferner, wie sehr es ihnen gelang, sich einzuleben in chinesische Konventionen des sozialen Verhaltens und so den Boden zu bereiten für einen diskursiven Modus der Inkulturation[4] des Christentums, der für die andere Seite offensichtlich die Chance zu einer Aneignung des Fremden enthielt, die sich mit der Bewahrung kultureller Identität weitgehend vertrug.[5]

Dennoch taten sich, wie man weiß, oft genug und in verschiedenster Hinsicht Abgründe zwischen Missionaren und Chinesen auf – Abgründe, die nicht nur kultureller Natur waren, sondern zweifellos mit der Missionierungsintention selbst zusammenhingen. Über solche Abgründe hinweg war dann eine Verständigung kaum oder nicht mehr möglich. Die von einigen skeptischen Kommentatoren der Jesuiten-Mission in China – so von J.D. Young[6] – vertretene Auffassung ist nicht ganz von der Hand zu weisen, daß die Mission auch ohne die Tragödie des Ritenstreites an ihr Ende gekommen wäre, weil sie durch einen auf doktrinären Grundlagen beharrenden („fundamentalistischen“) Konfuzianismus blockiert worden wäre; möglicherweise hätte – so könnte dieses Argument ergänzt werden – ein fortgesetzter literarischer Einfluß der Jesuiten auf längere Sicht ohnehin den kontraproduktiven Effekt hervorgebracht, daß das Christentum in wei-

---

3 Zum Begriff des „Denkens – wie – üblich“ siehe Alfred Schütz, „Der Fremde. Ein sozialpsychologischer Versuch“, in: *Gesammelte Aufsätze*, Bd. II. Studien zur soziologischen Theorie (Den Haag 1972), S. 53-69.

4 „Inkulturation“ ist dabei im Sinne der heutigen Missionswissenschaft verstanden als Integration der (je verschiedenen) Kulturen mit christlichem Glauben und Handeln. Vgl. Karl Müller, „Inkulturation“ in: ders. und T. Sundermeier (Hrsg.), *Lexikon missionstheologischer Grundbegriffe* (Berlin 1987), S. 176ff.

5 Die Feststellung, der angedeutete Modus enthalte immerhin diese Chance, läßt zugleich Aussagen über die historisch-empirisch feststellbare Realität in der Aneignung des Christentums im China des 16. und 17. Jh. offen: sie nötigt weder zu überwiegend positiv-optimistischer (z.B. Dunne) noch zu überwiegend negativ-pessimistischer (z.B. Gernet) Einschätzung der faktischen Verhältnisse, solange diese im ganzen erst so fragmentarisch erforscht sind wie bisher.

6 John D. Young, *Confucianism and Christianity: The First Encounter* (Hong Kong 1983), bes. S. 128.

teren Kreisen als fremdes Kulturelement diskutiert und daraufhin verworfen worden wäre.

Gerade deshalb aber stellt sich die Frage nur um so schärfer, weshalb es gleichwohl im China des 16. und 17. Jahrhunderts zu einem anhaltenden, von gegenseitiger Wertschätzung getragenen Diskurs zwischen den Jesuiten-Missionaren und der kulturell maßgeblichen Gruppe der chinesischen Gesellschaft, den konfuzianischen Literaten bzw. den Literaten-Beamten kommen konnte – handelt es sich doch um einen Diskurs, der offensichtlich auf weiten Strecken die Beteiligten einander auch unabhängig davon näher brachte, ob er nun als Erfolg im Sinne der Inkulturation des Christentums aufzufassen war oder nicht.

Die „auf der Hand liegende" erste Antwort auf diese Frage sucht die Gründe verständlicherweise zuerst in dem Inkulturationsprogramm Riccis und der ihn darin folgenden Jesuiten. Neben der jeweils persönlichen Kapazität der Missionare, dieses Programm umzusetzen (also der Fähigkeit, sich in Sprache, Schrift, Wissen die chinesische Kultur anzueignen), betrifft dieses Argument vor allem die Intentionalität, die insbesondere die Bereitschaft der Jesuiten bedingte, sich im Interesse der Mission gerade auf die konfuzianischen Literaten einzulassen. Zweifellos war diese Bereitschaft einmal von der Einsicht geleitet, daß die Schicht der Literaten (zuzüglich der Literaten-Beamten) die kulturell führende und repräsentative war; sie war aber auch gewiß von einer rational-pragmatischen Erkenntnis der Machtstrukturen im damaligen China und der entsprechenden Handlungs- und Einflußchancen mitgetragen. Dieses Motiv entspräche durchaus der schon früh nachweisbaren ignatianischen Maxime, bei aller Priorität der Zielsetzung die Mittel auch im Hinblick auf ihre gesellschaftliche Fruchtbarkeit sorgfältig abzuwägen, um überflüssigen, „eitlen" Einsatz von Kräften zu verhindern: dies schloß gerade auch die Benutzung von Strukturen gesellschaftlichen Einflusses ein, wie dies eben in hohem Grade in der Chinamission der Fall gewesen ist.[7]

---

[7] „Nur durch die Macht, die ihm eigen ist, kann ein gesellschaftliches Milieu als ein wirkliches Mittel für das Ziel gelten", beschreibt Dominique Bertrand diese schon früh gefundene Position des Ignatius, denn: ein gesellschaftliches Milieu wurde Ignatius nur wichtig, „wenn er in ihm über Ereignisse und eigenes Suchen die positive Kraft einer Macht, eines irgendwie gearteten Einflusses erfuhr. Solange ein Milieu nicht zu einer zwar begrenzten, aber echten und wirksamen 'Macht' zurückgeführt ist, das heißt solange es nicht als gesellschaftlich und zwischenmenschlich bedeutsam erfahren wird, kann es nur die 'Eitelkeit' hervorbringen – ein ignatianisches Wort, das die gesellschaftliche Unfruchtbarkeit bezeichnet" (Dominique Bertrand, „Die Korrespondenz des Ignatius. Zur gesellschaftlichen Dynamik eines Lebenspro-

Was so auf der Seite der Missionstheorie und -Praxis der Jesuiten auf spezifische Weise den Kontakt mit der Schicht der Literaten und Beamten begünstigte, traf auf der anderen Seite zweifellos auf komplementäre Dispositionen. Die Jesuitenmission wurde bekanntlich in einer Periode aufgebaut, als sich die Ming-Dynastie bereits in einem Stadium fortschreitenden Verfalls befand, die neokonfuzianische Orthodoxie bereits an Glaubwürdigkeit verloren hatte und sich entsprechend bei den Literaten ein Bedarf an weltanschaulicher Neuorientierung zeigte.[8]

Nun betreffen die Bedingungszusammenhänge, die damit erfaßt sind, die Kommunikation begünstigende Dispositionen auf jeweils nur einer Seite. Sie sind zwar nicht von der Hand zu weisen, reichen aber nicht aus, um das Außergewöhnliche der „gelungenen" Kommunikation zwischen Angehörigen so entfernter Kulturen zu erklären, jedoch ergänzt werden durch bilaterale Dispositionen, die auf beiden Seiten vergleichbare Anknüpfungspunkte für die Verständigung geschaffen haben: nur so könnte das beiderseitige kommunikative Einvernehmen verständlich werden. Welcher Art könnten diese Dispositionen sein? Der vorliegende Beitrag setzt sich zum Ziel, sich einer Antwort auf diese Frage durch die Konstruktion einer Hypothese zu nähern. Sie besagt erstens, daß jene Bedingungen „gelungener" Kommunikation zu finden sind in einer selektiven Affinität auf beiden Seiten, einer Art „Wahlverwandtschaft", die gegenseitige Anziehung meint, jedoch ohne die Konnotation der Symmetrie, welche den Begriff in der wohl berühmtesten seiner Prägungen - bei Goethe - kennzeichnet.[9] Sie besagt zweitens, daß die bilateralen Bedingungen, auf denen diese selektive Affinität zwischen Jesuiten-Missionaren und Literaten-Beamten möglicherweise beruhte, die Akteure des Diskurses auf beiden Seiten nicht in ihren individuellen Eigenschaften und Absichten prädisponierten sondern in ihrer Eigenschaft als Angehörige ihrer Gruppe.

Der entscheidende Anstoß, die Frage hypothetisch in dieser und nicht in einer anderen Richtung zu beantworten, kommt von Max Webers Studie

---

grammes", in: Andreas Falkner und Paul Imhof [Hrsg.], *Ignatius von Loyola und die Gesellschaft Jesu 1491–1556* [Würzburg 1990], S. 385-395, Zit. S. 394).

8 Siehe dazu u.a. Monika Übelhör, „Geistesströmungen der späten Ming-Zeit, die das Wirken der Jesuiten in China begünstigten", in: *Saeculum* 27 (1972), S. 172-185.

9 Dem Kommentar der „Hamburger Ausgabe" (Bd. VI, 2. Aufl. 1960, S. 656) zufolge hat Goethe seinerseits den Begriff „Wahlverwandtschaft", der aus der Chemie stammt, dem 1775 erschienenen Werk des Schweden Tornbern Bergmann *De attractionibus electivis* entnommen, das von Hein Tabor unter dem Titel *Wahlverwandtschaften* übersetzt worden war.

Konfuzianismus und Taoismus.[10] Der Grund liegt darin, daß sie zahlreiche implizite und explizite Vergleiche zwischen dem chinesischen Beamtenstaat und der katholischen Kirche enthält: Die eine Seite wird dort gleichsam durch die andere verdeutlicht. Die impliziten Vergleiche bestehen in prädikativen oder attributiven Charakterisierungen von staatlichen Einrichtungen des kaiserlichen China durch kirchengeschichtliche Termini wie „präbendal", „pontifikal", „kanonisch", „orthodox", „ad nutum amovibel" usw. Warum Weber so verfährt, wird freilich erst verständlich durch die expliziten Vergleiche, die alle zusammenlaufen in der Charakterisierung der chinesischen Staatsanstalt als „kirchenstaatlich" bzw. „Amtskirche".[11] Viele von ihnen beziehen sich auf Aspekte spezifisch bürokratischer – natürlich vormodern-bürokratischer – Kontrolle. Neben jenen ausdifferenzierten Organen, die auf beiden Seiten als Hüter der Orthodoxie bzw. als Zensurinstanz[12] fungierten, vergleicht Weber die Kontrolle mittels gestufter Zugänge zur Amtswürde: über Weihen (nach vorangegangenen Wissens- und Ritualienprüfungen) hier, literarischen Examina dort. Entscheidender als solche Aspekte war jedoch für Weber die Struktur der Ämter, die das „Kirchenstaatliche" auf beiden Seiten von einem inneren Zentrum her vergleichbar macht. Auf beiden Seiten war, so Weber, die Hierarchie der Ämter – wiederum, von der Spitze ausgehend, abgestuft – mit „charismatischer" Qualifikation ausgestattet; eine solche institutionelle Verbindung von Amt und Charisma bezeichnet Weber mit einem bewußt konstruierten typologischen Terminus als „Amtscharisma" – ein Begriff, dessen allgemeine Bedeutung für die Geschichte von Institutionen erst allmählich erkannt wird.[13] „Amtscharisma" besagt, daß durch die Verankerung des Cha-

---

[10] Max Weber, *Gesamtausgabe* I/19 [Tübingen 1989]. Früher in: *Gesammelte Aufsätze zur Religionssoziologie*, Bd. I (Tübingen 1920).

[11] „Kirchenstaatlich": u.a. *Konfuzianismus und Taoismus*, a.a.O., S. 292; „Amtskirche": u.a. ebd., S. 373.

[12] Hierbei bleibt die Tatsache nicht unberücksichtigt, daß die chinesische Zensur, verglichen mit der römischen (katholischen), mächtiger, umfassender, zugleich aber auch – durch den Einfluß außerbürokratischer Instanzen der konfuzianischen Literaten (so der Akademien) – komplexer war.

[13] „Amtscharisma" ist nach Weber eines der wichtigsten Ergebnisse des Veralltäglichungs- und Umbildungsprozesses von „reinem Charisma", die – je nachdem und mit welchem Anteil Traditionalisierung, Rationalisierung, Versachlichung (im Sinne von „Entpersönlichung") oder Institutionalisierung an ihm beteiligt sind, unterschiedlich ausfallen. Zum Begriff des Amtscharismas siehe Max Weber, *Wirtschaft und Gesellschaft: Grundriß der verstehenden Soziologie*, 5. revid. Aufl. (Tübingen 1976), S. 144 und bes. S. 674f. Zur neueren Diskussion und Weiterentwicklung siehe Winfried Gebhardt, „Symbolische Legitimation. Über das Charisma des Amtes",

rismas in der Institution die Fähigkeit, spirituelle oder andere Leistungen zu vermitteln, von der Person abgelöst wird: sie haftet dann dem Amt als solchem an und bleibt auch bei persönlichen Defekten seiner Träger erhalten. Dies trifft nun auf den Priester der katholischen Kirche, den Weber als den historischen Hauptfall des Amtscharismas ansieht, ebenso zu wie auf den chinesischen Mandarin.

Der „amtskirchliche" Charakter des konfuzianisch geprägten chinesischen Staates ist noch in anderer Hinsicht für den Vergleich, um den es hier geht, von Bedeutung. Sowohl die Vermittlung göttlichen Heils auf der einen Seite wie die Regelung der gesellschaftlichen und politischen Angelegenheiten nach den Grundsätzen einer kosmologisch-moralischen Weltanschauung auf der anderen Seite wurden durch die jeweilige Anstalt mit exklusivem Anspruch betrieben, d.h. so Weber: „Das kaiserliche Amtscharisma duldete ... Mächte mit selbständiger Gnadengewalt neben sich so wenig wie die Anstaltsgnade der katholischen Kirche es tun konnte".[14] Deswegen gab es auf beiden Seiten lang anhaltende und durch neue religiöse Bewegungen immer wieder entfachte Konflikte zwischen Amtscharisma und persönlichem Charisma – gleich, ob letzteres als Kriterium der Zugehörigkeit zu einer religiösen Gemeinschaft (Sekte, Orden) oder als Merkmal individualisierter Heilssuche in seine Gegenstellung zur „Amtskirche" geriet.[15] Weber stellt daher, die Staatsanstalt des kaiserlichen China mit der katholischen Kirche vergleichend, fest,

> daß für eine Intellektuellenschicht von Beamten und Amtsanwärtern eines patrimonialen Staates die individualistische Heilssuche und gebrochene Demut des Mystikers als solche, vor allem aber die Forderung charismatischer mystischer Qualifikationen für den Herrscher und die

---

in: A. Zingerle (Hrsg.), *Charisma. Dynamiken des Ursprungs und der Veralltäglichung*, in: *Annali di Sociologia/Soziologisches Jahrbuch* 9, 1993/II (Schwerpunktheft), S. 165-182.

14 *Konfuzianismus und Taoismus*, a.a.O., S. 433.

15 Das Amtscharisma, so Weber, ist „der bedingungsloseste Feind alles genuin persönlichen, an der Person als solcher haftenden, den auf sich selbst gestellten Weg zu Gott fördernden und lehrenden, prophetischen, mystischen, ekstatischen Charisma, welche die Dignität des 'Betriebes' sprengen würde" (*Wirtschaft und Gesellschaft*, a.a.O., S. 693). Zu diesem Konflikt vgl. Leo Laeyendecker, *Om de beheersing van het charisma. Heil en macht in de R.K. Kerk* (Amsterdam/New York/Oxford/Tokyo 1993) sowie die historischen Abschnitte (2 und 3) des Aufsatzes: ders., „Die Erneuerungsbewegung in den Niederlanden nach Vatikanum II: ein Streit um das Charisma", in: Franz-Xaver Kaufmann und Arnold Zingerle (Hrsg.), *Vatikanum II und Modernisierung. Historische, theologische und soziologische Perspektiven* (Paderborn/München/Wien/Zürich 1996), S. 253-271.

> Regierenden ganz unannehmbar waren – ganz ebenso unannehmbar wie für die römische Bischofskirche das Erfordernis des persönlichen pneumatischen Charisma. Und erst recht war selbstverständlich, daß in der politischen Staatspraxis der bureaukratische Machtstaat des Rationalisten das Feld behielt.[16]

Nicht zuletzt hängt damit zusammen, daß Weber beiden Seiten die Tendenz zu einem Rationalismus zuschreibt, der auf Distanz zu bestimmten Eigenschaften der Massenreligiosität, insbesondere zu ihrer Magie, geht und der konsequent auch orgiastische und ekstatische Elemente der Religiosität unterdrückt, wo er sie nicht institutionell kontrollieren oder in neuen Formen sublimieren kann. In dieser Hinsicht bezeichnet Weber „die römische Kirche im Okzident" und den Konfuzianismus in China als „die beiden größten religiös-rationalistischen Mächte der Geschichte".[17]

In welcher Hinsicht stützt nun das bisher Ausgeführte die hypothetische Konstruktion einer selektiven Affinität? Es legt zunächst die Vermutung nahe, daß es vergleichbare institutionelle Prägungen waren, die auf beiden Seiten jenes grundsätzliche kommunikative Einvernehmen gefördert haben könnten, und zwar noch vor jeder inhaltlichen Bestimmtheit und persönlichen Färbung der Kontakte: ein Vertrautsein mit dem „Geist" einer Institution, die normative und symbolische Ordnungen nicht nur repräsentiert, sondern mit einer Ämterhierarchie „verwaltet" (und damit zugleich autoritativ „wahrt" durch Kontroll- und Sanktionsmittel); der entsprechend eingeübte „Rationalismus" und Pragmatismus; das Bewußtsein, innerhalb hierarchisch gestufter Kompetenzen zu agieren, die mit definierten Leistungen und deren Kontrolle verknüpft sind; ein bestimmter „Bildungsgang" als Voraussetzung für den Erwerb der amtlichen Stellung; schließlich aber das spezifische Amtsverständnis, das sich aus der Verbindung von „Amt" und „Charisma" ergibt.

Gegen diese Form der Hypothese könnte zu Recht der Einwand gebracht werden, es hätte sich auf der europäischen Seite um eine im Vergleich zur chinesischen doch relativ wenig „bürokratisierte" Personengruppe gehandelt; überdies könne das hypothetische Konstrukt erst dann volle Evidenz bringen, wenn die Jesuiten staatliche Priester-Beamte gewesen wären. Ein solcher Einwand wird zwar durch die bemerkenswerte Analogie

---

16 *Konfuzianismus und Taoismus*, a.a.O., S. 389. Zu Webers Analyse des kaiserlichen China als „Patrimonialstaat" siehe meine Studie: *Max Weber und China. Herrschafts- und religionssoziologische Grundlagen zum Wandel der chinesischen Gesellschaft* (Berlin 1972), bes. Teil B.

17 *Wirtschaft und Gesellschaft*, a.a.O., S. 326.

des Amtscharismas auf beiden Seiten relativiert. Aber: die Jesuiten waren in der Regel als geweihte Priester kirchliche Amtsträger; ihre chinesischen Partner waren dagegen wohl in ihrer Mehrheit geprüfte und so von einer bestimmten Stufe an auch mit der Würde der Amtsanwärterschaft versehene Literaten - die Beamten unter ihnen, so darf angenommen werden, stellten jedoch eine Minderheit dar. Was das kommunikative Einvernehmen zwischen den beiden Seiten im Sinne der vorgeschlagenen Hypothese herzustellen vermochte, ist deshalb eher in der Schnittstelle zwischen den geprüften Literaten insgesamt - unabhängig davon, ob sie eine Amtsposition innehatten oder nicht - und den Jesuiten als Angehörigen des okzidentalen Klerus zu suchen. Die spezifische Differenz zwischen dem „Priester" (im Sinne eines Amtsträgers) und dem „Kleriker" liegt in einem sozial- und kulturgeschichtlich überaus bedeutsamen strukturellen Sachverhalt, der eben jene Gemeinsamkeit mit dem chinesischen Literaten herstellt: auf beiden Seiten handelte es sich nämlich um Angehörige einer ständischen Kategorie oder Schicht.

Die Tragweite dieses Sachverhalts kann durch einen weiteren Rückgriff auf Max Weber verdeutlicht werden. Ständebildungen werden in seiner Soziologie zunächst im Zusammenhang mit der Monopolisierung von Leistungen (Funktionen) und der entsprechenden Schließung (oder kontrollierten Öffnung) des Zugangs zur Gruppe, die diese Leistungen erfüllt, gesehen. Was aber „weltliche" Stände mit ständischen Strukturen im religiösen Bereich verbindet, ist ein kultureller Aspekt: die „Zumutung einer spezifisch gearteten Lebensführung an jeden, der dem Kreise angehören will",[18] womit eine bestimmte soziale Wertschätzung (Prestige, „Ehre") zusammenhängt. Die maßgebliche Rolle der Lebensführung bringt es mit sich, so Weber, „daß die 'Stände' die spezifischen Träger aller 'Konventionen' sind: alle 'Stilisierung' des Lebens, in welchen Äußerungen es auch sei, ist entweder ständischen Ursprungs oder wird doch ständisch konserviert".[19] Aus diesem Grund werden die Literaten-Beamten des vormodernen China von Weber vor allem als „ständisches Phänomen" untersucht.[20]

---

[18] *Wirtschaft und Gesellschaft*, a.a.O., S. 535. Die durch Unterschiede in der Lebensführung bestimmten „ständischen Lagen" differenziert Weber von den durch ökonomische Bedingungen bestimmten „Klassenlagen" (ebd., S. 531 ff.).

[19] Ebd., S. 537.

[20] In der Studie *Konfuzianismus und Taoismus* bildet dementsprechend der mit dem Titel „Der Literatenstand" überschriebene Abschnitt V das unentbehrliche Scharnier zwischen dem umfangreichen ersten Teil mit den „Soziologischen Grundlagen" (I - IV) und den beiden nachfolgenden Abschnitten „Die konfuzianische Lebensorientierung" (VI) und „Orthodoxie und Heterodoxie" (VII).

Für ihn fiel dabei die nachhaltige Prägung ins Gewicht, die dieser Stand in der chinesischen Kultur im ganzen hinterließ: „Die Einheit der chinesischen Kultur“, so stellt Weber in einem Resümee (außerhalb der China-Studie[21]) fest, „ist wesentlich die Einheit derjenigen ständischen Schicht, welche Trägerin der bürokratischen klassisch-literarischen Bildung und der konfuzianischen Ethik mit dem dieser spezifischen ... Vornehmheitsideal ist“.

Wenn das in diesem Sinne „Ständische“ der chinesischen Literaten besonders evident an den vielen gleichsam durchlaufenden Zügen abzulesen ist, die man an der chinesischen Gesellschaft und auch in anderen ostasiatischen Ländern in der Vergangenheit wie auch wieder in der Gegenwart als „konfuzianische“ zu identifizieren pflegt, so kann im Vergleich dazu von einer eindeutigen ständischen Kulturprägung in der europäischen Geschichte natürlich nicht die Rede sein. Nicht nur gab es neben dem Klerus „weltliche“ Stände, deren Lebensform erheblich von der des Klerus abwich. Der Klerikerstand selbst war gerade auch in dieser Hinsicht heterogen: zu der Vielfalt von Lebensführungsformen, die – bei aller Einheitlichkeit im Grundsätzlichen – die Orden geschaffen haben, kam in der Neuzeit weitere Differenzierung durch die Konfessionsspaltung hinzu. Zudem konnte ein so (verhältnismäßig) eindeutiger und einheitlicher Einfluß auf die Kultur, wie er vom Stand der konfuzianischen Literaten und Beamten in China ausgeübt wurde, vom europäischen Klerikerstand nicht ausgehen, weil sein Verhältnis zur weltlichen Kultur durch den ständigen (offenen oder latenten) Konflikt zwischen geistlicher und weltlicher Macht auf fundamentale Weise gebrochen war. Vor dem Hintergrund dieser ständischen und klerikal-ständischen Vielfalt hebt sich nun aber gerade die formprägende erste Phase des Jesuitenordens, in der auch die Weichen für die China-Mission des 16. und 17. Jh. gestellt wurden, durch Eigenschaften hervor, die für die Plausibilisierung der Affinitätshypothese von großem Interesse sind.

Zunächst ist ein allgemeines Merkmal festzuhalten, das die Jesuiten als Angehörige des Klerikerstandes insgesamt von anderen europäischen Ständen unterschied, das sie andererseits aber in einer ganz bestimmten formalen Hinsicht mit dem chinesischen Literatenstand vergleichbar macht: die Geschultheit in der Handhabung „kanonischer“ Texte und die Erfahrung des „institutionellen“ – Kontrolle der „Orthodoxie“ wie Gewährung von Spielräumen einschließenden – Umgangs mit solchen Texten. Aber diese „Literarizität“ gewinnt ihre volle Relevanz für die Hypothese erst in Ver-

21 *Wirtschaft und Gesellschaft*, a.a.O., S. 610.

bindung mit dem, was die Bildung der Jesuiten besonders in der genannten frühen Phase vom regulären Klerus und von anderen Orden unterscheidet: eine spezifische, christliche Form weltzugewandten Humanismus. Nun ist es verbreitete Gewohnheit, die chinesischen Hauptadressaten der Jesuiten-Mission wegen ihrer Orientierung an „klassischen“ Standards sowie an einem Vollkommenheitsideal menschlichen Verhaltens ebenfalls als „humanistisch“ zu bezeichnen; ebenso hat man sie in ihrer Ausgerichtetheit auf das Staats- und Gesellschaftsleben nie anders als „weltzugewandt“ wahrgenommen. Auch Max Weber hatte sich der Ausdruck „humanistisch“ bei seiner Charakterisierung des Literatenstandes wie von selbst angeboten.[22] Ähnlich selbstverständlich ist die Verwendung des Attributs „humanistisch“ im Falle der jesuitischen China-Missionare freilich nicht. Wenn es jedoch in der Literatur zuweilen auftaucht,[23] so bleibt es vielfach unspezifiziert-vage. In dieser Hinsicht erfordert deshalb die Plausibilisierung der Hypothese zur Affinität von Jesuiten-Missionaren und Literaten-Beamten einige weitere Präzisierungen.

Zunächst verdient das kulturelle Milieu Beachtung, von dem her die frühe Mission der Jesuiten in China - also das „Modell Ricci“ - Richtung und Gestalt erhielt: das Europa der Hochrenaissance. Wie Gewitter entluden sich in ihm die Konflikte um die Reformation. Die führenden Stände Europas orientierten ihre Leitbilder neu, nach wie vor spielte dabei der Klerikerstand eine zentrale Rolle. Zu den reinigenden Folgen des Gewitters gehörten reformerische Ordensgründungen wie die der Jesuiten. Das jesuitische Reformunternehmen verband in diesem Kontext substantielle Wege und Werte der Tradition mit einem dezidierten Willen zur Reform und zur Umgestaltung der „Welt“, und zwar auf verschiedenen Ebenen des Denkens und Handelns. Ein wichtiger Aspekt dieser Zugewandtheit der Jesuiten bestand darin, daß sie als Mittel der Bildung - der Ausbildung ihres ei-

[22] So z.B. im analytischen Inhaltsverzeichnis, mit dem das Kapitel der China-Studie über den „Literatenstand“ beginnt (*Konfuzianismus und Taoismus*, a.a.O., S. 285) oder in der „Einleitung“ zur *Wirtschaftsethik der Weltreligionen* (ebd., S. 124), wo er „humanistische Literaten“als die für China typischen Akteure im Machtkampf um ständische Privilegien mit den entsprechenden Schichten in anderen Kulturen vergleicht. Von der Bildungsqualifikation der chinesischen Literaten schreibt Weber (ebd., S. 304), sie sei „eine ‘Kultur’-Qualifikation im Sinne einer allgemeinen Bildung, von einer ähnlichen, aber noch spezifischeren Art, als etwa die überkommene okzidentale humanistische Bildungsqualifikation ... .“

[23] So z.B. bei D.W. Treadgold, „Christian Humanism: The Jesuits (1582–1774)“, in: ders., *The West in Russia and China*, vol. 2 (*China, 1582–1949*) (Cambridge 1973), S. 1-34.

genen Nachwuchses wie der Bildung der Eliten –, auf und über welche sie wirken wollten, die auf der Höhe der Zeit abrufbaren Standards humanistischer Kultur und Lebensführung einsetzten. Es gibt hierzu keinen beredteren Beleg als den Lehrplan für das jesuitische Urkolleg in Messina, nach dessen Modell der Orden in der ganzen Welt zahlreiche Ausbildungsstätten gründete (gegen Ende des 16. Jh. waren es bereits 245 Kollegien). Er übernahm bis ins Detail die Standards der lateinisch-humanistischen Bildung, einschließlich der Rhetorik, von der damals vorbildlichen Pariser Universität; den Kollegien wurde *expressis verbis* der „Modus parisiensis" zum Maßstab gesetzt.[24] Nach Klaus Mertes läßt sich an den pädagogischen Ideen des großen Humanisten Ludwig Vives die Eignung des humanistischen Ideals für die Erziehung in den Jesuitenkollegien ablesen; diese Ideen resümierend, führt er neben solchen, die direkt an der christlichen Glaubens- und Lebenspraxis orientiert sind, auch folgende an:

> Die mit der Hochschätzung der Antike gegebene Anerkennung einer nicht-christlichen Kultur als Vorläuferin des Christentums; der Ruf *ad fontes* und die Aneignung durch die Beherrschung der sprachlichen Zeugnisse; die ethische Perspektive, die sich nicht 'nur' auf die offenbarten Gesetze beschränkt, sondern dem Rechtsempfinden und der moralischen Meinung der Menschen traut, unter der anthropologischen und theologischen Voraussetzung, daß das Ergebnis des ethischen Urteils schließlich mit der Offenbarung übereinstimmen wird.[25]

Enthalten solche Maximen nicht auch das Potential der Übertragung von der nahen „anderen" Kultur der Antike auf die ferne Andersheit Chinas in sich? Ermöglicht nicht insbesondere der Optimismus einer „natürlichen" Moralität des Menschen, den die zuletzt angeführte Maxime zum Ausdruck bringt, im Konfuzianismus eine verwandte Haltung zu finden, bei der die Mission der Jesuiten gut anknüpfen konnte? Wird nicht erst vor dem Hin-

---

[24] Siehe dazu Klaus Mertes, „Lernen in Messina. Die Anfänge der jesuitischen Kollegspädagogik", in: Andreas Falkner und Paul Imhof (Hrsg.), *Ignatius von Loyola*, a.a.O., S. 299-310. Mertes räumt zwar ein, daß Ignatius kein Humanist gewesen ist und die Gründung des Kollegs von Messina in erster Linie als untergeordnetes Mittel im Interesse des Apostolates zu sehen ist; dennoch, so stellt Mertes fest, „ist die integrierte, prohumanistische Option des Kollegienkonzeptes von Messina und der späteren Kollegien charakteristisch. Die Weltsicht des Ignatius – seine Wertschätzung des Profanen, Geschöpflichen, seine anthropologischen und apostolischen Grundlagen aus den Exerzitien – bot die besten Voraussetzungen dafür, einen „christlichen Humanismus" zu propagieren, wie es dann ja auch die zweite und dritte Generation der Jesuiten ... viel ausdrücklicher tat als die erste Generation, die die Grundlagen schuf" (ebd., S. 307).

[25] „Lernen in Messina", a.a. O., S. 307.

tergrund solcher humanistischer Vorprägung verständlich, daß und wie Ricci und nach ihm Martino Martini beispielsweise ein so „weltliches" Thema wie die Freundschaft benutzten, um sich Gehör bei den chinesischen Literaten zu verschaffen? Schon vor jeder weiteren Einzeluntersuchung zu diesem Punkt mag somit deutlich werden, welcher Art die Dispositionen zu jener Affinität waren, die mit dem Bildungswesen der Jesuiten – durch welches ja Ricci, Martini sowie die Mehrzahl der übrigen China-Missionare der Jesuiten gegangen sind – grundgelegt wurden.

Ist der Kern der spezifisch ständischen Normen der Verhaltensstilisierung (Max Webers) im Konfuzianismus als ein soziales, nämlich auf der moralischen Gestaltung der sozialen Beziehungen beruhendes Ideal der Persönlichkeitskultivierung[26] zu präzisieren, so drängt sich nunmehr auch die Frage auf, ob es den Jesuiten nicht gerade wegen ihrer humanistisch-ständischen Bildung leicht fiel, sich den konventionalisierten Anforderungen an Umgangsformen hinzugeben, die jenes chinesische Ideal im Umgang unter Menschen mit sich brachte: vor allem in der Vielzahl der Situationen, in denen die Jesuiten den Literaten auch als „Würdenträger" begegneten und die entsprechend bestimmt waren von ständischer Symbolik und raffiniert abgestufter Etikette. Die Höflichkeitslehre des Baldesar Castiglione war 1528, dem Jahre, in dem Ignatius in Paris seine Lateinstudien aufnahm, erschienen,[27] der *Galateo* des Bischofs Della Casa dreißig Jahre später.[28] Beide könnten also in die formative Phase der italienischen Pioniere der Jesuiten-Mission in China hineingewirkt haben. Ganz gewiß kann das konfuzianische Leitbild des „Edlen" (*junzi*) in einer ganzen Reihe von Hinsichten nicht dem *cortegiano* der Spätrenaissance zur Seite gestellt werden: in ihm wirkte noch der höfisch-ritterliche Komplex nach, zu dem es in der schon früh von antifeudalen, zentralistisch-bürokratischen Gestaltungskräften bestimmten chinesischen Kultur kein Äquivalent gab.[29]

26 „Kultivierung" ist nach Max Weber der den ständischen Lebensformen entsprechende Typus der Pädagogik, der eine mittlere Stellung zwischen der charismatischen „Erweckungs"-Pädagogik und der rationalen Fachschulung einnimmt und sich historisch-empirisch oft mit Elementen dieser beiden anderen Typen vermischt. Nicht zufällig entwickelt Weber diese – in der Literatur wenig beachteten – Typen am Rande seiner Ausführungen zu den chinesischen Literaten: siehe *Konfuzianismus und Taoismus*, a.a. O., S. 302-304.

27 Baldesar Castiglione, *Das Buch vom Hofmann* (München 1986; Orig.: *Il Libro del Cortegiano*, Turin 1528).

28 Giovanni Della Casa, *Galateo* (Venedig 1558).

29 Vgl. dazu Max Weber: „Der Kotau vor dem Vater, älteren Bruder, Gläubiger, Beamten, Kaiser war gewiß kein Symptom feudaler Ehre: vor einer Geliebten zu knien

Aber wie auch bei den übrigen Bereichen der humanistischen Bildung, so werden auch hier die Berührungspunkte zwischen beiden Seiten in den formalen, modalen Qualitäten von Einstellung und Verhalten gesucht werden müssen, ganz besonders in einer geschulten Sensibilität für Situationen, die Takt und ein ausgeprägtes Bewußtsein für Formen des Umgangs erfordern.

Plausibel erscheint die Hypothese zur Affinität von Jesuiten-Missionaren und chinesischen Literaten-Beamten schließlich - und nicht zuletzt - aus einem weiteren Grund, der einen spezifischen Zug jesuitischer Mentalität betrifft. Auch zur Erläuterung dieses Charakteristikums bietet sich ein Rückgriff auf Max Weber an.

„Kirchenstaatlichkeit“ bedeutet nach Max Weber, wie oben erläutert, einen Exklusivanspruch auf die Spendung von Gnade und die Vermittlung anderer Heilsgüter. Zu diesem amtscharismatischen Ausschließlichkeitsanspruch steht das in der Geschichte wiederholt auftretende außerinstitutionelle Charisma in einer grundsätzlichen Spannung - einer Spannung, die durch die institutionelle Einbindung der Orden nur teilweise aufgehoben werden konnte. Deren charismatische Kompetenz verlagerte sich in der frühen Neuzeit von individueller Heilsspendung und dem Versuch, das ursprüngliche Charisma in den abgesonderten monastischen Lebensformen zu erhalten, zunehmend auf das, was man heute als „Dienst an der Welt“ bezeichnet - mit der Folge, daß das Amtscharisma der Gesamtkirche zunehmend an Kontrolle zurückgewinnt. Für diese Entwicklung sind die Jesuiten paradigmatisch: über das vierte Gelübde haben sie ihre besonderen, ordensspezifischen Ansprüche an ihre Mitglieder an den Anspruch der Universalkirche gebunden. Das bedeutet nicht nur organisatorische Zentralisierung, sondern ebenso eine geistige Ausrichtung auf die zentrale Autorität.[30] Dieser Sachverhalt fällt angesichts der homologen Zentriertheit von Staat, Gesellschaft, ja Kosmos in der traditionalen chinesischen Gesellschaft besonders ins Gewicht; bei allen sonstigen (inhaltlichen) Unterschieden ist dieses Analogon zum römischen *pontifex maximus* unübersehbar. Ebenso hat sich, wie die Sinologie hinreichend belegt, die rituelle, die kosmologische, die symbolisch-politische und die gesellschaftlich-moralische Zentralität des chinesischen Kaisers auf den mentalen Habitus des Literaten- und Beamtenstandes, der innerlich und äußerlich auf dieses Zentrum ausge-

wäre dagegen für einen korrekten Chinesen ganz perhorresziert gewesen. Alles umgekehrt wie bei Rittern und *cortegiani* im Okzident“ (*Konfuzianismus und Taoismus*, a.a. O., S. 317).

30 *Wirtschaft und Gesellschaft*, a.a. O., S. 698f.

richtet war, auf charakteristische Weise ausgewirkt. Ist es als Zufall anzusehen, wenn Martini in seinem Begleittext zum *Novus Atlas Sinensis* den Aufbau des konfuzianischen Staates mit dem Kaiser an der Spitze mit einem gut organisierten religiösen Orden vergleicht (wobei er ganz gewiß vor allem seinen eigenen vor Augen hatte)?[31]

[31] „... plane Sinica respublica bene constituti Religiosi ordinis regimen imitatur ..." (Martino Martini, *Novus Atlas Sinensis* [Amsterdam 1655], „Ad lectorem praefatio", S. 11).

Über Martino Martini: Drei Nachdrucke

WAR MARTINO MARTINI CHINESISCHER MANDARIN?*

Benno M. Biermann O.P.

In den bisherigen Biographien des bedeutenden Jesuiten-Missionars Martin Martini, der, 1614 geboren, in der chinesischen Mission von 1643 bis zu seinem Tode 1661 eine große Rolle spielte, wird von seinem Mandarinat nicht gesprochen, obwohl die Dominikaner-Schriftsteller seinen Aufzug als Mandarin in Fuan eingehend beschreiben [1]. Louis Pfister erwähnt in seinen Notices biographiques [2] die Frage nicht. In der Liste der Mandarine fehlt sein Name [3], ebenso wie der des Francisco Sambiasi, S.J., der 1645 am Hofe des Ming-Kaisers Lungwu in Foochow lebte und von diesem als Gesandter in großem Aufzug nach Makao entsandt wurde [4]. Die Jesuiten waren ernstlich bemüht, den weltlichen Ehrenstellen auszuweichen und gestatteten die Annahme nicht ohne schwerwiegende Gründe, wie das im Falle Sambiasis der Fall war.

Der sel. Franz von Capillas schreibt in seinem Berichte, den er im Kerker 1647 beendete, Gott habe der Mission nach einer Zeit der Verfolgung die Freiheit wiedergegeben, «indem er sich eines Paters der Gesellschaft bediente, den der König wegen seiner Kenntnisse in der Astrologie und der Militärkunst zum Mandarin des königlichen Hauses ernannte, der dem Ritter des Goldenen Vließes in Spanien zu vergleichen sei. Und er befahl ihm, mit einem Vizekönig (Liu Chung Tsao) nach der Provinz zu ziehen, worüber dieser herrschte (Tschekiang), damit er dort dem Kriegsvolk die Kriegskunst beibrächte. Der Pater nahm an, weil der Vizekönig ihm versprach, ihm in seiner Provinz eine Kirche zu errichten und ihn in der Mission zu unterstützen. Und weil der Vizekönig aus Moyang stammte, zwei Meilen von Fuan entfernt, wollte er zunächst durch seine Heimat ziehen, ehe er in sein Amtsgebiet zog und brachte den Pater mit. Und da der Pater Ritter vom Goldenen Vließ war, was in diesem Reiche mehr bedeutet als Vizekönig, ehrten ihn alle als eine königliche Person. Er kam mit dem Vizekönig zur Stadt und besuchte den Mandarin und den Vizekönig und sagte ihnen, daß sie unrecht täten, die Diener des Gesetzes zu verfolgen. Sie seien wie er Missionare, und man möge nicht weiter in dieser Weise gegen sie verfahren. Damit hörten sie auf, uns zu verfolgen, und wir konnten wieder an die Öffentlichkeit treten wie zuvor» [5]. Als anderer Augenzeuge aber berichtet Fray Juan Garcia in seinem Brief vom 27. Sept. 1648, daß Martini einherzog mit Fahnen und Lanzen, mit Flinten und anderen Insignien im Seidenkleide mit goldenen Drachen auf der Brust. Auf diese Nachricht hin wurde der Brief als unecht erklärt, da Martini nie Mandarin gewesen sei [6].

In der Nationalbibliothek zu Lissabon befindet sich der Jahresbericht Martinis

---

[1] Vgl. B. Biermann O.P., Die Anfänge der neueren Dominikanermission in China, Münster 1927, S. 76.

[2] Notices biographiques et bibliographiques sur les Jésuites de L'ancienne mission de Chine 1552—1773 I, Changhai 1932, p. 257.

[3] L. c. p. 444.

[4] L. c. p. 140s. In der Literatur wird das Mandarinat Martinis oftmals geleugnet. Auch Antnio de Gouvea S.J. leugnet es in seiner Schrift gegen Navarrete (1677; B. Nac. Paris, MS Esp. 409 f. 143).

[5] Hilario Ocio y Viana O.P., Notas biográficas del Vble. P. Fray Francisco de Capillas, Manila 1894, p. 51s.

[6] Vgl. dazu Biermann, l.c. S. 76.

---

* Nachdruck aus: *Neue Zeitschrift für Missionswissenschaft* 11 (1955), S. 221-226.

von 1646, in dem wir die Aufklärung der Angelegenheit finden [7]. Im Vorjahr war Martini von Giulio Aleni beauftragt worden, den neu eingetretenen P. Smogulecki [8] in die chinesische Sprache einzuführen und wurde mit ihm und Pacoal Fernandez [9] nach Yemping im Inneren Fukiens gesandt, wohin sich der König Lungwu [10] in diesem Jahre von Foochow aus vor den nachdrängenden Tataren zurückzog. Das brachte allerlei Unruhe und Aufgaben mit sich. In der Kirche kamen viele Mandarine zusammen, darunter der Kolao Chun Tien, der obwohl Heide, ein alter Freund und großer Wohltäter der Mission von Yemping war [11]. Wie Sterbende - die Mingdynastie stand vor dem Zusammenbruch - suchten sie nach einem Arzt, der ihnen helfen konnte und machten Eingaben an den König, Martini beizuziehen, insbesondere der Kolao. Aber Martini verbarg sich vier Monate lang. Zu Beginn des 5. Monats kam der Viezekönig der Stadt und des Landes des Kolao und erhielt den Auftrag, in sein Gebiet zu ziehen und Martini dorthin mitzunehmen. Der Vizekönig suchte ihn in der Mission auf, wo er gerade krank zu Bette lag, und erwies ihm dort die größten Höflichkeiten. Er machte ihm die schönsten Versprechungen: er habe schon Haus und Kirche für ihn bereit. Aber Martini bedankte sich für alle Güte und erklärte ihm, er möge ihn in Frieden und in Ruhe lassen. Der Zweck seines Kommens nach China sei einzig, den Seelen seiner Bewohner zu Hilfe zu kommen. Er könnte nicht gehen ohne den Willen seiner Oberen, ohne den er nichts tun dürfe. Der Vizekönig ging auf seine Worte ein und erklärte: «Hier hast du keinen anderen Vorgesetzten als den König. Durch diesen wirst du verpflichtet, und damit hast du deinen Willen und wir den unseren. Wir werden von dir vieles lernen und wir werden dir eine schöne Kirche geben, sodaß viele durch unsere Vermittlung euer Gesetz annehmen. Und wenn du uns in den gegenwärtigen Nöten beistehst und uns viele Dinge von Europa lehrst, versprechen wir dir, beim König durchzusetzen, daß er weitgehende Erlaubnis gebe für die Verbreitung des Gesetzes Gottes, und daß er im ganzen Reiche euren Christen Kirchen erbauen lasse» [12]. Auch darauf ließ sich Martini nicht ein und gab schriftlich seine Erklärung. Der Vizekönig aber überreichte dem König ein neues Memoriale und teilte ihm den Aufenthalt Martinis mit. Der König sandte sofort einen Boten, ihn zu

---

7 MS. 722 de Fondo Geral f. 346r ss. Der Kodex gehört zu den Abschriften aus dem Jesuitenarchiv in Makao, die sich in der Bibliothek von Ajuda in Lissabon finden (Jesuitas na Azia).

8 Pfister, l.c. p. 262 gibt als Jahr der Ankunft an 1646. Sm. wirkte in China bis zu seinem Tode 1656.

9 Nach Pfister p. 220 ein Chinese, der zuletzt 1648 in Yemping erwähnt wird.

10 Nach dem Selbstmord des letzten allgemein anerkannten Ming-Kaisers Chung Cheng hatten die Tataren den ganzen Norden des Reiches besetzt. Aber im Süden suchten Prinzen aus der Familie der Ming ihre Herrschaft aufrecht zu halten. Nachdem der erste Kronprätendent Prinz Fu den Tataren in die Hände gefallen war, wurde Lowang in Hangchow zum König ausgerufen, der sich aber beim Falle der Stadt den Tataren auslieferte und von ihnen hingerichtet wurde. Daraufhin wurden die beiden Prinzen Lu und Tang zum König ausgerufen, die sich gegenseitig befehdeten. Tang, in Tsüanchow gekrönt, regierte unter dem Namen Lungwu in Foochow, dann in Yemping. Er wurde 1647 von den Tataren gefangen genommen und in Tsüanchow hingerichtet. Daraufhin wurde in Kanton Yungli zum König erwählt, bei dem die Jesuiten wieder eine große Rolle spielten. Über die dortigen Wirren vgl. Jesuitas na Azia 49-V-13 f. 1-35r: Relação das guerras e levantamentos que houve na China 1642—1647 in Lissabon-Ajuda. Ferner den Bericht von Simão de Acunha ebda. 50-V-38.

11 Chun Tien dürfte der ungenannte Kolao sein, mit dem Giulio Aleni freundschaftlich verhandelte: Daniel Bartoli S.J., La Cina, Roma 1663, p. 789-792.

12 MS. 722 f. 384r.

rufen. Martini erzählt: «Ich kam zum König in den gewöhnlichen Kleidern, in denen ich auch die anderen Mandarine besuchte, eine überaus große Ehre, die uns in Staunen setzt. Nachdem ich dann die gewohnten Verbeugungen gemacht, wollte er nicht, daß ich niederkniete, sondern ich sollte stehend sprechen, indem er als Grund anführte, das Gespräch sei ja sehr kurz - wie es tatsächlich mehr als eine Stunde dauerte - und da der Vizekönig besorgt war, daß ich mich auch vor dem König dem Auftrag entziehen werde, blieb er zugegen und half mir bei dem Gespräch, sagte mir die Worte vor, wenn ich ausweichen wollte. Als der König dies bemerkte, sagte er: Vizekönig, Ihr braucht nicht zu zweifeln: Der Kolao will den Pater, und so sollt Ihr ihn mitnehmen! Und indem er mir gebot, mit ihm zu ziehen, bot er mir verschiedene Titel und Würden an, die ich alle zurückwies mit der Begründung, ich dankte seiner Majestät für so hohe Ehren, aber zu meinem Beruf als Prediger des Gesetzes Gottes passe es nicht. Wenn S. Majestät mir befehle, zu dem Kolao zu gehen, werde ich sofort gehen, denn wenn es meine erste Verpflichtung sei, Gott zu gehorchen, so sei die zweite (der Gehorsam) gegen seine Majestät, die an Gottes Stelle die Erde beherrsche. Der König war sehr zufrieden, und da ich die Würden nicht annehmen wollte, versprach er mir ein Seidenkleid, «die Drachen» genannt, eine Ehrung, die der König den größten und höchstgeschätzten Mandarinen zuteil werden läßt. Und so nennt man dieses Kleid den ersten Grad unter den Mandarinen, die sich alle unterscheiden nach den verschiedenen Stickereien auf den Galakleidern, und die vom ersten Grad tragen das Bild des weißen Reiher (gallo) und die höchst Geachteten das Bild der Drachen, als besondere Huld des Königs. Ich wollte das so gnädige Anerbieten des Königs nicht ablehnen, aber ich bat S. Majestät um die Erlaubnis, aus diesem Kleid eine Kasel, ein Meßgewand machen zu dürfen. Ich erklärte, die höchste Ehre hätte ich, wenn ich dem wahren Gott das Opfer darbrächte, und ich wollte dabei die große Gunst S. Majestät anwenden, indem ich den wahren König der Könige, den Herrn des Himmels bäte, S. Majestät in den gegenwärtigen Gefahren von Seiten der Tataren beizustehen. Zugleich möchte er alle Güter gewähren, die ich S. Majestät wünsche für Leib und Seele und ihm seine Erkenntnis geben. Mit diesen und anderen Fragen und Antworten verabschiedete ich mich von S. Majestät, und am anderen Tage schickte er mir als Geschenk die berühmten Drachen, aus denen ich ein Meßgewand machte, und jetzt noch immer (agora continuamente - unter der Herrschaft der Tartaren?), wenn ich zur Messe hinausgehe, gebrauche ich dieses Kleid zur großen Erbauung der Heiden und zur großen Freude der Christen, indem sie sehen, daß wir die Ehren nicht für uns suchen, sondern für Gott, wie es sich gebührt» [13].

Martini sagt also nichts davon, daß er von der Würde, die ihm König Lungwu verlieh auch anders Gebrauch gemacht hat, als am Altar. Aber dafür, daß dies geschehen ist, sind der sel. Franz von Capillas und Fray Juan Garcia vollgültige Augenzeugen. Er hat sich ehrlich dagegen gewehrt, Mandarin zu werden, wie ihm das der Gehorsam gegen seine Oberen gebot. Er ist auch nicht Mandarin irgend eines der chinesischen Tribunale gewesen, die nur noch in geringem Maße bestanden haben mögen, aber tatsächlich war der Mandarin des 1. Grades, geradeso wie es Francisco Sambiasi gewesen ist, dem das gleiche Drachenkleid gegeben wurde, als er mit dem entsprechenden Aufwand und Pomp als Gesandter nach Makao zog. Auch Fray Vittorio Ricci O.P. kam als Mandarin und Gesandter des Seeräubers und Mit-Königs der Mingfürsten mit Gefolge nach Manila (1662) und empfing dafür die Quittung, er habe den Priester- und Ordensstand entehrt [14]. Frei Silvestre de Azevedo

[13] L.c. - 348v.

[14] Vgl. Biermann, Die Anfänge etc. S. 109, Anm. 102.

O.P., der am Hofe des Königs von Kambodja zu den höchsten Ehren aufstieg, wurde von seinen Oberen in striktem Gehorsam zurückberufen, und mußte, als er sich aus den goldenen Ketten nicht befreien konnte, auf jede Unterstützung seines Ordens lange verzichten [15]. Es ist wahr, daß die hohen Würden und Hofämter für die Missionare stets eine schwere Belastung bedeuten, für sie persönlich wie für die gesamte Mission. Aber auch im Westen hat es heilige Kleriker in hohen weltlichen Stellungen gegeben, trotzdem die weltliche Gewalt immer eine schwere Belastung für die Kirche war. Unter der tyrannischen Herrschaft orientalischer Potentaten war es oftmals eine absolute Unmöglichkeit, ihren Ehrungen auszuweichen. Wenn sie nicht gesucht, sondern als Last getragen wurden und die Missionare persönlich die Demut und apostolische Einfachheit zu üben suchten, kann man ihnen daraus keinen Vorwurf machen. Martini kommt in der Folge seines obigen Berichtes auch auf die Dominikanermissionare in Fukien und ihre Bedrängnisse zu sprechen und erzählt, wie er ihnen geholfen habe. Es waren die Patres Fray Juan Garcis, Fray Francisco Diez und der sel. Francisco de Capillas, der Anfang 1648 das Martyrium erlitt. Martini beurteilt ihre Angelegenheit außerordentlich hart, indem er klagt, über die «guten, mehr eifrigen als klugen Religiosen», die nicht handelten, wie es in den neuen Christengemeinden notwendig gewesen wäre, indem sie in medio luporum mit Schlangenklugheit hätten vorgehen sollen. Der große Aufruhr in der Dominikanermission könne nicht «Verfolgung» genannt werden, weil er nicht aus Liebe zu Gott ertragen sei, sondern aus anderen Gründen. Er schildert die Sachlage: Ein guter, reicher Christ Namens Johannes (Kai Tsching) [16] hatte eine Tochter, die (wohl in früher Jugend, als Johannes noch Heide war) nach chinesischer Sitte einem jungen Manne, jedenfalls einem Heiden, versprochen war. Nun wollte das Mädchen Jungfrau bleiben und verweigerte die Verbindung. Darauf rotteten sich die Feinde des Johannes zusammen, raubten seine Häuser aus, steckten sie unter Mitwirkung des Pöbels in Brand und erhoben Klage gegen die Christen. Es ist möglich, daß die Dominikaner bezüglich der Empfehlung der Jungfräulichkeit unklug vorgegangen sind. Sie haben auf die Vorstellungen Martinis hin nach Manila berichtet und sind nachher vorsichtiger gewesen, ohne ihre Prinzipien aufzugeben. Martini setzte sich auch tatkräftig für sie ein und konnte den Frieden wieder herstellen, aber seine Vorwürfe gingen über das Ziel hinaus. Aus solchen Gründen haben sich in der Kirche von Anfang an gefährliche Verfolgungen ergeben, und in China erblühte aus der Praxis der Dominikaner das Institut der Jungfrauen, das soviel Segen für China gebracht hat, das eigentlich der Anfang war für die christliche Emanzipation der Frau in China [17].

Martini erlebte anscheinend noch in Fuan oder Moyang das Vorrücken der Tataren in Fukien [18]. Aber es gelang ihm, rechtzeitig zu entkommen, wenn er auch in der Annua nichts davon erwähnt, während er über die Jahresfolge in der Nachbarprovinz Tschekiang noch berichtet.

In seinem Büchlein über den tatarischen Krieg [19] berichtet Martini nichts Näheres von den geschilderten Ereignissen in Fukien. Dort heißt es: «Zu

---

15 Biermann, Die Missionen der portugiesischen Dominikaner in Hinterindien, ZM 21, Münster 1931, S. 309 ff.

16 Biermann, Die Anfänge etc. S. 75 f.

17 Ebda. 159 ff.

18 MS. 722. f. 349v erzählt er, daß einige Tataren mit dem Schwerte in der Hand in die Dominikanermission eindrangen und Silber forderten. Nur deshalb zogen sie sich ohne Schädigung der Mission zurück, weil sie die Armut sahen, in der der Missionar in dem stattlichen Hause lebte.

19 De Bello Tartarico Historica. Auctore R.P. Martini Martinio. Ed. 3. Coloniae 1654.

dieser Zeit wurde ich von dem Kaiser Lungwu nach der Stadt Wenchow (nicht weit von der Grenze Fukiens an der Küste in Tschekiang) gesandt. (Dorthin zog er offenbar von Fuan weiter mit dem Vizekönig.) Als ich dort eingezogen war, kamen sehr bald die Tataren und eroberten die Stadt Wenchow im ersten Ansturm mit Leichtigkeit und ohne größere Schwierigkeit auch die dazugehörigen Städte. Ich bewohnte in Wenchow, wo die Furcht und die Flucht der meisten alles in Aufregung hielt, ein großes Haus. Als ich nun hörte, daß die Tataren kamen, heftete ich über das Haupttor des Hauses ein langes rotes Plakat mit der Inschrift: «Hier wohnt der Lehrer des Göttlichen Gesetzes aus dem Großen Westen». Ähnliche Inschriften pflegen die Mandarine anzubringen, wenn sie auf Reisen sind, wo sie einkehren. Dann stellte ich im großen Hofe des Hauses europäische Bücher auf, darunter einige in Prachtband, dann auch einige mathematische Instrumente, Fernrohre, Brennspiegel und anderes dieser Art. Schließlich stellte ich auf einem dazu hergerichteten Altar ein Bild des Erlösers auf, mit äußerst glücklichem Erfolg. Denn, weit entfernt davon, daß ich von den tatarischen Soldaten irgend eine Unbill oder eine Belästigung erfahren hätte, lud der Mandarin der Tataren mich ein, nahm mich huldvoll auf und fragte mich, ob ich gewillt sei, die chinesische Haartracht und Kleidung zu wechseln (diese Frage war typisch, da die Chinesen in diesen äußerlichen Dingen den äußersten Widerstand zeigten). Als ich zusagte, ließ er mich in seiner Gegenwart scheren, und als ich darauf hinwies, daß diese Tracht zu den chinesischen Kleidern nicht passe, legte er selbst seine Beinschienen ab und wollte sie mir anziehen und setzte mir seine tatarische Mütze auf, lud mich zum Mahle ein, gab mir einen Freibrief und ließ mich zu meiner alten Station und Mission in der vornehmen Stadt Hangchow ziehen» [20].

Navarete bemerkt dazu, die Dinge hätten sich anders zugetragen. Martini habe sich als nahen Verwandten Adam Schalls vorgestellt, der damals schon am tatarischen Hofe eine große Rolle spielte und sei dadurch frei geworden, was übrigens zu dem Bericht Martinis, nicht in Widerspruch steht [21]. Jedenfalls lag es nicht im Interesse Martinis, sein chinesisches Mandarinat bekannt zu geben, woraus sich erklären mag, daß auch die eigenen Mitbrüder davon schwiegen oder auch nichts wußten. Der Vizekönig Liu Tschung Tsao mußte seinen aussichtslosen Krieg gegen die Tataren ohne Martini weiter führen und Martini war aus der peinlichen Situation befreit, die er selber nicht gesucht hatte.

---

20 L.c. p. 71-73.

21 Domingo Fernández Navarrete O.P., Tratados históricos, políticos, éthicos y religiosos de la Monarchia de China, Madrid 1676, p. 448, n. 15.

Martino Martini in einer Sänfte als Mandarin.

LES SOURCES MONGOLES ET CHINOISES DE L'ATLAS MARTINI (1655)*

HENRI BERNARD, S.J.

Parmi les plus remarquables productions de la maison d'éditions cartographiques Jean Blaeu, il faut assurément compter le *Novus Atlas Sinensis* du Père Martino Martini, paru en 1655 comme sixième partie du grand *Theatrum orbis terrarum.*[1] Du jour au lendemain, le nom du P. Martini, jusque-là presque totalement ignoré dans le monde savant d'Europe, devint célèbre, ainsi que l'attestent les nombreuses traductions et réimpressions de son gros ouvrage,[2] à tel point qu'il a pu être proclamé sans trop d'exagération le "Père de la géographie chinoise".[3] Même après la publication des cartes de d'Anville (1735) d'après le levé des jésuites de Chine pour l'Atlas de K'ang-hi,[4] son Atlas si excellemment composé demeura, jusqu'à la fin du XIXme siècle, nécessaire à consulter.[5] L'on savait que cette notoriété si durable était due en grande partie à ce qu'il s'appuyait avant tout sur des sources d'information chinoises: "L'Atlas de Martini, et c'est ce qui en fait le mérite, n'est qu'une traduction et réduction de la grande Géographie des Ming", faisait remarquer le P. Amiot à la fin du XVIIIme siècle,[6] et par là, comme

1) Duyvendak, **Early Chinese Studies in Holland,** (cité **Duyvendak**) dans le **T'oung Pao** 32 (1936) 305-308, donne une bibliographie rectifiée de cet ouvrage. A la page 310 note 1, il corrige certaines de mes affirmations dans **Les étapes de la cartographie scientifique pour la Chine et les pays voisins depuis le XVIme siècle jusqu'à la fin du XVIIIme siècle (Monumenta Serica** 1 [1936] 428-477, cité: Bernard, **Cartographie).**

2) Streit, **Bibliotheca Missionum,** t.v. à l'Index.

3) Bernard, **Cartographie,** 446-448.

4) Bernard, **Note complémentaire sur l'Atlas de K'ang-hi (Monumenta Serica** 11 [1946] 191-200).

5) Richthofen, **China** 1 [1877] 674-677; cf. **Etudes** publiées par des Pères de la Compagnie de Jésus 131 [1912] 212.

6) **Mémoires concernant les Chinois** II 508-509; cf. VI 338-339. "Il les a copiées" (Ib., II 554).

* Nachdruck aus: *Monumenta Serica* 12 (1947), S. 127-144. Vgl. hierzu auch die Besprechung von J.J.L. Duyvendak, in: *T'oung Pao* 39 (1949), S. 199-203.

l'a fort bien démontré le Dr. Walter Fuchs en 1938,[7] il faut entendre surtout[8] le *Koang-yü-t'ou* 廣輿圖 de *Tchou Se-pen* 朱思本, (1273-1335/40), publié par *Lo Hong-sien* 羅洪先, (1504-1564). Ce qu'on ignorait presque totalement, c'étaient ses origines mongoles. Une nouvelle publication du Docteur Fuchs,[9] en reproduisant sous un format très lisible les 32 cartes originales de l'édition d'environ 1555, vient de nous procurer une masse imposante de documents bien triés non seulement sur les éditions *chinoises,* mais sur les rédactions *mongoles* de cet Atlas. Grâce à ce dossier, il nous sera moins malaisé de serrer de plus près le problème de la composition du *Novus Atlas Sinensis* du P. Martini et, si besoin en est, de rectifier certaines incorrections dans des publications précédentes.[10]

I. LES SOURCES MONGOLES ET CHINOISES.

L'avènement de la dynastie autochtone des Ming (1368) n'a point réussi à détruire toutes les traces de l'essor scientifique qui s'était épanoui sous la dynastie précédente des Mongols grâce aux relations culturelles variées entre la Chine d'une part, et d'autre part le bloc Perse-Arabie-Byzance. Les livres chinois ont aidé le Docteur Fuchs à nous en donner un tableau d'ensemble (p. 3-4).

"The West Asiatic representatives of the applied sciences were greatly honoured in China; such names as Ala-ud-Din 阿老瓦丁, Ismail 亦思馬因, Jamal-ud-Din 札馬魯丁, Isa 愛薛, Yeh-hei-tieh-erh 也黑迭兒 and Shams 瞻思 are closely connected with the promotion of mathematics, astronomy and geography, as well as with the planning of cities, hydraulics and gunnery. One may also mention, among the native Chinese, medical men like Chu Li 朱李, Li Kao 李杲 and Chu Chen-heng 朱宸亨, mathematicians like Li Chih 李治, and astronomers and geographers like Kuo Shou-ching

7) **Die Ausgabe des Ming-Atlasses Kuang-yü-t'u,** dans **Inaba Anniversary Volume,** Keijo 1938, p. 537-568.

8) **Duyvendak,** p. 313, signale, à tort, comme possibles deux autres ouvrages (cf. **Fuchs**).

9) Walter Fuchs, **The "Mongol Atlas" of China by Chu Ssu-pen and the Kuang-yü-t'u** with 48 facsimile maps dating from about 1555, **Monumenta Serica,** Monograph VIII, Fu Jen University, Peiping 1946. 19×26,5 cm. 32 pages text, 48 maps (cité **Fuchs**).

10) Surtout **Le Frère Bento de Goes chez les Musulmans de la Haute Asie (1603-1607),** 1934 (cité Bernard, Goes) **L'apport scientifique du P. Matthieu Ricci à la Chine,** 1935 cité: Bernard, **Apport**).

郭守敬, Chu Ssu-pen 朱思本 and Li Tse-min 李澤民, who contributed much to the spreading of the knowledge of these new sciences.

General attention in Mongol China was turned more or less to geographical studies following the extension of her political power to the Far West. Unfortunately little evidence of this has been preserved... As was to be expected, there existed a considerable geographical literature about the West, of which at least the following titles have been handed down to us: the *Hsi-kuo-t'u-ching* 西國圖經 by Shams 贍思 and the *I-yü-t'u* 異域圖 by Chou Chih-chung 周致中, while fragments had been known for a long time already of the *Tai-i-tung-chih* 大一統志, the great official gazetteer of the Yüan dynasty, which certainly included foreign countries. In addition, the world-map of Li Tse-min 李澤民 — or, more accurately, its Korean version of 1402 and Chinese version of the late 16th century- is the most magnificent example of Mongol cartography. That world-picture which completely overshadows the contemporary Europeo-Arabian maps, at least in regard to Asia and Africa, compensates us for the loss of all the other geographical works[11]...

In 1267 the Persian astronomer and geographer Jamal-ud-Din presented Khubilai Khan with a Persian terrestrial globe and six other astronomical instruments... The terrestrial globe has been described as follows: *'K'u-lai-i-a-erh-tzu* 苦來亦阿兒子 denotes in Chinese a representation of the earth. It has been manufactured by the following method: a round ball has been made of wood; seven parts of it represent water, the colour of which is green, and three parts land, the colour of which is white. Streams, rivers, lakes and seas have been marked in such a way as to extend their lines over the whole ball; (in addition), small squares have been made in order to make it possible to calculate the size of regions and the distances of roads'[12]...

---

11) Bien que la troisième Partie de la monographie du Docteur Fuchs s'occupe des questions étrangères à l'objet direct de cette Note, il faut y signaler les deux cartes inspirées par le **Cheng-kiao koang-pei-t'ou** 聲教廣被圖 de **Li Tse-min** 李澤民 vers 1330. Ce monument véritablement extraordinaire de la géographie mongole reproduisait, en plus de l'Asie tout entière, l'Europe (environ une centaine de noms, dont l'Allemagne) et même l'Afrique (environ 35 noms) [**Fuchs** p. 9-11].

12) Ce "grillage" par distances de cent lis n'a rien à voir avec les latitudes et les longitudes (**Fuchs** p. 5, note 7), mais il peut servir à les apprécier conjecturalement, après qu'on a determiné certaines positions comme bases de départ. C'est ainsi que procéda le P. Martini.

...Kuo Shou-ching, (1231-1316), was likewise influenced by these Arabic discoveries... The northern latitude of 27 cities was newly determined in consequence of his memorial of the 3rd moon of 1279. The farthest points were: the North Sea, or the Lake Baikal, 北海, 65°; the region of the Tölös, 鐵勒, or the Telengites, 55°; Karakorum, 和林, 45°; Kao-li 高麗, i.e., K'ai-ch'eng 開城, the former capital of Korea, 38°; Ch'eng-tu 成都, 31°; Hainan (Ch'iung-chou 瓊州), 19°, and the South Sea 南海, 15°. Kuo Shou-ching also prepared astronomical instruments for the Peking observatory, which were not replaced by new ones until 1673. The 14m high brick building of a "Meridian-Öhrsonnenuhr" in Yang-ch'eng 陽城 the present Kao-ch'eng-chen 高城鎮, near Teng-feng-hsien 登封縣 in Honan, which was rediscovered in the middle of the thirties, has likewise been attributed to Kuo Shou-ching".[13]

C'est dans ce milieu scientifique que fut composée, vers 1311-1320, la grande carte de la Chine et des pays voisins par *Tchou Se-pen* 朱思本 (p. 7-8). Aucun exemplaire ne nous en a été directement conservé, et nous ne la connaissons qu'à travers l'adaptation qu'en fit *Lo Hong-sien* 羅洪先 sous les Ming:

"His map was prepared by the method of indicating the distances by a network of squares and thus the actual geographic picture was faithful. Hence, even if one divided [the map] and put it together again, [the individual parts] in the east and west nevertheless fitted faultlessly together...Chu's map, 7 feet (about 2.24m.) long (i.e. wide), was inconvenient to unroll; so, I have arranged it now in book form on the basis of its network of squares".

La préface de *Tchou Se-pen* nous a été conservée, non datée; elle donnait, en termes un peu ambigus, certaines précisions sur le contenu de la carte mongole:

"Regarding the foreign countries of the barbarians southeast of the South Sea (between Hainan and the Malacca Straits) and northwest of Mongolia, there is no means of investigating them because of their great distance, although they are continually coming with tribute to court. Those, who speak of them, are unable to say anything definite, while those who say something definite cannot be trusted. Hence, I am compelled to omit them here".

De ces mots, il semble qu'on doive conclure qu'en dehors de la Chine, la carte mongole ne conprenait que la Mongolie et l'Asie centrale

13) **Fuchs** p. 6 note 13 citant **Martini, Novus Atlas Sinensis**, 1655, p. 62b.

(probablement sous l'aspect de la planche 46 reproduite par Fuchs). La Corée devait s'y trouver aussi, mais l'Annam et le Tonkin n'y seront sans doute ajoutés qu'après les voyages de *Tcheng Ho* 鄭 和 au début des Ming (1405-1433), sous l'empereur Kiatsing 嘉 靖 (1522-1566).[14]

C'est seulement en 1541 que l'œuvre de *Tchou Se-pen* 朱 思 本 deviendra enfin plus accessible sous la forme agrandie et révisée d'un Atlas (Fuchs p. 11), grâce au lettré fort connu, *Lo Hong-sien* 羅 洪 先 (1504-1564). Dans la Préface et la Postface, qui nous ont été seules conservées, sont énumérées les modifications introduites ainsi que les sources nouvelles d'information. Un exemplaire de cet Atlas réédité entre 1554 et 1558, ou, pour faire court, "environ 1555", se trouve à Port-Arthur; c'est celui dont les planches sont reproduites par Fuchs (p. 15), bien mieux exécutées que dans certaines rééditions postérieures.

"The execution of the maps is exact and makes it plain how carelessly and often distortedly they have been cut in the common editions of 1579 and 1799. In addition, their network of meshes forms squares of 16-18 mm sidelength and not rectangles as in the other two editions".

L'on connaît une seconde édition de cet atlas, datée clairement de 1558 (p. 17) et entièrement conforme à la précédente; une copie manuscrite de 1558-1561; une troisième édition en 1561, une quatrième en 1566, une cinquième en 1572, une sixième en 1579. Cette dernière, beaucoup plus imparfaite que celle de 1555 environ, nous intéresse pourtant beaucoup parce qu'elle fut utilisée par le P. Matthieu Ricci dans la rédaction des ses Commentaires en 1609-1610.[15] Nous croyons pouvoir en conclure que le *Koang-yü-t'ou,* dans l'une de ses éditions, fut employé par les missionnaires de Chine dès leur arrivée dans l'empire. Le P. Ruggieri, prédécesseur de Ricci, parvint en juillet 1579 à Macao; à l'automne suivant, accompagna les marchands portugais à la foire de Canton et il y retourna ensuite régulièrement deux fois par an avec séjours prolongés à terre: ainsi s'explique

14) Le P. Gaubil cité dans le **T'oung Pao** 3 (1893) 65.

15) **Opere Storiche del Padre Matteo Ricci**, éditées par le P. Tacchi Venturi I (1911) 5 1. 31-32: "ho ritrovato in un libro, quale si mostro stampato nell'anno 1579, della Descrittione della Cina...": 15 provinces, 158 fous, 247 tcheous, 1557 hiens; paient l'impôt 50.550.801 chefs de famille, sans compter plus d'un million de soldats. D'Elia, **Il Mappamondo Chinese del P. Matteo Ricci** .... Città del Vaticano, 1938 (cité d'Elia, **Mappamondo**). p. 207 n° 112 (cf. p. 132) le signale de même.

comment le jeune Père Matthieu Ricci, arrivé à Macao le 7 août 1582, put immédiatement être appliqué par le Visiteur de la Compagnie de Jésus, le Père Valignano, à la rédaction d'extraits de certains ouvrages chinois.[16]

"Les Chinois, écrit Ricci le 13 février 1583,[17] prennent trés grand soin de leurs affaires et ils ont leur pays representé en planches gravées (in tavole stampate) comme nos Ptolémées (= Atlas géographiques) ; en outre, ils ont recueilli très diligemment dans un livre (serait-ce le *Koang-yü-t'ou?*) toutes les choses notables qui se trouvent en chaque endroit: j'en ai fait une sorte de résumé pour le P. Visiteur très à la va-vite (molto in fretto, entre le 7 août et le 31 décembre 1582, date du départ du Visiteur pour l'Inde). Mais, comme à l'avenir je saurai mieux comprendre les livres par moi-même, je pourrai faire ce résumé plus à loisir"...

Ce projet aurait dû commencer à recevoir un début d'exécution en 1584 quand, pour le "facteur" espagnol de Manille, Giambattista Roman, il reprit cette description abrégée en y joignant une carte assez grossière de l'ensemble de la Chine.[18]

"Je ne puis pas cette fois-ci", s'excuse-t-il de Shiuhing le 13 septembre 1584,[19] "envoyer à Votre Grâce toute la Chine, représentée en cartes planes, selon notre manière, car je ne les ai pas encore mises en ordre; mais j'espère en Dieu les envoyer très prochainement à Votre Grâce en l'endroit où elle se trouvera, et elle verra toutes ces provinces et cités en très nette apparence (en lindisima vista)".

L'on ne peut guère douter que ces feuillets non encore classés soient les prototypes de ceux qu'apporta en 1589 à Rome le compagnon

---

16) L'essentiel en a été utilisé par le P. Valignano dans les chapitres qu'il consacre à la description de la Chine: **Vita S. Francisci Xaverii** (finie à Cochin vers le 13 juin 1583) (**Monumenta Historica Societatis Jesu, Monumenta Xaveriana** I (1899-1900). Par exemple, p. 160, à propos des différentes catégories de villes il justifie son affirmation par ces mots: "como yo saqué en limpio por sus libros, en que tienen ellos distinctamente en si todas las cosas de la China."

17) **Opere storiche del P. Matteo Ricci,** .... II (1913) 30, 1. 11-17.

18) Reproduite chez Colin-Pastells, **Labor evangelica** ... **de los obreros de la compañia de Jesus en las Islas Filipinas** ... 1900, III p. 448-449. Il est curieux qu'elle soit datée du 22 décembre 1555 (D'Elia, **Mappamondo,** 191), l'année même où serait paru l'atlas reproduit par Fuchs, elle est d'ailleurs beaucoup plus grossièrement exécutée.

19) **Opere storiche del P. Matteo Ricci,** ... II (1913) 39, 1. 19-25.

de Ricci, le P. Ruggieri avec une relation sur la Chine,[20] la description en a été donnée par le Père Bartoli, d'après les documents d'archives qu'il compulsait en 1660 durant la composition de son histoire de la Chine:[21]

"Il se trouve en Chine d'innombrables planches, exactement gravées, soit des Provinces entières, soit des parties qui leur sont subordonnées. Le P. Michel Ruggieri en a apporté de là vers la fin de l'année 1589, et nous les avons ici toutes (aux archives de la Compagnie de Jésus à Rome) dans l'une et l'autre écriture, chinoise et européenne, les premières imprimées et les dernières manuscrites. Les distances s'y trouvent mesurées, et tout y est intègrement indiqué pour l'ordre, la disposition, les noms et les qualités des innombrables lieux (de peuplement) dans cet Empire, sujets l'un à l'autre en chaque Province, conformément à leur rang...Ce labeur avait été entrepris par lui (Ruggieri, aidé de Ricci sans aucun doute) en vue de composer et de publier imprimé un *Théâtre de la Chine*, mais il acheva sa vie (en 1604) avant de terminer son œuvre, et l'honneur en est resté au P. Martino".

Ainsi, cinquante années au moins avant l'Atlas Martini, le projet en avait été distinctement conçu et même partiellement élaboré. Ricci, resté en Chine, ne paraît pas avoir eu le temps d'y mettre la dernière main. Il ne manqua point cependant de s'en préoccuper toujours en déterminant aussi soigneusement que possible une première base pour la longitude,[22] puis en calculant par l'astrolabe les latitudes des endroits par lesquels il passait.[23] C'est à ces précisions et à ses Mappemondes qu'il dut, comme il le dit agréablement, la réputation d'être "comme le Ptolémée de la Chine".[24] Vers la fin de sa vie, en 1605-1606, le voyage sensationnel du Frère de Goes depuis le Nord de l'Inde par l'Asie centrale jusqu'au Kansou, lui permit de rectifier

---

20) D'Elia, **Mappamondo** 214 n° 20; 222 n° 336.

21) Bartoli, **La Cina**, dans l'édition de Turin 1825: liv. I ch. 90, p. 150.

22) Bernard, **Goes** ... 33; **Apport** ... 35.

23) Bernard, **Goes** ... 33-35; d'Elia, **Mappamondo**, 133-135: observation d'éclipses le 5 juin 1583 à Macao, les 29 novembre 1583 et 24 mai 1584 à Shiuhing.

24) Bernard, **Goes** ... 29. Ce titre de "Ptolemée de la Chine" ne doit pas être pris trop au serieux, pas plus que ne le fait Ricci lui-même en se l'attribuant (**Opere storiche** ... II 175). Il n'en reste pas moins vrai que ce dernier, en établissant solidement les bases de longitude de la Chine et en l'insérant dans la Mappemonde terrestre, a rendu un service analogue à celui de Ptolemée dans le monde gréco-romain.

considérablement l'ensemble de la cartographie de l'Extrême-Orient en démontrant que le Cathay n'était point autre que la Chine et en ramenant beaucoup de cités de l'intérieur du continent aux environs du 40° de latitude.[25]

Dans tout ce qui précède, nous avons toujours supposé que l'ouvrage chinois utilisé fut le *Koang-yü-t'ou* dans son édition de 1579 ou l'une des précédentes. Le Docteur Fuchs, à bon droit, fait entendre qu'il y a lieu aussi de considérer un ouvrage étroitement apparenté au précédent, le *Koang-yü-kao* 廣輿考 (Fuchs p. 22). C'est en effet un exemplaire de ce dernier livre que le voyageur Carletti, passé par Macao en 1598, rapporta en Italie et qui est actuellement déposé à la Bibliothéque Maggliabecchi à Florence;[26] son épilogue est daté de novembre 1595.[27] Après la mort du P. Ricci (11 mai 1610), l'actif traducteur latin de ses Commentaires, le P. Nicolas Trigault, caressa lui aussi le projet d'éditer un *Theatrum Chinæ;* il le promit du moins à ses lecteurs d'Europe,[28] mais il n'eut pas non plus le temps de tenir cette promesse (il mourut le 14 novembre 1628). Entre-temps, l'heureuse fortune du *Koang-yü-t'ou* continuait à s'affirmer en Chine; si la réédition de 1615 paraît une invention de bibliographe (Fuchs, p. 27-28), il reste assuré que d'autres ouvrages de géographie, tels que le *Hoang-Ming tche-fang ti-t'ou* 皇明職方地圖, paru en 1636, en ont été largement inspirés et qu'ils ont pu être utilisés par le P. Martini, lorsque ce dernier réalisa enfin le projet élaboré par les Pères Ruggieri, Ricci et Trigault.[29]

---

25) Bernard, **Goes** ... 163-165. Ces remarques n'ont pas été utilisées dans l'article, par ailleurs fort érudit, de Kenneth Ch'en, **Matteo Ricci's Contribution to, and Influence on, Geographical Knowledge in China**, dans **Journal of the American Oriental Society**, 59, 325-359, spécialement 341 note 34.

26) **Ragionamenti di Francesce Carletti** ... Florence 1701: Ragionamento II p. 126-127. A. Frescura et B. Mori, **Un Atlante Cinese della Magliabecchana di Firenze**, dans **Rivista Geografica Italiana** 1 (1894) 417-422, 475-486, moins précis que A.C.M. (Moule), **A Note on the Chinese Atlas of the Magliabecchan Library** dans **Journal of the Royal Asiatic Society** 1919, 393-394 qui dit, à tort semble-t-il, **"Koang yü t'ou"** (contredit par d'Elia, **Mappamondo** ... 207 n° 112). D'ailleurs celui-ci en est la source, **Fuchs** p. 22.

27) Ces quelques mots suffiront à dissiper les doutes de **Fuchs, p. 24-27,** sur cet ouvrage conservé à Florence.

28) C'est du moins ce que semble dire Martini dans le Prologue du **De bello tartarico** p. 11.

29) **Fuchs** p. 22 note 82; **Duyvendak** p. 313. Il faut sans doute y ajouter le projet du P. Rodriguez Tçuzzu d'après une lettre de Macao 1627 (Pfister, **Notices biographiques et bibliographiques par les jésuites de l'ancienne Mission de Chine** 2 (1934) Supplément, p. 24).

II. L'UTILISATION DES SOURCES PAR LE P. MARTINI.

A deux reprises, le Docteur Fuchs rappelle l'entière dépendance de Martini vis-à-vis de ses sources mongoles et chinoises (p. 11, note 33, et p. 22-23, notes 82-83). Avant lui M. Duyvendak, à propos des *Premières études chinoises en Hollande* avait attiré l'attention sur ce point, surtout à propos de l'érudit Golius (p. 305-313). Ces renseignements gagneront à être complétés par une brève esquisse de la Biographie du P. Martini.[30]

Martino Martini naquit à Trente, dans le Tyrol italien, en 1614; ce fut là qu'il fit ses premières études et se forma à la piété dans la Congrégation de la Sainte Vierge.[31] A l'âge de 17 ans, il fut admis à Rome dans la Compagnie de Jésus (8 octobre 1631)[32] et, après son noviciat, il y étudia la philosophie durant trois années avec un tel succès qu'il dut soutenir publiquement "des thèses de philosophie". Ce fut sans doute pendant cette période qu'il fut l'élève, "en particulier (privatim)", du célèbre Père Athanase Kircher pour les mathématiques.[33] A la fin de 1638 ou au début de 1639, par Gênes, Evora et Coïmbre, il gagna Lisbonne pour les Indes. Des vents contraires l'obligèrent à rebrousser chemin sans avoir même atteint l'équateur; on se croyait à l'Ouest de l'île Terceira alors qu'on naviguait à l'Est.[34]

Martini, déjà prêtre, dut reprendre ses études interrompues au scolasticat de Coïmbre et c'est là sans doute qu'il s'affectionna aux œuvres de Suarez qu'il devait plus tard commencer à traduire en Chinois. En 1640, il repartait sous la conduite du P. Jérôme Lobo avec 21 compagnons sur la flotte du Vice-roi comte de Aveiras. Cette fois-ci, il parvenait malgré les maladies le 6 novembre à Goa et le

---

30) La notice de Pfister 1 (1932) n° 90, p. 256-262 a besoin d'être soigneusement retouchée.

31) Duhr, **Geschichte der Jesuiten in den Ländern deutscher Zunge** (cité: **Duhr**) III 341 note 1.

32) Et non 1632, comme on le dit parfois (Bosmans, **Documents sur Albert Dorville**, dans **Analectes**. . ., Louvain, 1911 (cité: Bosmans, **Dorville**) 58 note 1.

33) Kircher, **Magnes**, Cologne 1643, lib. 2 part. 5 cap. 2, p. 328.

34) Franco, **Synopsis annalium Societatis Jesu in Lusitania**, 1726, p. 275: ils étaient sept jésuites à partir. Une lettre détaillée sur le voyage avec les déclinaisons magnétiques se trouve chez Kircher, **Magnes**, p. 316-317.

surlendemain il en écrivait une longue lettre à Kircher[35] avec discussions sur le magnétisme. Le passage direct de l'Inde en Chine était rendu difficile par les hostilités prolongées avec les Hollandais. Sur un bateau anglais de Swae il arrivait, en juin 1642, avec quatre jésuites à Bantam, dans l'île de Java et il en envoyait une lettre latine au gouverneur van Diemen pour demander de pouvoir s'acheminer par Macassar, le Siam, le Cambodge, le Tonkin vers la Chine et le Japon.[36] D'après cela, le Japon aurait été alors le terme prévu de son voyage, mais quand il arrive à Macao, la situation de la mission du Japon était tellement désespérée qu'il fut affecté à celle de Chine.

En 1643 il pénétra, seul, dans l'intérieur de l'empire et alla d'abord se fixer à Hangtcheou dans le Tchekiang. Dès lors, affirmera-t-il en 1651,[37] "pendant dix ans, en dehors des livres de prières, je ne lus que du chinois". Et de fait, il adaptera bientôt du latin du jésuite Lessius un traité sur l'Immortalité de l'âme.[38] Des notes confidentielles d'un Catalogue de 1645 nous apprennent en outre qu'il possédait beaucoup d'autres qualités d'homme d'action: "de forces bonnes et de bonne santé; intelligence très bonne; expérience, science de la langue, cela bon; très bon pour les missions". Un seul détail nous donne un peu à réfléchir "sa complexion est sanguine", et un autre catalogue confidentiel de 1648 ajoute: "sanguine colérique (colerica sanguinea)"; autrement dit, il a ce que l'on appelle en ces régions-ci le tempérament dit européen, avec son fort et son faible: "homme intelligent, zélé, autoritaire, plein de force, qui semble avoir eu pour qualité maîtresse l'énergie".[39] Ces aptitudes variées nous expliquent comment, deux années à peine après son arrivée au Tchekiang, il se trouva en mesure de faire front aux circonstances exceptionnelles qu'y provoqua la conquête mandchoue. L'un des prétendants Ming, le prince de T'ang 唐王 s'était fait proclamer empereur à Foutcheou (18 août 1645) sous le titre de Long-ou 隆武;

---

35) Ib., p. 348-349: il a envoyé une relation du voyage en latin au P. Dullaroii (?) et à l'Assistant d'Allemagne (Gualterus Mundbrodt 1636-1646), une autre en italien au Général de la Compagnie. Les observations scientifiques en ont été reproduites chez Riccioli, **Geographia et hydrographia reformata**, 1672, lib. VIII cap. XIII p. 336-337.

36) Reçue à Batavia le 18 juin 1642, communiquée le 28 juin à l'Opperhoofd van Elseracq de Nagasaki, qui répond à Van Diemen le 12 octobre 1642.

37) **Sinicae historiae decas prima**, 1659, p. 8.

38) **Monumenta Serica** 10 (1945) p: 362 n° 355.

39) Bosmans, **Dorville**.

il lui demanda de remplir à sa cour un poste analogue à celui que tenait alors le P. Schall à Pékin auprès du jeune empereur mandchou. Il fut moralement contraint d'accepter cette proposition pour l'astronomie et l'art militaire; à ce titre, on raconte qu'il se rendit à Foungan pour faire cesser une persécution locale en rendant officiellement visite au préfet de l'endroit et à un membre de la familie impériale (Regulo) qui y résidait.[40] Après la disparition subite de Long-ou (Janvier 1647), il se trouvait à Wentcheou 溫州, lors à Juian-hsien 瑞安縣 lorsque les troupes mandchoues envahirent la région. Il avait fait suspendre au-dessus de sa porte l'inscription: "Ici habite le Docteur de la loi divine venu du grand Occident"; quand les soldats se présentèrent, il leur fit voir "ses livres européens, parmi lesquels certains de plus grand format et splendidement reliés, avec des instruments de mathématique, des tubes optiques (lunettes), des miroirs brûlants (sans doute paraboliques) et d'autres semblables objets, enfin une image du Dieu Sauveur placée sur un autel". Grâce à cette mise en scène, il fut des plus honorablement traités, pourvu qu'il acceptât d'adopter le costume mandchou avec la queue de cheveux sur la tête; il obtint finalement de regagner son ancienne résidence de Hangtcheou.[41] Ceci doit s'être passé vers août 1646 et Martini passa les années suivantes à Hangtcheou, en compagnie d'un Frère coadjuteur, (Francois Ferreira) pour s'y occuper des chrétiens. C'est alors en 1648-1650 qu'avec le lettré chinois de Ningpo Cosme *Tcheou* il commença la traduction de Suarez; elle ne sera jamais terminée.

L'année 1649 fut marquée par une rapide excursion jusqu'à Pékin où certains Pères, Buglio, Magalhaens, secondant le supérieur du Nord le P. Furtado, auraient voulu le voir prendre la place du P. Schall au Tribunal des mathématiques. Cette intervention devait finalement échouer assez misérablement.[42] Elle lui donna du moins l'occasion de parcourir des provinces de la Chine qu'il n'avait jamais encore

---

40) Cet épisode a été exploité dans la controverse janséniste, par exemple dans le Théâtre jésuitique; le P. Le Tellier S.J. a tenté d'y répondre dans sa **Défense des nouveaux chrétiens de la Chine**, 1688 (2de éd.) p. 281-284.

41) Ce récit ne se trouve pas dans la première édition in 8° du **De bello tartarico** à Anvers 1654, ni dans la traduction française de Paris 1654, mais dans la 2de édition latine d'Anvers 1654 in 16° p. 99-100 dont l'Appendice a été écrit à Bruxelles en juin 1654; il fut sans doute ajouté sur les instances de Golius (Duyvendak dans **T'oung Pao** 32 (1936) 327-328).

42) Väth, **Johann Adam Schall von Bell** (cité: Väth, **Schall**), p. 256-257: ce voyage à Pékin eut lieu en 1649, après le 2 avril et avant le 28 décembre.

vues (Nankin ou actuel Kiangsou, Chantong, Tcheli) et même de pousser une pointe jusqu'à la Grande Muraille,[43] en tout donc, il traversa de la Chine sept provinces sur quinze.[44] Il se trouvait de nouveau à Hangtcheou quand le P. Furtado, son supérieur, vint l'y arracher à ses occupations littéraires et apostoliques[45] pour l'envoyer, malgré sa relative jeunesse, défendre à Rome et en Europe les intérêts de la mission. C'est à cette circonstance que nous devons le *Novus Atlas Sinensis.*

En effet, pour utiliser les nombreux délais aux escales et pour occuper les loisirs forcés de la traversée, il emportait une petite bibliothèque d'ouvrages chinois, "plus d'une cinquantaine"[46] parmi lesquels en plus du *Koang-yü-t'ou* 廣輿圖, une Histoire chinoise depuis le déluge et une carte schématique de la Chine dessinée par les lettrés chinois eux-mêmes.[47] Bien lui en prit, car il mit près de deux années et demie pour ce voyage. Parti avec un jeune chinois nommé Dominique du port de Nganhai, près d'Amoy, en mars 1551[48] pour Manille, il commença par devoir y séjourner plus d'un an avant de trouver un navire pour le conduire à Macassar. Le sultan lui demanda des Pères à demeure; il en écrivit aussitôt à ceux de Macao.[49] Capturé en mer par des Hollandais il fut à Batavia le 15 juillet 1652; bientôt, il s'y fit apprécier en donnant les premières informations sérieuses sur le changement de dynastie survenu en Chine et sur les agissements du corsaire Coxinga:[50] ces nouvelles provoqueront deux essais d'ambassade hollandaise à l'empereur mandchou, dont la deuxième aura un assez grand succès.

---

43) **Novus Atlas Sinensis,** Dédicace: "in muro illo ... ipse constiti". Par contre, il ne put visiter les Tombeaux des Ming (ib., p. 32).

44) Ib., p. 26: en plus des trois précédentes, Kouangtong, Kiangsi, Tchekiang, Foukien.

45) Le 27 septembre 1650, il écrivait encore des remarques à Hangtcheou sur un écrit du P. Brancati en faveur du P. Schall (Väth, **Schall**, p. 268 n° 15).

46) Description du Kouangsi: cf. **Duyvendak** 310-311.

47) **De bello tartarico historia** 1654, p. 11, 16.

48) Vers le 18 mars 1651, date d'une lettre du Franciscain Joseph de Casanova au Lecteur de Manille (Van den Wyngaert, **Sinica Franciscana** II 610-611).

49) D'autres jésuites contemporains, tels que le Père Alexandre de Rhodes, furent l'objet de semblables requêtes.

50) Cf. **Verhaal van het Vergaan von het Jacht de Sprever 1656-1663,** ed. Linschoten-Vereeninging 18 (1921) 128-130. Cf. la lettre du Concile de Batavia au Gouverneur de Taiwan, Nicolas Verburg, le 25 juillet 1652.

Un accès de fièvre le retient et c'est seulement le 1er (ou 2) février 1653 qu'il peut quitter Batavia sur le bateau anglais l'Oliphant. Au Cap de Bonne Espérance, il passe vingt jours à terre, ayant pris logement chez le gouverneur van Riebeeck[51] auquel il signale de bons endroits d'atterrissage sur la côte entre le Cap et Mozambique jusqu'à la côte de Mélinde, l'île Maurice, Surate... Probablement à cause de la guerre qui se livre alors entre l'Angleterre et la Hollande, le bateau, en arrivant dans les eaux européennes, évite le Pas-de-Calais pour contourner la Grande Bretagne par le Nord et aller accoster en Norvège à Bergen (31 août). De là, par Hambourg, il se hâte de gagner Amsterdam; le 7 novembre il débarque enfin en Hollande. Une note inédite d'archive, non signée ni datée, nous fait connaître cette arrivée:[52]

"C'est un homme chez qui, à la haute taille répond l'ampleur de la tête et du corps; le visage blanc avec la chevelure noire...., la barbe descendant jusqu'au milieu de la poitrine. Il porte les habits comme en Allemagne, sinon que sous la soutane il est vêtu en soie ondulée de Chine (ex serico chinensi ondulato)... Il apporte avec lui, comprise en deux volumes, l'histoire de la Chine depuis le déluge jusqu'à ces temps présents, et il publiera le premier livre, depuis le déluge jusqu'au Christ, à Anvers; s'il voit celui-ci estimé, il y ajoutera un second et même un troisième livre. Ce qu'il appelle l'Atlas du royaume de Chine contiendra une représentation et une description de la Chine différente de celle que l'Allemagne a vue jusqu'à présent. Je n'ai point vu ces livres parce que le Père les avait laissés dans le navire, et je n'ai point vu non plus le vêtement tartare et chinois ainsi que certaines raretés parce qu'il les a envoyés par avance de la nouvelle Batavia où la fièvre l'avait un peu affecté".

L'Oliphant, avec les livres ne tarde pas d'ailleurs à parvenir lui aussi au Vlie le 16 novembre et Martini peut aussitôt engager avec Jean Blaeu les entretiens qui aboutiront en deux ans à l'impression du *Novus Atlas Sinensis*. Entre-temps, la Chambre d'Amsterdam qui avait déjà entendu souvent[53] vanter les services du missionnaire, reconnait ses bons offices en lui offrant publiquement une allocation de cent rÿksdaalders. Le conseil des XVII de la Compagnie des Indes

51) Van Riebeeck écrit à ce propos le 4 mai 1653 au conseil des XVII.

52) Rapport en 4 ½ folios aux archives de la Province hollandaise S.J.

53) Résolutions prises en 1652 (16 et 26 juillet, 15 octobre) et 1653 (12 décembre), relatées dans une missive générale du 6 février 1654.

accuse lui aussi réception de la lettre de von Riebeeck.[54] Mais le temps pressait; il faut se rendre le plus tôt possible à Anvers afin d'y mettre aussi en train l'impression des ouvrages chez Plantin. L'érudit Golius (1596-1667), malgré tout son désir, ne peut alors entretenir Martini qu'au passage à Leyde pendant le transfert d'une barque de transport à une autre: ce trop court entretien suffit néanmoins pour lui suggérer l'identité du Cathay avec la Chine et il lui laisse un pressant besoin de revoir plus tard le missionnaire. Martini semble s'être trouvé à Anvers tout au début de l'année 1654. Le 13 février, au lieu de l'*Histoire génerale de la Chine,* c'est son *Traité sur la guerre mandchoue* qui reçoit d'abord les honneurs de l'impression chez Plantin: le 13 février, le P. Engelgræve, provincial de la province Flandro-belge donne son approbation. C'est vers cette date que doit se placer un séjour du missionnaire de la Chine chez ses confrères de Louvain. Le professeur de mathématiques, le Père André Tacquet, en se servant de la lanterne de projections décrite par le Père Kircher dans sa *Catoptrique,* peut faire voir le voyage complet de Martini depuis la Chine jusqu'en Belgique.[55] Cette conférence et des entretiens particuliers déchaînent chez les jeunes religieux qui font alors leurs études à Louvain un enthousiasme délirant; beaucoup s'inscrivent comme candidats à cette entreprise lointaine et il faut toute la sagesse des supérieurs pour contenir leur ardeur dans de justes limites.[56]

Martini gagne ensuite Bruxelles d'où le 27 février il écrit à l'un de ses confrères, le P. Wilhelm ab Aelse, une curieuse lettre sur la "boussole astrologique" des Chinois.[57] Le *Novus Atlas Sinensis* n'est pas oublié; le 1er mars, après révision de deux Jésuites, il est approuvé pour la publication par le Provincial Engelgræve et le 25 mars par Antonius Sanderus. Une visite rendue au prince Léopold Guillaume, Archiduc d'Autriche, gouverneur de Belgique et de Bourgogne,... prépare les voies à l'obtention du privilège pour l'éditeur Jean Blaeu (donné à Vienne le 7 janvier 1655, et réenregistré à La Haye les 20 mars et 11 mai 1655).

---

54) Le 15 avril 1654. Sans doute, rencontra-t-il alors le grand dramaturge hollandais Vondel (Väth, **Schall**, p. 345).

55) Schott, **Magia universalis naturae et artis**, 1667, pars I, lib. VIII, p. 426. cf. F. Paul Liesegang, **Der Missionar und Chinageograph Martin Martini als erster Lichtbildredner**, dans **Proteus** 2 (1937) 112-116.

56) Duhr, **Geschichte**, 334-340; Bosmans, **Dorville**, 11-15.

57) **Museum Wormianum**, Leyde 1655, p. 372-373.

Au début de juin 1654, Martini est de retour à Anvers pour y presser l'édition de son *De bello tartarico*.[58] Golius, de Leyde, réussit alors à obtenir (9 juin) un congé de quinze jours pour aller le revoir en des entretiens dont il gardera un délicieux souvenir; il se hâtera d'en fixer partiellement les conclusions en ce qui regarde le Cathay de manière à les insérer en *Appendice* au *Novus Atlas Sinensis*. A cette occasion, il reçoit aussi pour sa bibliothèque plusieurs de ces livres chinois qui sont désormais inutiles à Martini, par exemple semble-t-il, un *"Livre géographique des Chinois avec des planches"*.[59]

Cependant, les Supérieurs de la Compagnie de Jésus jugeaient que le Père Martini s'attardait trop aux Pays-Bas; sa présence était impérieusement réclamée à Rome pour les affaires ecclésiastiques de la mission de Chine.[60] Ce dut être en septembre ou octobre qu'il y parvint finalement; une lettre du Géneral de la Compagnie de Jesus, le P. Nickel, datée du 31 octobre exprime sa satisfaction des explications qu'il y a fournies de vive voix.[61] Martini se hâte aussi de composer pour les cardinaux de la Congregation de la Propagande une *Brevis relatio de numero et qualitate christianorum apud Sinas,* destinée à compléter les renseignements qu'en 1616 le P. Nicolas Trigault avait déjà fournis: approuvée par le P. Nickel le 15 novembre, elle sort des presses en décembre.[62]

Il va sans dire que dans le milieu romain l'une des premières visites, sinon la première, fut pour l'ancien maître le P. Athanase Kircher qui s'intéressa toujours si vivement aux travaux du disciple. Ni les autres négociations de Martini à Rome (où il se trouvait encore le 14 juin), ni sa tournée fructueuse de propagande au Tyrol et en Autriche, ne nous concernent directement. L'Atlas vraiment monumental de Blaeu dut paraître à temps pour qu'il en remportât au moins un exemplaire en Orient.[63] Un premier essai de départ de

---

58) L'approbation en est encore datée de Bruxelles au début de juin; il s'y trouve une carte générale, assez schématique, de la Chine (cf. **Duyvendak**, 310 note 1).

59) **Duyvendak** 301-305, 314-317: n° 17.

60) Le 27 juin 1654, l'Assistant d'Allemagne Christophe Storer le convoque instamment (Pray, **Historia contraversiarum de ritibus sinicis**, 1789, I p. 113) et plus encore le General de la Compagnie, le P. Nicker, le 28 juillet (Bosmans, **Dorville**, p. 16).

61) Bosmans, **Dorville**, p. 26.

62) Date de la Dédicace au Cardinal Barberini.

63) **Duyvendak** p. 310 note 1, insiste pour prouver que cette date est 1655.

Gênes pour Lisbonne avec un groupe de nouvelles recrues, parmi lesquelles le jeune belge Ferdinand Verbiest nous a laissé une longue relation,[64] échoua (8 janvier-16 février 1656). Il ne réussit pas à gagner Lisbonne à temps pour s'embarquer sur la flotte du printemps de 1656, mais seulement l'année suivante 1657. De Goa, il refit, après le 30 janvier 1658, un voyage accidenté, par les îles de la Sonde jusqu'à Macao où il se trouva de retour seulement le 17 juillet 1658. Cette année même paraissait à Munich la *Sinicæ historiæ decas prima.*[65] Dans sa Préface, Martini promettait de faire suivre ce premier tome de deux autres, si l'accueil des lecteurs l'y encourageait: ils n'ont jamais paru. Il faisait en outre remarquer: "Jamais je n'aurais entrepris ce travail, si l'Atlas de l'Extrême Asie, édité par moi il y a peu d'années, ne m'avait semblé devoir en recevoir des éclaircissements absolument nécessaires".

Les dernières années de Martini en Chine ne devaient pas être nombreuses, un peu plus de deux en tout. Le 6 février 1659, il écrivait encore de Macao une lettre au Général de la Compagnie.[66] Un mois plus tard (5 mars) il en partait pour rentrer dans son ancienne résidence de Hangtcheou (11 juin).[67] L'érection d'une fort belle église en 1660,[68] l'édition de quelques livres chinois,[69] avec le soin des chrétiens et l'instruction des nouveaux missionnaires, absorbèrent tous ses instants sans qu'il paraisse avoir eu le temps de revenir à ses études géographiques. Il mourut enfin pieusement le 6 juin; son corps fut retrouvé non corrompu en 1678.

---

64) **Correspondance de Ferdinand Verbiest (1623-1688)**, éditée par les Pères Josson et Willaert, 1938, p. 6-38.

65) L'approbation du Provincial Georg Muglinus est datée d'Augsbourg 20 juin 1658. Les **Mémoires concernant les chinois** ... (XIII p. 90: par le P. Amyot) lui reprochent d'y avoir "confondu le texte avec la glose".

66) Väth, **Schall**, 217 note 10.

67) Dans une lettre datée du 11 juillet (Archives romaines de la Compagnie de Jésus, JapSin 162, 251).

68) Gabiani, **Incrementa Sinicae Ecclesiae**, 1673, p. 25.

69) **Monumenta Serica** 10 (1945) p. 365-366, n° 386, n° 390, n° 392. Sa grammaire chinoise, complétée par le P. Couplet, sera envoyée de Batavia par André Cleyer à Mentzel.

EPILOGUE

Le *Novus Atlas Sinensis*, tout en fournissant une belle carrière d'éditions et d'adaptations,[70] donna occasion à une assez forte contradiction de la part du missionnaire dominicain Navarrete dans le tome premier de ses *Tratados Historicos...de la Monarchia de China* (Madrid, 1676);[71] il lui reprochait en général "d'être rempli de chimères et d'erreurs" tout comme d'ailleurs les récits de Marco Polo. Le Père Ferdinand Verbiest, dans sa réponse en 1681, fit valoir ces judicieuses réflexions:[72]

"La Géographie de toutes les provinces, et de chacune des villes et autres lieux de l'empire chinois, et de tout ce qui a rapport à eux, ou ce qui est rapporté à leur occasion dans l'*Atlas Sinensis,* ont été extraits, de l'aveu même du Père Martino Martini, des cartes géographiques et des autres livres d'auteurs chinois. La plupart de ces choses, en effet, étant très éloignées aussi bien dans l'espace que dans le temps, il est bien clair que le P. Martini a été incapable d'en rapporter le plus grand nombre à titre de témoin oculaire. Celles-là même qu'il a pu obtenir durant les années où il a vécu en Chine n'ont été observées, pour la plupart, pas tant avec les yeux qu'avec les oreilles, je veux dire grâce aux narrations des auteurs chinois".

Verbiest cite à ce propos la Préface de l'ouvrage *De bello tartarico* et ce qui est affirmé dans l'*Atlas Sinensis* à propos de la Tartarie orientale; puis il conclut:

"Il est aisé de voir en divers endroits des ouvrages du Père Martini ces Préfaces et ces protestations, ou d'autres semblables. Par conséquent, si le Père Navarrete en ces livres a trouvé quelque chose de moins conforme à la vérité historique (ce qu'il faudrait d'abord prouver avec évidence d'après l'autorité des plus graves livres chinois ainsi que d'après d'autres fondements plus solides), cela devrait être attribué non point au Père Martini, mais à ces auteurs chinois dont

---

70) Il faudra néanmoins beaucoup de temps encore pour que tous les géographes admettent l'identité du Cathay avec la Chine. C'est d'ailleurs à cette ignorance scientifique qu'il faut attribuer l'oubli prolongé où se trouvèrent les missions des Franciscains du Moyen Âge dans le Cathay.

71) P. 24 n. 4. Ce passage est reproduit dans Josson et Willaert, **Correspondance** p. 273; il est resumé p. 270.

72) Josson et Willaert, ib., p. 314-315.

le P. Martini a transcrit les données en les traduisant de la langue chinoise au latin".

On ne saurait mieux justifier le vrai caractère de l'Atlas Martini de 1655. Grâce aux recherches érudites du Docteur Fuchs, nous savons maintenant que, par delà les sources chinoises, il faut même recourir aux sources mongoles.

A GERMAN EDITION OF FR. MARTINI'S *NOVUS ATLAS SINENSIS**

H. VERHAEREN, C.M.

At the outset of a preface to his *Novus Atlas Sinensis* Fr. Martini tells the reader: "I solemnly declare having drawn everything from the Chinese works on geography and the Chinese atlases, drawn up and printed for each Province by the Chinese themselves".[1] He repeats this assertion at the conclusion of the preface and refers almost on every page of his book to his Chinese sources, without, however, specifying them by name. The question is, who these Chinese geographers and cartographers are who were utilized by Fr. Martini.

This problem has recently been studied by Dr. Fuchs in his work *The Mongol Atlas of China by Chu Ssu-pen and the Kuang-yü-t'u,* published last year as No. VIII of the Monograph Series of *Monumenta Serica.* Fr. Bernard, summarizing in part Dr. Fuchs' work, treats on his part of the same question in his article in the current issue, entitled "Les sources mongoles et chinoises de l'Atlas Martini." Though both authors are in substantial agreement in solving the problem, they differ in shades of meaning and emphasis. Dr. Fuchs (l.c., p. 11) observes that Chu Ssu-pen's work, the *Yü-t'u,* which forms the proper object of his study, has come down to us in an edition amplified by Lo Hung-hsien, who published it under the title of *Kuang-yü-t'u,* and that his edition "has directly or indirectly formed the foundation for the *Novus Atlas Sinensis.*" Having treated of the different editions of the *Kuang-yü-t'u,* he explains (p. 22) his expression "directly or indirectly," by adding: "It is, however, difficult to decide which edition Martini has consulted; because, quite possibly, in addition to the *Kuang-yü-t'u,* he may have used other secondary works *based on it,* for instance the *Kuang-yü-k'ao* ..... *Cum grano salis,* however, we are justified in continuing to call the

1) I quote from the first edition, the Latin one of Amsterdam, 1655. (Pei-t'ang Library, No. 3410): "Germana fide profiteor haec omnia e libris Geographicis Mappisque Sinicis pro qualibet provincia ab ipsis Sinis sigillatim compositis et impressis hausisse (p. 3b).

* Nachdruck aus: *Monumenta Serica* 12 (1947), S. 260-265.

Kuang-yü-t'u the source of Martini's maps." He purposely says "Martini's maps" and not "Martini's atlas," since for him the question of the text, accompanying the maps, is still an open one.

Fr. Bernard in his list of the editions of the *Kuang-yü-t'u* singles out that of the year 1579, the latest one available for Fr. Martini, "because it was the one utilized by Fr. Matteo Ricci in drawing up his *Commentaires* in 1609/10." It does not follow from this that Martini also consulted this edition, but "we believe it legitimate," continues F. Bernard, "to conclude from this that the *Kuang-yü-t'u,* in one or another of its editions, was used by the China Missionaries since their arrival in the country." On p. 134 he adds: "It is certain that other geographical works, such as the *Huang Ming chih-fang ti-t'u,* published in 1636, were largely inspired by it and may have been utilized by Fr. Martini." *A priori* one would assume that Martini would have chosen of the various editions of the *Kuang-yü-t'u* the one of 1579, the most recent and therefore the most accurate — if not for his maps, at least for his text. Particularly does this apply to the statistics, most up-to-date for him in that edition, for which reason one would expect his figures to be those of that edition. Dr. Fuchs, however, has proved many divergences on this point between the two, and therefore rightly concludes: "Hence, in order to solve this problem completely, it would be necessary to examine the statistical data contained in all the works of a similar nature during that period, a task which goes beyond the frame of this study." (ib. p. 28).

The purpose of the present Note is not to undertake the task of which Dr. Fuchs speaks, but to draw the attention of those interested to another edition of Martini's Atlas, which hitherto has remained unknown.

This is an edition in German, which bears the same Latin title, *Novus Atlas Sinensis,* published as the other editions by J. Blaeu of Amsterdam. A copy of this precious volume is in the library of the Philosophical Institute of the Society of Jesus in Peiping. That this German edition should nowhere have been referred to so far, is certainly surprising. How explain this failure on the part of the three special bibliographies regarding the Society of Jesus, the Missions, and China, i.e. Sommervogel's *Bibliothèque des écrivains de la Compagnie de Jésus,* Streit's *Bibliotheca Missionum* and Cordiér's *Bibliotheca Sinica?*. All three authors agree in describing the principal Latin [2] edition of 1655, the French and Dutch editions of 1656 and the Spanish of 1658. None of them knows the German one, dated 1655. In vain have I searched other bibliographies and dictionaries, such as Brunet's and Pfister's. I have only discovered one passage, which seems to me to allude to this German edition — one contained in an article [3] by Dr. Schrameier on Fr. Martini in the *Journal of the Peking Oriental Society,* vol. II, pp. 99-111. This article describes the *Atlas Sinensis,* evaluates it and refers as follows to Fr. Martini's style: "His language, although rather *archaistic German,* (is) very plain and clear." (p. 103). The expression used is only explicable, if Dr. Schrameier had before him the German edition of the Atlas: moreover, since one can hardly judge the style of an author by that of his translator, one is even forced to conclude that Schrameier considered the German text as Martini's own, and not that of a translator. This creates a fresh problem, on which, however, the extant copy sheds no light.

Let us pass on to a description of this book. It is a big oblong *in-folio* with pages measuring 59 by 33½ cm. (edges intact) and type area 34 by 19½ cm. It is printed in Gothic letters, except for Chinese transliterations for which Roman letters are used. The title is the same as that of the first Latin edition: *Novus Atlas Sinensis, a Martino Martinio Soc. Jesu descriptus et serenissimo archiduci Leopoldo Guilielmo Austriaco dedicatus.* The dedication by Martini to the archduke Leopold, however, is missing; in its place the publisher, J. Blaeu, provides one to Augustus, duke of Brunswick and Lüneburg.

The design of the frontispiece resembles that of the Latin edition, as regards the lower part, but the upper part is completely changed. In place of a fronton [4] which tops the portico, and the columns which frame it, we have here a symbolic scene of the Church

2) Cordier (l.c., col. 182 and 624) mentions a second Latin edition of smaller size with 134 pages for the atlas, as against 171 pages in the first edition.

3) My attention was drawn to this article by Brother van den Brandt. The Journal was published by the Pei-t'ang Press, which keeps a copy.

4) The copy in the Pei-t'ang Library bears on this fronton the words, hand-written: "Comprado para a Rezidencia de Chim tim fù pello P. Carlos de Rezende no Anno de 1734." "Fr. Carlos de Rezende, S. J., (Pfister, Notices, p. 438) bought this Atlas for Cheng-ting-fu (Hopei) Mission." Pei-t'ang Library possesses a number of other books from Cheng-ting-fu with a similar inscription.

on clouds, the Church focussing and reflecting the divine light and lighting a torch held by an angel, symbolizing the preaching of the gospel, which is likewise indicated by the text: "Ite angeli veloces ad gentem convulsam et dilaceratam," "Go, ye swift messengers, to a nation convulsed and torn asunder." The contents of the *Atlas* differ but little from those of the Latin edition, as can be seen from the subjoined table:

	Latin Edition		*German Edition*
	A. Preliminaries		
	5 leaves, unnumb.		4 leaves, unnumb.
1.	Frontispiece with title, without date or place.	1.	Same, except for the design.
2.	Dedication to the Austrian Archduke, signed Martini, no date, no place.	2.	Dedication to Augustus, duke of Brunswick and Lüneburg, signed by Joh. Blaeu, Amsterdam, April 16, 1655.
3.	Privilegium Caesareum of emperor Ferdinand III, Vienna, Jan. 7, 1655.	3.	Same
4.	Summa privilegii for Belgium and Holland. The Hague, March 20 and May 11, 1655.	4.	Same. A slip is pasted over the signatures, the compositor having wrongly arranged the names.
5.	Approbations: of the Jesuit Provincial of Belgium, J.-B. Engelgrave, Brussels, March 1, 1654; and of the Diocesan Censor, Antonius Sanderus, Canon of Ypres, March 25, 1654.	5.	*Missing*
	B. Text		
	pp. 1-171		pp. 1-177
1.	General Map of China and Preface, pp. 1-26.	1.	Same, pp. 1-27

2. The Fifteen Provinces of China with their maps, pp. 27-166.	2. Same, pp. 28-171
3. Region of Liao-tong, no map, pp. 166-169.	3. Same, pp. 172-175
4. Appendix on Japan, with map, pp. 169-171.	4. Same, pp. 176-177

C. Appendix

1. Index of longitudes and latitudes, 19 unnumb. l.	1. Same
2. Index rerum praecipuarum Atlantis, 6 unnumb. l.	2. *Missing*
3. *Missing* [5]	3. De regno Catayo, by Golius (Beyfügung von Reich Catayo) XIV pp. (p. XIV blank).
4. De bello Tartarico historia, pp. 1-31.	4. Same, pp. 1-38.
5. Appendix ex litteris P. Fr. Brancati, p. 32-33.	5. Same, pp. 38-40.
6. Index historiae belli Tartarici, 3 unnumb. l.	6. *Missing*

One final remark. Martini, as stated, affirms on all the pages of his book that he is using Chinese sources, whilst Fr. Bernard speaks of Mongol sources for his Atlas and of Mongol editions of the *Kuang-yü-t'u* as having been used by him. This anomaly is not a contradiction. Fr. Bernard in this conforms to the language used by Dr. Fuchs who called his book *The "Mongol" Atlas.* Nevertheless, this *Atlas* is written in Chinese, its author Chu Ssu-pen is an authentic Chinese, and there are no works in the Mongol language or of a Mongol author among the other geographies studied by Fuchs. If

5) Golius was able to write his **De Catayo** only after meeting Fr. Martini at Antwerp in June 1654, when the Atlas was already being printed at Amsterdam (cf. Bernard, supra p. 141). It is therefore possible that the first copies of the first edition had been sold, before this Appendix had been printed.

IHS
NOVVS
ATLAS
SINENSIS
A
MARTINO
MARTINIO
SOC IESV
DESCRIPTVS
ET
SEREN.mo ARCHIDVCI
LEOPOLDO
GVILIELMO
AVSTRIACO
DEDICATVS.

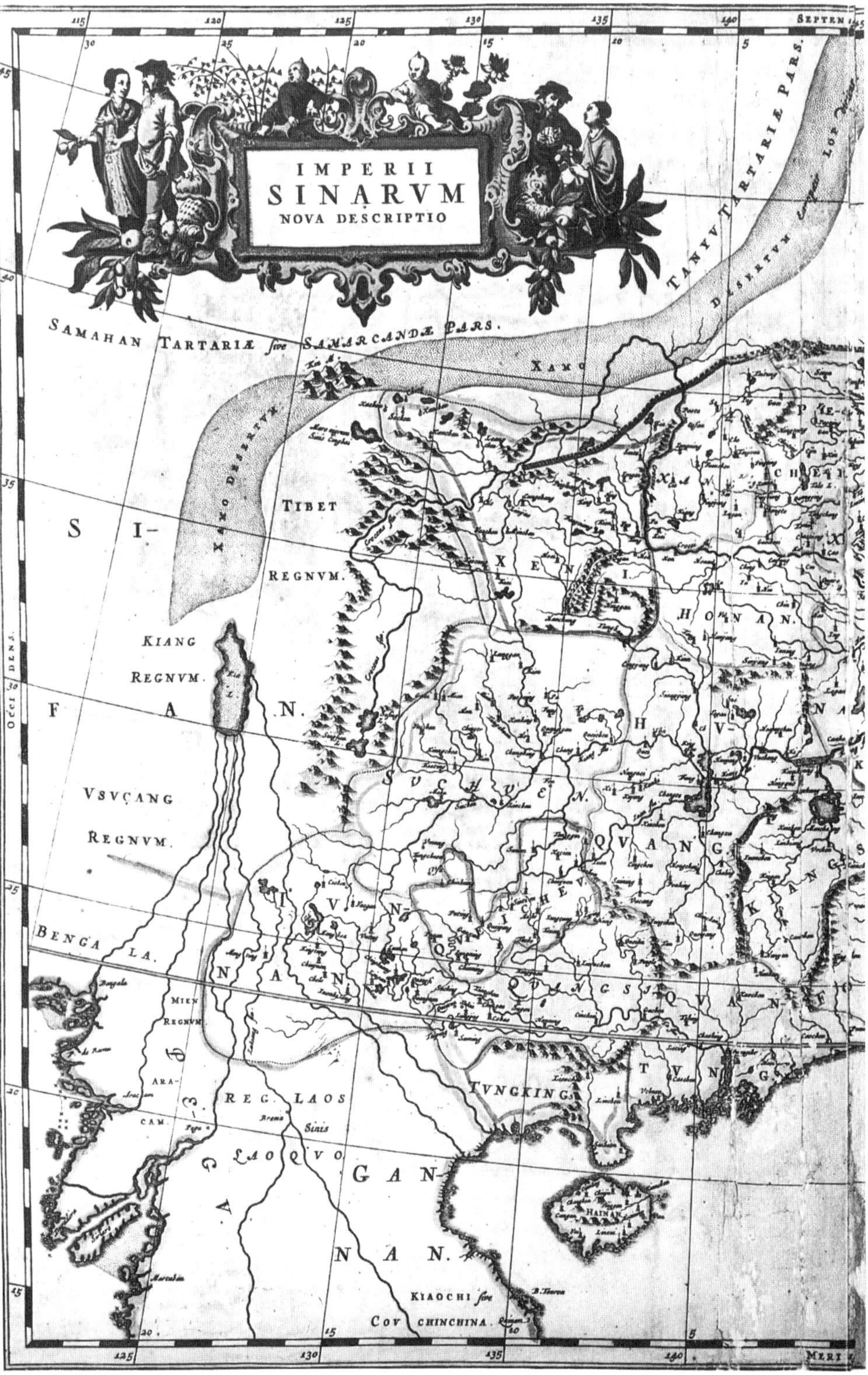
IMPERII
SINARVM
NOVA DESCRIPTIO
SAMAHAN TARTARIÆ sive SAMARCANDÆ PARS.
TANYU TARTARIÆ PARS.
TIBET
REGNUM.
KIANG
REGNVM.
VSVÇANG
REGNVM.
BENGALA.
MIEN
REGNVM.
ARACAM.
REG. LAOS
LAOQVO
GAN
NAN.
KIAOCHI sive
COV CHINCHINA.
TVNGKING.
HAINAN
XENSI
HONAN.
SUCHVEN.
QVANGSI
QVANGTVNG
SEPTEN
MERI

IESO
COREA
IAPAN
Tropicus Cancri
I. Formosa
LIVSVNG
Cum privilegio Sacræ Cæsareæ Majestatis,
& Ordinum Belgicæ Fœderatæ.

Dem Durchläuchtigen Hochgebornen Fürsten vnd Herrn

H E R R N

A U G U S T O,

Hertzog zu Braunschweig vnd Lüneburg/ etc.

DVrchläuchtiger Hochgeborner Fürst/

Was menschliche Neigungen bißhero zur verwunderung gehalten / ist unterschidlich: Wann nemlich Einige nur das/was alt vnd von Jahren; andere alles was new ist/ansehen vnd zum wunder machen. Aber vielmehr mag uns des wunder nemen / so ein eintzeles vieler verehrungen an sich ziehet / vnd so wol mit uredlem Alterthum / als mit ausbrechender Newerung allesamt wundersam entzücket. Welcher gestald itzo das Reich Sina , oder Eüsserste Asien / das gantze Europen mit mancherley belustet: Dessen Alter- vnd Edelthum bis von der Sündflut Noê her ; aber desselben Länder/ wunder vnd wissenschaften bey vns heute zum ersten/ uhrkündlich gezehlet vnd ermessen werden. Allermassen dann dises grossen Reichs Vorstellung mehr einer gesamten Weld- als sonderbaren Land-beschreibung ähnlich sihet: Weil seine Fruchtbarkeit / milder Himmel/ über Wolcken stehende Berge/ libliche Gelegenheit/ Goldführende Ströme / wunderbare Bäume/ Pflantzen/ Geschöpfe / vnd alles mehr / dermassen fürtreflich gehalten werden / daß dis allerletzte Morgenland mit nichten das letzte unter allen/ sondern an Reichtum und Wollust das erste / und die Mittelblume von seinen Inwohnern genennet wird. Derowegen dann des Authoris kurtze und gleichwol überflüssige beschreibung / nicht ein eintzel Reich/ sondern ein Haupt der Weld in Sina scheinet zu verfassen. Was über dem das sinnenreiche Sin-Reich/ durch Kunst und seinen grossen Fleiß/ der Natur sehr meisterlich nachmachet/ dessen ist in vorgezeigter Abhandlung mehr/ als hie zu berühren / befindlich. Ewrer Fürstlichen Durchläuchtigkeit/Gnädiger Fürst und Herr/hat hisiger mein Druck und Ausfertigung in vnterthäniger höfligkeit sich eignen und zuzihen wollen / weil der Atlas dises Eussersten Asien / nach seiner lang bey vnß gewündschten allerersten Geburt / zuforderst in E. F. D. weitberufnen Bibliotheca erhoben zu werden / demütiges Fleisses gesuchet hat: Demnach E. Fürstl. Durchl. als

* ein

Comprado para a Rezidencia de Sim tim
Fu pello P. Carlos de Rezende no
Anno de 1734
NOVVS
ATLAS
SINENSIS,
A
MARTINO
MARTINIO
Soc. Iesu
DESCRIPTVS
ET
SERENISSIMO
ARCHIDVCI
LEOPOLDO
GVILIELMO
AVSTRIACO
DEDICATVS.

SERENISSIMO & TER-AVGVSTO

PRINCIPI

LEOPOLDO GUILIELMO,

ARCHIDVCI AVSTRIÆ, &c.

BELGARVM & BVRGVNDIONVM

PRO REGE CATHOLICO

GVBERNATORI,

ORDINIS TEVTONICI

SVMMO PRÆFECTO, &c.

SERENISSIME PRINCEPS,

Vaſtiſſimi Sinarum Imperii ſitum & limites, toti propemodum Europæ pares, hiſce ſpectandos in tabulis Serenitati ſiſto Tuæ. Illos, jam inde à Diluvio Noëtico, cultiſſimis populis habitatos, ſed externis omnibus hactenus inacceſſos, Sociorum denique meorum Societatis Ieſu religioſorum virorum, Sacra & conqui-

* rendis

Chu's Atlas is all the same called "Mongol," this epithet signifies therefore only that the atlas was drawn up during the Mongol Period, in the scientific *milieu* of the Yuan Dynasty. At its Court there were several Arab and Persian geographers, upon whom and the Mongols Chu Ssu-pen must have drawn for his geographical and other information, which enabled him to describe the regions outside of China, particularly those of Mongolia and Central Asia. The expression "Mongol sources" for Fr. Martini must be understood in the same way, not as if he had passed his time in puzzling out books in the Mongol language, but Chinese books, as he assures us and as is evidenced by the fact that his *Atlas* is based on the *Yü-t'u* of Chu Ssu-pen through the intermediary of Lo Hung-hsien's *Kuang-yü-t'u*. In fact, in the case of Martini the influence of these Mongol sources is very restricted. Martini limits himself indeed to a description of the Fifteen Provinces of China and there is no possibility of meeting with the Mongol sources (in the sense above defined) except in the pages of his Preface, where he briefly treats of the Kingdoms of Eastern Tartary and the countries of Si-fan, Laos and Annam (pp. 18-25).

Generalindex

Zusammengestellt von ROMAN MALEK

MONUMENTA SERICA MONOGRAPH SERIES

(ISSN 0179-261X)

Edited by ROMAN MALEK, S.V.D. • Institut Monumenta Serica

Arnold-Janssen-Str. 20, D-53754 Sankt Augustin, Germany

Vols. I–VIII out of print/vergriffen.

IX. KARL BÜNGER, *Quellen zur Rechtsgeschichte der T'ang-Zeit*, Peiping 1946, Fu Jen Catholic University Press. Neue, erweiterte Ausgabe, mit einem Vorwort von Denis Twitchett. St. Augustin – Nettetal 1996, 535 S. ISBN 3-8050-0375-7

Vols. X–XIII out of print/vergriffen.

XV. CH'EN YÜAN, *Western and Central Asians in China under the Mongols – Their Transformation into Chinese*. Translated and annotated by CH'IEN HSING-HAI and L. CARRINGTON GOODRICH, Los Angeles 1966, 328 pp. Reprint: St. Augustin – Nettetal 1989 (paperback). ISBN 3-8050-0243-2

XVI. YEN YÜAN, *Preservation of Learning. With an Introduction on His Life and Thought*. Translated by MANSFIELD FREEMAN, Los Angeles 1972, 215 pp.

XVII. CLAUDIA VON COLLANI, *P. Joachim Bouvet S.J. – Sein Leben und sein Werk*, St. Augustin – Nettetal 1985, 269 S., Abb. ISBN 3-87787-197-6

XVIII. W. SOUTH COBLIN, *A Sinologist's Handlist of Sino-Tibetan Lexical Comparisons*, St. Augustin – Nettetal 1986, 186 pp. ISBN 3-87787-208-5

XIX. GILBERT L. MATTOS, *The Stone Drums of Ch'in*, St. Augustin – Nettetal 1988, 497 pp., Illustr. ISBN 3-8050-0194-0

XX. LIVIA KÖHN, *Seven Steps to the Tao: Sima Chengzhen's "Zuowanglun"*, St. Augustin – Nettetal 1987, 205 pp. ISBN 3-8050-0195-9

XXI. KARL-HEINZ POHL, *Cheng Pan-ch'iao. Poet, Painter and Calligrapher*, St. Augustin – Nettetal 1990, 269 pp., Illustr. ISBN 3-8050-0261-0

XXII. JEROME HEYNDRICKX (ed.), *Philippe Couplet, S.J. (1623–1693). The Man Who Brought China to Europe*. Jointly published by Institut Monumenta Serica and Ferdinand Verbiest Foundation, Leuven, St. Augustin – Nettetal 1990, 260 pp., Illustr. ISBN 3-8050-0266-1

XXIII. ANNE S. GOODRICH, *Peking Paper Gods. A Look at Home Worship*, St. Augustin – Nettetal 1991, 501 pp., Illustr. ISBN 3-8050-0284-X

XXIV. MICHAEL NYLAN, *The Shifting Center: The Original "Great Plan" and Later Readings*, St. Augustin – Nettetal 1992, 211 pp. ISBN 3-8050-0293-9

XXV. ALFONS VÄTH S.J., *Johann Adam Schall von Bell S.J. Missionar in China, kaiserlicher Astronom und Ratgeber am Hofe von Peking 1592–1666. Ein Lebens- und Zeitbild.* Neue Auflage mit einem Nachtrag und Index. Eine gemeinsame Veröffentlichung des China-Zentrums und des Instituts Monumenta Serica, St. Augustin – Nettetal 1991, 421 S., Abb. ISBN 3-8050-0287-4

XXVI. JULIA CHING – WILLARD G. OXTOBY, *Moral Enlightenment. Leibniz and Wolff on China*, St. Augustin – Nettetal 1992, 288 pp. ISBN 3-8050-0294-7

XXVII. MARIA DOROTHEA REIS-HABITO, *Die Dhāraṇī des Großen Erbarmens des Bodhisattva Avalokiteśvara mit tausend Händen und Augen. Übersetzung und Untersuchung ihrer textlichen Grundlage sowie Erforschung ihres Kultes in China.* St. Augustin – Nettetal 1993, 487 S., Abb. ISBN 3-8050-0296-3

XXVIII. NOEL GOLVERS, *The "Astronomia Europaea" of Ferdinand Verbiest, S.J. (Dillingen, 1687). Text, Translation, Notes*. Jointly published by Institut Monumenta Serica, Sankt Augustin and Ferdinand Verbiest Foundation, Leuven, St. Augustin – Nettetal 1993, 547 pp. ISBN 3-8050-0327-7

XXIX. GERD WÄDOW, T'ien-fei hsien-sheng lu. *„Die Aufzeichnungen von der manifestierten Heiligkeit der Himmelsprinzessin". Einleitung, Übersetzung, Kommentar*, St. Augustin – Nettetal 1992, 374 S., Abb. ISBN 3-8050-0310-2

XXX. JOHN W. WITEK, S.J. (ed.), *Ferdinand Verbiest (1623–1688): Jesuit Missionary, Scientist, Engineer and Diplomat*. Jointly published by Institut Monumenta Serica, Sankt Augustin and Ferdinand Verbiest Foundation, Leuven, St. Augustin – Nettetal 1994, 602 pp., Illustr. ISBN 3-8050-0328-5

MONUMENTA SERICA MONOGRAPH SERIES

XXXI. DONALD MACINNIS, *Religion im heutigen China. Politik und Praxis.* Deutsche Übersetzung herausgegeben im China-Zentrum von ROMAN MALEK. Eine gemeinsame Veröffentlichung des China-Zentrums und des Instituts Monumenta Serica, Sankt Augustin - Nettetal 1993, 619 S. ISBN 3-8050-0330-7

XXXII. PETER WIEDEHAGE, *Das „Meihua xishen pu" des Song Boren aus dem 13. Jahrhundert. Ein Handbuch zur Aprikosenblüte in Bildern und Gedichten*, St. Augustin - Nettetal 1995, 435 S., Abb. ISBN 3-8050-0361-7

XXXIII. D. E. MUNGELLO (ed.), *The Chinese Rites Controversy: Its History and Meaning.* Jointly published by Institut Monumenta Serica, Sankt Augustin and The Ricci Institute for Chinese-Western Cultural History, San Francisco, St. Augustin - Nettetal 1994, 356 pp. ISBN 3-8050-0348-X

XXXIV. *Der Abbruch des Turmbaus. Studien zum Geist in China und im Abendland. Festschrift für Rolf Trauzettel.* Hrsg. von INGRID KRÜßMANN, WOLFGANG KUBIN und HANS-GEORG MÖLLER, Sankt Augustin - Nettetal 1995, 314 S. ISBN 3-8050-0360-9

XXXV. ROMAN MALEK (ed.), *Western Learning and Christianity in China. The Contribution and Impact of Johann Adam Schall von Bell (1592–1666).* Jointly published the China-Zentrum and Monumenta Serica Institute, St. Augustin - Nettetal 1998. ISBN 3-8050-0409-5.

XXXVI. EWALD HECK, *Wang Kangnian (1860–1911) und die „Shiwubao".* [In preparation / in Vorbereitung].

XXXVII. SECONDINO GATTA, *Il natural lume de Cinesi. Teoria e prassi dell' evangelizzazione in Cina nella Breve relatione di Philippe Couplet S.I. (1623–1693)*, Sankt Augustin - Nettetal 1998, 241 pp. ISBN 3-8050-0404-4

XXXVIII. ZBIGNIEW WESOŁOWSKI, *Lebens- und Kulturbegriff von Liang Shuming (1893–1988). Dargestellt anhand seines Werkes* Dong-Xi wenhua ji qi zhexue, Sankt Augustin - Nettetal 1997, 487 S. ISBN 3-8050-0399-4

XXXIX. TIZIANA LIPPIELLO, *Auspicious Omens and Miracles in Ancient China. Han, Three Kingdoms and Six Dynasties.* [In preparation / in Vorbereitung].

XL. THOMAS ZIMMER, Baihua. *Zum Problem der Verschriftung gesprochener Sprache im chinesischen. Dargestellt anhand morphologischer Merkmale in den* bianwen *aus Dunhuang*, Sankt Augustin - Nettetal 1999, 287 S. ISBN 3-8050-0428-1

XLI. ULRICH LAU, *Quellenstudien zur Landvergabe und Bodenübertragung in der westlichen Zhou-Dynastie (1045? – 771 v. Chr.)*, Sankt Augustin - Nettetal 1999, 419 S., Abb. ISBN 3-8050-0429-X

XLII. TIZIANA LIPPIELLO – ROMAN MALEK (eds.). *"Scholar from the West." Giulio Aleni S.J. (1582–1649) and the Dialogue between China and Christianity*, Sankt Augustin - Nettetal 1997, 671 S. ISBN 3-8050-0386-2

XLIII. IRENE EBER *et al.* (eds.), *Bible in Modern China. The Literary and Intellectual Impact*, Sankt Augustin - Nettetal 1999, 470 pp. ISBN 3-8050-0424-9

XLIV. DONALD DANIEL LESLIE, *Jews and Judaism in Traditional China. A Comprehensive Bibliography*, Sankt Augustin - Nettetal 1998, 291 pp. ISBN 3-8050-0418-4

XLV. OLIVER JOST ZETZSCHE, *The Bible in China: the History of the Union Version or the Culmination of protestant Missionary Bible Translation in China*, Sankt Augustin - Nettetal 1999, 456 S., Abb. ISBN 3-8050-0433-8

Other publications:

- ☐ ANNE SWANN GOODRICH, *Chinese Hells. The Peking Temple of Eighteen Hells and Chinese Conceptions of Hell*, St. Augustin 1981. Reprint 1989, 167 pp., Illustr.
- ☐ ANNE SWANN GOODRICH, *The Peking Temple of the Eastern Peak. The Tung-yüeh Miao in Peking and Its Lore,* with 20 Plates. Appendix: *Description of the Tung-yüeh Miao of Peking in 1927* by JANET R. TEN BROECK, Nagoya 1964, 331 pp., Illustr.
- ☐ *Monumenta Serica. Journal of Oriental Studies. Index to Volumes I–XXXV (1935–1983).* Compiled and edited by ROMAN MALEK, S.V.D., Sankt Augustin 1993, 471 pp. ISSN 0254-9948; ISBN 3-8050-0312-9
- ☐ STEPHAN PUHL, *Georg M. Stenz SVD (1869–1928). Chinamissionar im Kai-*

serreich und in der Republik. Mit einem Nachwort von R.G. TIEDEMANN (London): „Der Missionspolitische Kontext in Süd-Shantung am Vorabend des Boxeraufstands in China". Hrsg. von ROMAN MALEK. Nettetal 1994, 317 S., Abb. ISBN 3-8050-0350-1

☐ DAVID LUDWIG BLOCH, *Holzschnitte.* 木刻集. *Woodcuts. Shanghai 1940–1949.* Hrsg. von BARBARA HOSTER, ROMAN MALEK und KATHARINA WENZEL-TEUBER. Eine gemeinsame Veröffentlichung des Instituts Monumenta Serica und des China-Zentrums, Sankt Augustin - Nettetal 1997, 249 S., 301 Abb. ISBN 3-8050-0395-1

☐ ROMAN MALEK (Hrsg.), *„Fallbeispiel" China. Ökumenische Beiträge zu Religion, Theologie und Kirche im chinesischen Kontext.* Eine gemeinsame Veröffentlichung des Instituts Monumenta Serica und des China-Zentrums, Sankt Augustin - Nettetal 1996,693 S. ISBN 3-8050-0385-4

☐ ROMAN MALEK (Hrsg.), *Hongkong. Kirche und Gesellschaft im Übergang. Materialien und Dokumente.* Eine gemeinsame Veröffentlichung des Instituts Monumenta Serica und des China-Zentrums, Sankt Augustin - Nettetal 1997, 564 S., 97 Abb. ISBN 3-8050-0397-8

☐ ROMAN MALEK (Hrsg.), *Macau: Herkunft ist Zukunft.* Eine gemeinsame Veröffentlichung des Instituts Monumenta Serica und des China-Zentrums, Sankt Augustin - Nettetal 2000, 666 S. ISBN 3-8050-0441-9

☐ *Gottfried von Laimbeckhoven S.J. (1707–1787). Der Bischof von Nanjing und seine Briefe aus China mit Faksimile seiner Reisebeschreibung.* Transkribiert und bearbeitet von STEPHAN PUHL (1941–1997) und SIGISMUND FREIHERR VON ELVERFELDT-ULM unter Mitwirkung von GERHARD ZEILINGER. Zum Druck vorbereitet und herausgegeben von ROMAN MALEK SVD. Institut Monumenta Serica, Sankt Augustin - Nettetal 2000, 492 S., Abb. ISBN 3-8050-0442-7

Place order with:

Editorial Office
Institut Monumenta Serica
Arnold-Janssen-Str. 20
D-53754 Sankt Augustin, Germany
Tel.: (02241) 23 74 31
Fax: (02241) 20 67 70
e-mail: monumenta.serica@t-online.de
http://www.steyler.de/monumenta.serica

or

Steyler Verlag
Postfach 24 60
D-41311 Nettetal, Germany
Tel.: (02157) 12 02 20
Fax: (02157) 12 02 22

MONUMENTA SERICA MONOGRAPH SERIES
Vol. XVII

Claudia von Collani

P. Joachim Bouvet S.J.
Sein Leben und sein Werk

Steyler Verlag, Nettetal 1985
269 S., Illustr.
ISBN 3-87787-197-6 • ISSN 0179-261X

Die vorliegende Arbeit beschäftigt sich mit dem Figurismus in China, der zu den interessantesten Kapiteln der chinesischen Missionsgeschichte gehört.

Diese Studie von C. von Collani ist die bisher ausführlichste Würdigung des Figurismus als Theorie in der Chinamission. Neben der Biographie des Initiators des Figurismus, P. Joachim Bouvet S.J. (1656–1730), werden die wichtigsten Aussagen und Ziele des chinesischen Figurismus zusammengestellt.

Die Verfasserin weist nach, daß viele Vorwürfe theologischer wie sinologischer Art von Zeitgenossen, aber auch von späteren Autoren (z.B. Virgile Pinot und René Etiemble) zu Unrecht vorgebracht wurden. Claudia von Collani stellt fest, daß die Figuristen mit ihrer Theorie in vieler Hinsicht ihrer Zeit weit voraus waren und sie deshalb zwangsläufig in einen für die damalige Zeit unlösbaren Konflikt mit der herrschenden Meinung gerieten.

"This is the only modern biography of Bouvet, and the first extensive discussion of his philosophical system in 50 years. ... the work will serve us well until such time as Bouvet's writings are collected and edited."

(ROBERT SCHREITER in *Missiology*)

Aus dem Inhalt: Einführung (1-9); Der Figurismus im Leben des P. Joachim Bouvet S.J. (9-97); Das figuristische Gedankensystem Joachim Bouvets (97-203) - hier u.a.: China im europäischen Weltbild des 17. Jahrhunderts - Die Göttliche Offenbarung in China - Die Spuren der Uroffenbarung in China - Der Erlöser der Welt in der chinesischen Literatur u.a.; Würdigung (203-212): Bouvets Persönlichkeit - Bouvets Werk; Literaturverzeichnis, Manuskripte und Briefe; Zeittafel; Glossarium und Register (mit chinesischen Zeichen).

MONUMENTA SERICA MONOGRAPH SERIES
Vol. XXII

Jerome Heyndrickx (ed.)

Philippe Couplet, S.J. (1623–1693)
The Man Who Brought China to Europe

Jointly published by Institut Monumenta Serica, Sankt Augustin
and Ferdinand Verbiest Foundation, Leuven

Steyler Verlag, Nettetal 1990
260 pp., Illustr.
ISBN 3-8050-0266-1 • ISSN 0179-261X

The book contains the proceedings of the 1986 International Conference on Philippe Couplet in Louvain, organized by the Ferdinand Verbiest Foundation, China-Europe Institute at the Catholic University Leuven. Through his *Confucius Sinarum Philosophus,* Philippe Couplet was the first in history to introduce Chinese Confucian thinking to Europeans in an European language.

"These articles on Couplet constitute an indispensable body of literature for the study of this great Belgian Jesuit missionary ..."
(MIN-SUN CHEN in *Sino-Western Cultural Relations Journal*)

Contents: Jerome Heyndrickx, "Introduction: I. The Ferdinand Verbiest Foundation; II. The Philippe Couplet Study Project; III. Study on the 19th and 20th Century Catholic Missions in China" (11-16); "Philippe Couplet: A Short Biography" (17-19); Peter Gordts, "Philippe Couplet of Mechlin, a Jesuit in Belgium" (22-35); Claudia von Collani, "Philippe Couplet's Missionary Attitude Towards the Chinese in *Confucius Sinarum Philosophus*" (37-54); Albert Chan, S.J., "Towards a Chinese Church: The Contribution of Philippe Couplet, S.J. (1622–1693)" (55-86); Paul Demaerel, "Couplet and the Dutch" (87-120); Theodore N. Foss, "The European Sojourn of Philippe Couplet and Michael Shen Fuzong, 1683–1692" (121-142); John Witek, S.J., "Philippe Couplet: a Belgian Connection to the Beginning of the 17th Century French Jesuit Mission in China" (144-161); Edward J. Malatesta, S.J., "The Last Voyage of Philippe Couplet" (164-181); David E. Mungello, "A Study of the Prefaces to Ph. Couplet's *Tabula Chronologica Monarchiae Sinicae* (1686)" (183-199); Knud Lundbaek, "Philippe Couplet in the Writings of T.S. Bayer" (201-209); Lin Jinshui, "Recent Developments in Chinese Research on the Jesuit Missionaries" (211-223).

Place order with:
Steyler Verlag, Postfach 24 60, D-41311 Nettetal, Germany
Tel.: 02157/12 02 20 • Fax: 02157/12 02 22

MONUMENTA SERICA MONOGRAPH SERIES
Vol. XXV

Johann Adam Schall von Bell S.J.
Missionar in China, kaiserlicher Astronom und Ratgeber am Hofe von Peking 1592–1666
Ein Lebens- und Zeitbild
von
ALFONS VÄTH S.J.
Unter Mitwirkung von LOUIS VAN HEE S.J.

Neue Auflage mit einem Nachtrag und Index

Eine gemeinsame Veröffentlichung
des China-Zentrums und des Instituts Monumenta Serica, Sankt Augustin
Steyler Verlag, Nettetal 1991, 419 S., Abb.
ISBN 3-8050-0287-4 • ISSN 0179-261X

Aus Anlaß des 400. Geburtstages des Kölner Jesuiten und Chinamissionars Johann Adam Schall von Bell (1592–1666) wurde die 1933 im Bachem-Verlag erschienene Biographie von Alfons Väth S.J. neu aufgelegt.

"... a thorough yet lively description of the life and times of a Jesuit courtier in imperial China. It is a work of love. It is not uncritical of the subject but it is partisan, and perhaps that is as a biography should be."

(ARNE SOVIK in *International Review of Missions*)

"What is remarkable is how this work remains to this day a grand tale of narrative history and a veritable mine of information that is unsurpassed in treating its subject. Those interested in its contents would extend beyond specialists to include a semi-popular audience. The scholarly value of the book has been enhanced in the new edition by the addition of a bibliographical addendum by Ms. C. von Collani, in which the bibliography of the first edition is enlarged and brought up to date. In addition, a new index was prepared by Fr. R. Malek, S.V.D. that includes Chinese characters. Finally, a new genealogical tree featuring Schall's relationship to his family was contributed by a contemporary descendant of Fr. Schall, the Graf Schall-Riaucour. This is a surprisingly inexpensive, well-produced hardbound work that would be a valuable addition to any personal or institutional library in the field of Sino-Western cultural relations."

(D.E. MUNGELLO in *Sino-Western Cultural Relations Journal*)

MONUMENTA SERICA MONOGRAPH SERIES
Vol. XXVI

Julia Ching - Willard G. Oxtoby

Moral Enlightenment
Leibniz and Wolff on China

Institut Monumenta Serica, Sankt Augustin
Steyler Verlag, Nettetal 1992, 288 pp., Illustrations, Facsimile
ISBN 3-8050-0294-7 • ISSN 0179-261X

Eighteenth-century Europe, commonly referred to as the Age of Enlightenment, witnessed a growing interest in China on the part of many great thinkers, inspired by reports of the Jesuit missionaries.

The German philosophers Gottfried Wilhelm Leibniz (1646–1716) and Christian Wolff (1679–1754) were among the admirers of Chinese thought and civilization. Leibniz' contribution to the Western understanding of China was mainly metaphysical and religious. His younger contemporary and friend Wolff focused on Chinese ethics, concentrating on the practical morality and political ideals of Confucius.

Julia Ching and Willard G. Oxtoby present English translations of important texts related to China by Leibniz and Wolff, accompanied by two introductory essays on the philosophical and historical context. The epilogue sketches the reversal of the European opinion on China in the succeeding centuries, as reflected in the writings of Kant and Hegel.

"There is no doubt that Ching and Oxtoby have made tremendously important material accessible to the English-speaking world through their translations and introductions to the Chinese influence on the two German philosophers."

(RUNE SVARVERUD in *Acta Orientalia*)

Texts included:
Leibniz on China: Letter to Father Grimaldi (1692); "The Secret of Creation:" New Year's Letter to Duke Rudolph August (1697); On the Civil Cult of Confucius (1700); An Explanation of Binary Arithmetic (1703); Discourse on the Natural Theology of the Chinese: Letter to Nicolas Rémond (1716).
Wolff on China: Discourse on the Practical Philosophy of the Chinese (1721); On the Philosopher King and the Ruling Philosopher (1730).

Place order with:
Steyler Verlag, Postfach 24 60, D-41311 Nettetal, Germany
Tel.: 02157/12 02 20 • Fax: 02157/12 02 22

MONUMENTA SERICA MONOGRAPH SERIES

Vol. XXXIII

The Chinese Rites Controversy
Its History and Meaning

Edited by D.E. MUNGELLO

Jointly published by Institut Monumenta Serica, Sankt Augustin,
and The Ricci Institute for Chinese Western Cultural History, San Francisco
Steyler Verlag, Nettetal 1994, 356 pp.
ISBN 3-8050-0348-X • ISSN 0179-261X

400 years ago when European explorers and missionaries began spreading throughout the world, they encountered a land whose great size, population, wealth and culture challenged European intellectual and spiritual authority. One of the forms this challenge took was the Chinese Rites Controversy.

Christian missionaries divided on their degree of willingness to accommodate Chinese culture. 18th-century papal rulings against the accommodationists were reversed in 1939 and the deeper issues involved in the Rites Controversy remain crucial to the development of Christianity in China. This collection presents the proceedings of an international conference on the significance of the Rites Controversy in Sino-Western history, held in San Francisco in 1992. It contains fifteen articles by contemporary mainstream China scholars from four continents, including some of the most eminent names in Sinology today.

"This volume seeks to cover the full range of current interpretations of the Rites Controversy, and Mungello's introduction provides a useful guide to them."

Philosophy East & West

"Most of the essays are very well researched and provide much new information on and new insights into a brief but highly significant episode of the protracted Chinese Rites and Term Controversy. Since there is as yet no definitve or comprehensive history, this scholarly work affords a useful introduction to the tragic struggle which agitated the church for several centuries."

R. G. TIEDEMANN
in *International Bulletin of Missionary Research*

MONUMENTA SERICA MONOGRAPH SERIES
Vol. XXXV/1-2

"Western Learning" and Christianity in China
The Contribution and Impact of
Johann Adam Schall von Bell (1592–1666)

Edited by ROMAN MALEK, S.V.D.

Institut Monumenta Serica and China-Zentrum, Sankt Augustin
Steyler Verlag, Nettetal 1998
2 vols., 1259 pp. Illustr.
ISBN 3-8050-0409-5 • ISSN 0179-261X

This collection presents the proceedings of the international conference in Sankt Augustin held in 1992, commemorating the four hundredth anniversary of the birth of Johann Adam Schall von Bell, S.J. All articles are printed in their original language, i.e., English, Chinese, German and French. Additional contributions on the subject have been included. The book is supplemented with summaries in English and Chinese, as well as with numerous illustrations, a bibliography, and a general index with a glossary. **Introduction:** ROMAN MALEK, Johann Adam Schall von Bell and His 1992 Anniversary; **I. Johann Adam Schall von Bell: The Person and His Context:** PETER HANS KOLVENBACH, Johann Adam Schall von Bell – A Jesuit; ARNOLD SPRENGER, Johann Adam Schall's Educational Foundation and the Intellectual Climate of His Time; LU YAO, Three Issues on Johann Adam Schall von Bell; CLAUDIA VON COLLANI, Johann Adam Schall von Bell: Weltbild und Weltchronologie in der Chinamission im 17. Jahrhundert; MA BIAO, Johann Adam Schall and Chinese Traditional Philosophy; JOHN W. WITEK, Johann Adam Schall von Bell and the Transition from the Ming to the Ch'ing Dynasty; LIU MENGXI, Johann Adam Schall's Role in the Reform Period; HAO ZHENHUA, Johann Adam Schall and the First Dutch Diplomatic Mission to the Qing Empire; GIOVANNI STARY, Mandschurische Inschriften und Zeugnisse zu Johann Adam Schall von Bell; EDWARD J. MALATESTA, The Lost Sheep of Adam Schall. Reflections on the Past and Present of the Shala Cemetery; **II. Johann Adam Schall von Bell and His Chinese Contemporaries:** ALBERT CHAN, Johann Adam Schall in T'an Ch'ien's *Pei-yu lu* and in the Eyes of His Contemporaries; CHEN MIN-SUN, Johann Adam Schall, Hsü Kuang-ch'i, and Li T'ien-ching; EUGENIO MENEGON, Yang Guangxian's Opposition to Johann Adam Schall: Christianity and Western Science in His Work *Bu de yi*; REN DAYUAN, Philippe Wang Zheng: A Scientist, Philosopher, and Catholic in Ming Dynasty China; **III. Johann Adam Schall von Bell – Astrology, Astronomy, and Calendar:** CLAUDIA VON COLLANI, Theologie und Astronomie in China; TIZIANA LIPPIELLO, Astronomy and Astrology: Johann Adam Schall von Bell; HUANG YI-LONG, East–West Cultural Confrontation and Compromise in Early Ch'ing China. A Case Study on Johann Adam Schall's Civil Calendars; ZHANG DAWEI, The "Calendar Case" in the Early Qing Dynasty Re-examined; JIANG XIAOYUAN, Johann Adam Schall von Bell and the Ptolomaic Astronomy in China; KEIZO HASHIMOTO, Johann Adam Schall and Astronomical Works on Star Mappings; GU NING, Johann Adam Schall von Bell and His Horizontal Sundial of the New Western Calendar; MINAKO DEBERGH, Les cartes astronomiques des missionaires Jésuites en Chine: de Johann Adam Schall von Bell à Ignaz Kögler et leurs filiations en Corée et au Japon; YI SHITONG, Newly Found Astronomical Instruments Concerning Johann Adam Schall von Bell; NICOLE HALSBERGHE, Quotations from the Works of Johann Adam Schall in the *Yixiang zhi* of Ferdinand Verbiest; JEAN-CLAUDE MARTZLOFF, Notes on Planetary Theories in Giacomo Rho's *Wuwei lizhi*; **IV. "Western Learning" in China: The Contribution of**

Johann Adam Schall von Bell: BENJAMIN A. ELMAN, The "Chinese Sciences" in Policy Questions from Confucian Civil Examinations During the Late Ming; CATHERINE JAMI, Mathematical Knowledge in the *Chongzhen lishu*; PAN JIXING, Johann Adam Schall von Bell and the Spread of Georgius Agricola's *De re metallica* in Late Ming China; ZHANG ZHISHAN, Johann Adam Schall von Bell and His Book *On Telescopes*; SUN XI, Johann Adam Schall von Bell und die westlichen „Feuerwaffen" in China; ISAIA IANNACCONE, The *Geyuan baxian biao* (Trigonometric Tables) and Some Remarks about the Scientific Collaboration between Schall von Bell, Rho, and Schreck; YANG XIAOHONG, Die Haltung der chinesischen Intellektuellen zur *Xixue* (Westliche Lehre) am Ende der Ming- und Anfang der Qing-Dynastie. Ein Vergleich zwischen Matteo Ricci und Johann Adam Schall im Hinblick auf ihre Methode der „Evangelisierung durch Wissenschaft"; ZHANG XIAO, Modern Scientific Culture Introduced into China by Catholic Missionaries During the Ming and the Ch'ing Dynasties; **V. The Religious Writings and Activities of Johann Adam Schall von Bell:** CHEN SONG, Johann Adam Schall von Bell in China: "Propagating Catholicism Through Academic Activities"; ADRIAN DUDINK, The Religious Works Composed by Johann Adam Schall, Especially His *Zhuzhi qunzheng* and His Efforts to Convert the Last Ming Emperor; ZHAO PUSHAN, Johann Adam Schall and His Work *Zhuzhi qunzheng*; XIAO LIANGQIONG, Schall and His Chinese Work *Zhuzhi qunzheng*; ANGELO S. LAZZAROTTO, Wide Apostolic Concern of Johann Adam Schall; HORST RZEPKOWSKI, Der Beitrag von Johann Adam Schall von Bell zur einheimischen christlichen Kunst; **VI. Johann Adam Schall von Bell as a Literary and Iconographic Figure:** GREGORY BLUE, Johann Adam Schall and the Jesuit Mission in Vondel's *Zungchin*; ADRIAN HSIA, Der literarische Beitrag zur Darstellung der Jesuitenmission in China, insbesondere des Wirkens von Johann Adam Schall von Bell; CHANG SHENG-CHING, Das Porträt von Johann Adam Schall von Bell in Athanasius Kirchers *China illustrata*; **VII: Johann Adam Schall von Bell: Reception and Impact:** HAO GUIYUAN, The Differences and Similarities of Thought and Culture between China and the West Reflected in Works Written by Jesuits in Chinese in the Early Period; YANG YI, Johann Adam Schall's Writings in China; WANG BING, An Introduction of Some Chinese Records and Researches on Johann Adam Schall von Bell's Scientific Activities; YOSHIDA TADASHI, The Works of Johann Adam Schall von Bell in Tokugawa Japan; GU WEIMIN; Erläuterungen und Forschungen zu Johann Adam Schall von Bell in China im 19. und 20. Jahrhundert; TATJANA A. PANG, Russian Evidence of Johann Adam Schall von Bell; **VIII. The Encounter of Europe and China: Other Examples:** NOEL GOLVERS, The Development of the *Confucius Sinarum Philosophus* Reconsidered in the Light of New Material; RITA WIDMAIER, Gottfried Wilhelm Leibniz' Streben nach Harmonie zwischen China und Europa; GERLINDE GILD, The Introduction of European Musical Theory during the Early Qing Dynasty. The Achievements of Thomas Pereira and Theodorico Pedrini; PAUL SHAN, Science and Faith in China Today.

MONUMENTA SERICA MONOGRAPH SERIES
Vol. XLIII

Bible in Modern China
The Literary and Intellectual Impact

Edited by
IRENE EBER (The Hebrew University of Jerusalem), SZE-KAR WAN (Andover Newton Theological School), KNUT WALF (University of Nijmegen) in collaboration with ROMAN MALEK (Institut Monumenta Serica)

Institut Monumenta Serica, Sankt Augustin
Steyler Verlag, Nettetal 1999, 470 pp.
ISBN 3-8050-0424-9 • ISSN 0179-261X

Contents:

♦ Publikation des Instituts Monumenta Serica ♦

Gottfried von Laimbeckhoven SJ (1707–1787)

Der Bischof von Nanjing und seine Briefe aus China mit Faksimile seiner Reisebeschre ibung

Transkribiert und bearbeitet von
STEPHAN PUHL (1941–1997) und SIGISMUND FREIHERR VON ELVERFELDT-ULM unter Mitwirkung von GERHARD ZEILINGER.
Zum Druck vorbereitet und herausgegeben von ROMAN MALEK SVD

Institut Monumenta Serica, Sankt Augustin ♦ Steyler Verlag, Nettetal 2000
492 S., Abb. ♦ ISBN 3-8050-0442-7

„C'est, en vérité, un homme de premier mérite en tout sens" – so charakterisierte der China-Missionar P. François Bourgeois SJ (1723–1792) in einem Brief aus dem Jahre 1787 den Jesuiten und Bischof von Nanjing sowie Administrator der Diözese Beijing, Bischof Gottfried von Laimbeckhoven SJ, dessen Korrespondenz an seine Familie sowie die Reisebeschreibung von Lissabon nach Goa den Hauptteil des vorliegenden Bandes darstellen. Die Briefe sind in einer annotierten Transkription und als Faksimile wiedergegeben. Die Reisebeschreibung liegt in der handschriftlichen Form als Faksimile vor, angefertigt – wie die Briefe – anhand der Originale aus dem Freiherrlich von Ulm'schen Archiv im Schloß Heimbach. Zusätzlich wurde die 1740 veröffentlichte Version der Reisebeschreibung nachgedruckt.

Die Briefe des Bischofs von Laimbeckhoven an seine Verwandten in der Heimat aus den Jahren 1735 bis 1785, also aus einem Zeitraum von einem halben Jahrhundert, lassen Erkenntnisse über Gottfried von Laimbeckhoven zu, die über die historischen Ereignisse, die er erlebt oder mitgestaltet hat, hinausgehen. Gemessen an den bisher verfügbaren 14 muttersprachlichen Briefen an seine Verwandten und Freunde in der Heimat, die im *Welt-Bott* erschienen sind, bedeutet es eine erhebliche Verbreiterung der zugänglichen Materialien, wenn jetzt zusätzlich 25 Briefe zugänglich gemacht werden. Diese neuen Briefe stammen aus der Zeit von 1759 bis 1785, während die bisher im *Welt-Bott* publizierten aus der Zeit vom 21. Dezember 1735 bis zum 21. Oktober 1750 datieren. Sie decken also zusätzliche persönliche Ereignisse aus vier Jahrzehnten ab, aus denen bisher keine Zeugnisse privaten Charakters von Bischof von Laimbeckhoven bekannt waren. Dabei liegt ein besonderer Reiz darin, daß die jetzt abgedruckten Briefe z.T. vertraulichen Inhalts und nicht zur Veröffentlichung bestimmt waren.